【編著】
外山美樹

【著】
海沼　亮
三和秀平
湯　立
長峯聖人
浅山　慧

わが国における**制御焦点理論**ならびに**制御適合理論**に関する実証的研究

Empirical research
on regulatory focus theory
and regulatory fit theory
in Japan

Edited by
Miki Toyama

Written by
Ryo Kainuma
Shuhei Miwa
Li Tang
Masato Nagamine
Akira Asayama

筑波大学出版会

**Empirical research on regulatory focus theory
and regulatory fit theory in Japan**

Edited by Miki Toyama
by Ryo Kainuma, Shuhei Miwa, Li Tang, Masato Nagamine, Akira Asayama

University of Tsukuba Press, Tsukuba, Japan
Copyright©2025
ISBN978-4-904074-86-2 C3011

はじめに

　本書は，わが国における制御焦点ならびに制御適合に関する研究をまとめた
ものである。私たちは教育心理学を専門とし，以前から個人の動機づけを高め
るためにはどうすればよいのかという大きなテーマに取り組んできた。そのよ
うな時に出合ったのが，Higgins が提唱した制御焦点理論，制御適合理論である。
私たちの研究グループは，海外で精力的に行われている制御焦点および制御適
合に関する先行研究を徹底的にレビューするとともに，この 5 年間，制御焦点
理論ならびに制御適合理論を援用した研究を行ってきた。

　制御焦点，制御適合の研究が始まった当初は，その効果として価値創造，意
思決定，有用性の判断，倫理判断，説得が検討されるなど，社会心理学の分野
を中心に研究が進められてきた（Molden, Lee, & Higgins, 2008）。教育心理学の
分野ではこれまで，制御焦点理論，制御適合理論は注目されてこなかったが
（Rosenzweig & Miele, 2016），私たちの研究グループは，この理論を教育心理学
の分野に積極的に導入し，研究を行ってきた。この点が先行研究には見られな
いオリジナルな部分になるだろう。

　制御焦点理論ならびに制御適合理論は，これまでの動機づけの考え方のよう
に，内発的動機づけが適応的で外発的動機づけが不適応的といったような二分
極的な考え方はしない。制御焦点理論ならびに制御適合理論は，人の個人差を
認め，その個人に合った動機づけの高め方を提言することを可能とする理論で
ある。そうした理論に私たちはすっかり魅力され，この5年間さまざまな研究を
行ってきた。そして，ある程度の知見が集積された今，制御焦点理論ならびに
制御適合理論を援用した研究を志す人に，この分野の研究の多様性や全体像を
知ってもらいたいと願い本書を執筆することにした。著者の力不足のために不
備な個所が多々あるかと思うが，忌憚のないご意見をいただけると幸いである。

　この書籍を読んでいただければわかると思うが，制御焦点理論ならびに制御
適合理論は非常に汎用性の高い理論であり，あらゆる分野に応用可能である。

個人の動機づけを高めるためにはどうすればよいのかについては大きなテーマであり，制御焦点理論および制御適合理論を援用した研究においても，私たちはまだまだ道半ばである。私たちの研究グループは，今後も継続的にこの問題に取り組んでいきたいと考えているが，この書籍をきっかけとして，多くの方々がこの理論を援用した研究を行っていただければ，こんなに幸せなことはない。わが国における制御焦点理論ならびに制御適合理論に関する研究において，この書籍が一助となれば幸いである。

　本書の大きな目的は，制御焦点理論および制御適合理論について紹介することと，私たちの研究グループが行った制御焦点理論および制御適合理論を援用した研究を紹介することである。そこで本書では，まず第1部として，第1章で制御焦点理論と制御適合理論の概要について紹介し，第2章で制御焦点の測定と操作について説明する。

　第2部では，私たちの研究グループが行った実証研究を報告する。まず第3章では，制御焦点がパフォーマンスに及ぼす影響について，第4章では，制御焦点が創造性に及ぼす影響について検討した研究を紹介する。具体的には，第3章では，どのような文脈において制御焦点（促進焦点あるいは防止焦点）のパフォーマンスが優位となるのかを検討した研究を紹介する。そして，第4章では，促進焦点ならびに防止焦点がどのような文脈において創造性を発揮できるのかについて検討した研究を報告する。

　続く第5章から第9章では，制御適合に関する研究を紹介する。制御適合の効果としては，パフォーマンス【第5章】，エンゲージメント【第6章】，それから価値【第7章】とさまざまなものを扱っている。まず第5章では，制御適合がパフォーマンスに及ぼす影響について検討した研究を報告する。具体的には，パフォーマンスのタイプを考慮した上で，制御適合の種類別（促進焦点－熱望方略，防止焦点－警戒方略）に制御適合がパフォーマンスに及ぼす影響について検討した研究を紹介する。続く第6章では，制御適合がエンゲージメントの強度に及ぼす影響について検討した研究を報告する。ここでは，エンゲージメントの強度として学習者エンゲージメントと自己制御に焦点を当てている。そして，第7章では，制御適合が価値に及ぼす影響について検討した研究を紹介する。制御適合による効果の核となるのは，価値の付与である。そこで，制御

適合が価値に影響を及ぼす過程において，本来の制御焦点の特徴（制御焦点の特徴においては第1章を参照のこと）がどのような効果を持つのかについて検討した研究を報告する。

　また，近年では，制御焦点との適合は方略だけではなく，他者との関係においても検討がされつつある。それらの研究によれば，制御適合は個人的（intrapersonal）側面と対人的（interpersonal）側面の両者から捉えられる（Waterwall, 2019）が，まだ比較的知見が少ない対人的な制御適合に関する研究の知見を集積したことが，本書の新しい点になる。他者とのかかわりの中でも，制御焦点の特徴にあった情報や支援を与えてくれる他者の存在によって，望ましい成果につながることが想定されたため，第8章では，制御焦点と他者の存在の適合に関する検討を行った研究を報告する。続いて第9章では，制御焦点と他者から受ける支援との適合について検討した研究を紹介する。制御焦点はさまざまな支援との適合が想定されるが，第9章ではフィードバックと欲求支援に着目して検討した。

　加えて，制御焦点ならびに制御適合理論研究に関する課題点の1つとして，子どもを対象にした研究がほとんど行われていないことが挙げられている（外山, 2021）。私たちの研究グループは，子どもを対象にした制御焦点および制御適合の研究も行い，知見を積み重ねたことが独創的な点である。第10章においては，子どもの制御焦点を測定できる尺度の開発について検討した研究を報告し，続く第11章では，子どもを対象にした制御焦点ならびに制御適合の研究を報告する。そして，第3部の第12章では，本書で行った制御焦点理論ならびに制御適合理論に関する研究で明らかになった問題と今後の展望について言及する。

　最後に，本書で紹介されている研究の多くは，旧 CRET（Center for Research on Educational Testing；教育テスト研究センター）からの有形無形のサポートを受けて実施されたものである。未来の子どもたちのためにと，私たちの研究活動に全面的な理解を示し，全力でサポートしていただいた旧 CRET に厚くお礼を申し上げる。

著者を代表して　外山美樹

本書の構成

第1部　理論の検討

第1章　理論の紹介
I 制御焦点理論／II 制御適合理論

第2章　制御焦点の測定と操作について
I 制御焦点の測定／II 制御焦点の操作

第2部　実証研究

- - 制御焦点に関する研究 - -

第3章　制御焦点がパフォーマンスに及ぼす影響
研究1, 研究2, 研究3

第4章　制御焦点が創造性に及ぼす影響
研究4, 研究5-1, 研究5-2

- - 制御適合に関する研究 - -

第5章　制御適合がパフォーマンスに及ぼす影響
研究6-1, 研究6-2, 研究7

第6章　制御適合がエンゲージメントに及ぼす影響
研究8, 研究9

第7章　制御適合が価値に及ぼす影響
研究10, 研究11-1, 研究11-2, 研究12

対人的な制御適合に関する研究

第8章　対人的な制御適合①
―他者の存在―
研究13, 研究14,
研究15-1, 研究15-2, 研究15-3

第9章　対人的な制御適合②
―他者からの支援―
研究16, 研究17, 研究18

子どもの制御焦点および制御適合に関する研究

第10章　子どもを対象とした制御焦点の測定
研究19

第11章　子どもの制御焦点と制御適合に関する研究
研究20-1, 研究20-2, 研究21

第3部　総括

第12章　今後の課題と展望

執筆者紹介

外山美樹（とやま　みき）　　　　筑波大学人間系 教授
　　　……第1章，第3章，第5章，第12章

海沼　亮（かいぬま　りょう）　　松本大学教育学部　専任講師
　　　……第2章第1節，第10章，第11章

三和秀平（みわ　しゅうへい）　　信州大学学術研究院教育学系　准教授
　　　……第8章，第9章

湯　立（とう　りつ）　　　　　　長崎大学人文社会科学域（教育学系）助教
　　　……第4章，第6章

長峯聖人（ながみね　まさと）　　江戸川大学人間心理学科　講師
　　　……第7章

浅山　慧（あさやま　あきら）　　筑波大学人間総合科学学術院
　　　　　　　　　　　　　　　　　心理学学位プログラム
　　　……第2章第2節

目次

はじめに　iii
本書の構成／執筆者紹介　vi

【第1部　理論の検討】

第1章　理論の紹介　2

Ⅰ　制御焦点理論 2
Ⅱ　制御適合理論 8

第2章　制御焦点の測定と操作について　14

Ⅰ　制御焦点の測定 14
Ⅱ　制御焦点の操作 21

【第2部　実証研究】

第3章　制御焦点が パフォーマンスに及ぼす影響　30

研究1 31
研究2 45
研究3 50

第4章　制御焦点が創造性に及ぼす影響　64

研究4 67
研究5 78

第5章 　制御適合が
　　　　パフォーマンスに及ぼす影響　　　94

研究 6...98
研究 7...107

第6章 　制御適合が
　　　　エンゲージメントに及ぼす影響　　　118

研究 8...120
研究 9...128

第7章 　制御適合が価値に及ぼす影響　　　142

研究 10..143
研究 11..148
研究 12..156

第8章 　対人的な制御適合 ① ―他者の存在―　　　168

研究 13..170
研究 14..180
研究 15..186

第9章　対人的な制御適合② ―他者からの支援― 212

研究 16...215
研究 17...224
研究 18...233

第10章　子どもを対象とした　制御焦点の測定 244

研究 19...245

第11章　子どもの制御焦点と　制御適合に関する研究 262

研究 20...264
研究 21...275

【第3部　総　括】

第12章　今後の課題と展望 284

引用文献　293
初出一覧　313

第 1 部
理論の検討

Theory Review

第1章

理論の紹介

I 制御焦点理論

1. 制御焦点理論とは

　動機づけ研究の領域においては，長年，動機づけをどう区別するかが議論されてきた（Molden, Lee, & Higgins, 2008）。古くは，内発的－外発的（Young, 1961）の区別に始まり，接近－回避（Elliot & Harackiewicz, 1996），他律－自律（Ryan & Deci, 2002），個人－集団（Batson, Ahmad, Powell, & Stocks, 2008），そして，意識的（目標）－無意識的（欲求）（Ferguson, Hassin, & Bargh, 2007）など，その区分は枚挙にいとまがない。その中で近年注目されているのが，動機づけを促進焦点と防止焦点の軸で捉える制御焦点である。

　人間の動機づけを説明している理論の多くは，快・望ましい状態（desired end-state）に接近し，不快・望ましくない状態（undesired end-state）を回避するという快楽原則（pleasure principle）を基本原理としている。たとえば，BIS／BAS 理論（Gray, 1990）では，賞の利得に動機づけられた行動賦活系システム（Behavioral Activation System; BAS）と，罰の回避に動機づけられた行動抑制系システム（Behavioral Inhibition System; BIS）の2つのシステムを提案している。また，Atkinson（1957）の達成動機づけ研究では，成功接近と失敗回避を区別し，その流れで提唱された達成目標理論（Elliot & Harackiewicz, 1996）では，人がどのような達成目標を持つのかを示す1つの要因（軸）として，「接近－回避」を挙げている。「接近」は成功に接近することが目標となり，「回避」は失敗を回避することが目標となる。さらに，Higgins（1987）のセルフ・ディスクレパンシー理論では，現実の自己像が目標としている自己指針（例：理想自己，義務自己）に一致した状態になるように動機づけられると仮定し，現実

自己と理想自己のズレ，現実自己と義務自己のズレを分けて考えている。

こうした理論が説明しているように，人間は快楽原則に従って行動していると考えられるが，Higgins（1997）は，人間は快に接近し，不快を回避する際に質的に異なった方法をとり，それが異なった結果を生むと仮定する新たな理論を打ち立てた。それが制御焦点理論（regulatory focus theory）である。制御焦点理論では，快／不快のみを区別するのではなく，それぞれの中にも質的な差異があり，快は"利得の存在（gain）"と"損失の不在（non-loss）"に弁別され，不快は"利得の不在（non-gain）"と"損失の存在（loss）"に弁別されると想定している【図1-1参照】。そして，これらの質的に異なる快／不快の状態に対する接近と回避は，それぞれが独立した自己制御システム（「制御焦点」と総称される）によって司られている。

促進焦点（promotion focus）は，利得の存在に接近し，利得の不在を回避しようとする動機づけである。たとえば，他者との関係性を改善しようとする時，その動機づけとして，関係性をより強化したいというものと，仲良くなる機会を失いたくないというものがある。一方，防止焦点（prevention focus）は，損失の不在に接近し，損失の存在を回避しようとする動機づけである。たとえば，

図1-1　制御焦点理論の枠組み
Molden et al.（2008）を参考に独自に作成

他者との関係を改善しようとする時，その動機づけとして，関係性が悪くなることへの恐れを解消したいというものと，社会的排斥を避けたいというものがある。

このように，どのような快の状態に向けて接近し，どのような不快の状態に向けて回避するのかという質的な差異を区別しているところに，制御焦点理論の特徴がある。

2. 促進焦点と防止焦点の特徴

促進焦点と防止焦点の特徴を表 1-1 にまとめた。

また，「成功（目標達成）」が「失敗（目標不達成）」よりも良い気分であるということは議論の余地はないが，何を成功とし，何を失敗とするのか，ならびに，それをどう感じるのかは，促進焦点と防止焦点では異なる（Higgins, 1997, 2000）。促進焦点と防止焦点の成功，失敗を表 1-2 にまとめた。

どのような社会的な排斥を失敗と捉えているのかを検討した研究（Molden et al., 2008）によると，促進焦点の個人は，受動的な無視（passively ignored；所属できていないが，はっきりと嫌だとは言われていない状況）を，防止焦点の個人よりも失敗と捉えていた。つまり，この状況は，「0」からの進歩がないことを意味する。一方で，防止焦点の個人は，積極的な拒絶（actively reject；所属できていないし，はっきり嫌だと言われる状況）を，促進焦点の個人よりも失敗と捉えていた。この状況は，「-1」の不満な状態と考えられる。

また，「+1」の成功は，促進焦点の個人にとって意義があるため（Idson & Higgins, 2000），「+1」の成功時のポジティブ感情の強さは，防止焦点よりも促進焦点の個人が強い（Idson, Liberman, & Higgins, 2000）。一方で，防止焦点の個人にとって「-1」の失敗は受け入れられず，促進焦点よりもその重みが強いため（Idson & Higgins, 2000），「-1」の失敗時のネガティブ感情の強さは，防止焦点の個人の方が強い（Idson et al., 2000）。感情の質については，次の「3. 制御焦点と感情」で詳細に説明する。

表 1-1　促進焦点と防止焦点の特徴

	促進焦点	防止焦点
生存欲求	養育享受欲求（nurturance needs）	安全確保欲求（security needs）
基本的欲求	成長（nurturance）	安全（security）
状況	gain/non-gain の状況	loss/non-loss の状況
目標	自分の夢や希望を追い求める促進目標 ※最大化目標（maximal goal）とも呼ばれる	自分の義務や責任を果たさなければいけない防止目標 ※最小化目標（minimal goal）とも呼ばれる
自己調整	ポジティブな結果の有無 ※「0」と「+1」の違いに敏感だが，「0」と「-1」の違いにはそれほど敏感でない	ネガティブな結果の有無 ※「0」と「-1」の違いに敏感だが，「0」と「+1」の違いにはそれほど敏感ではない
目標達成の方略	熱望方略	警戒方略

表 1-2　促進焦点と防止焦点の成功，失敗

促進焦点	防止焦点
成功（目標達成） 利得（成長や改善） 成功は「0」から「+1」となること	**成功（目標達成）** 損失ではない状態（安全な状況の利得や維持） 成功は「0」の維持
失敗（目標不達成） 「0」も「-1」も利得できていないため失敗 「-1」から「0」になることに意味はない 「+1」から「0」になることは失敗	**失敗（目標不達成）** 「-1」のみが失敗，「0」は失敗ではない 「-1」から「0」になることを望む 「+1」から「0」になっても成功

3. 制御焦点と感情

　目標達成に近づいている場合（以降，目標達成時）には快感情が喚起され，逆に目標から遠ざかっている場合（以降，目標不達成時）には不快感情が喚起されることが，さまざまな研究（e.g., Carver & Scheier, 1990）で示されている。制御焦点に関する研究では，目標達成／不達成（成功／失敗）に応じて喚起される感情の質が，促進焦点と防止焦点とでは系統的に異なることが示されている（尾崎，2011）。それぞれの感情について表 1-3 にまとめた。

　促進焦点では目標を達成すること，すなわち利得の存在という結果は，喜び

6 ▶ 第1章 理論の紹介

表1-3 促進焦点と防止焦点の成功，失敗時に抱く感情

促進焦点	防止焦点
成功（利得の接近） 爽快さ（elation）や快活さ（cheerfulness）などを反映した喜びの感情（ポジティブな強化）	**成功（損失の回避）** 安心（relaxation）や休止（quiescence）などを反映した安心の感情（not ポジティブな強化）
失敗（利得の失敗） 悲しみ（sadness）や失望（dejection）などを反映した落胆の感情（not ネガティブな強化）	**失敗（損失の回避の失敗）** 過敏さ（nervousness）や動揺（agitation）などを反映した不安の感情（ネガティブな強化）

（cheerfulness）といった感情をもたらし，目標の不達成，すなわち利得の不在という結果は，悲しみ（sadness）などの感情を生じさせる。一方で，防止焦点では目標を達成すること，すなわち損失の不在という結果は，安心（relaxation）といった感情をもたらし，目標の不達成，すなわち損失の存在という結果は，不安（anxiety）などの感情を生じさせる（Molden et al., 2008）。

　つまり，快−不快の感情について制御焦点に応じて質的に異なる2つの次元性が見られ，促進焦点の場合は，喜び−悲しみの次元，防止焦点の場合は，安心−不安の次元として経験される。

　また，促進焦点と防止焦点では，目標の達成／不達成に対して異なる強度の感情で反応する（Idson et al., 2000; Liberman, Idson, & Higgins, 2005）。促進焦点では，理想として叶えたいと願っている最大化目標を追求し，防止焦点では義務として果たさなければいけない最小化目標を追求している。したがって，促進焦点では目標達成に成功するということは最大化目標が叶えられたことを意味しており，自分が理想とする高い目標水準をクリアできたという認識が強い快感情（喜びの感情）をもたらす。一方，防止焦点では目標達成に失敗するということは最小化目標を満たすことができなかったことを意味し，必要最低限の水準すらも満たせていないという危機的な状況として認識され，強い不快感情（不安感情）をもたらす。

　このように，目標達成／不達成時に応じて喚起される感情は，その強度および質の両方において，促進焦点と防止焦点では異なるとされている。

4. 制御焦点の規定要因

ひとりの人間は，促進焦点と防止焦点の両方をあわせもっており，状況に応じて，いずれかを活性化させて使い分けている。では，どのような状況の時に，促進焦点や防止焦点が活性化されるのだろうか。それをまとめたものが図1-2になる。

たとえば，理想（ideal）とする自己に注意が向きやすい状況では促進焦点が，義務（ought）としての自己に注意が向きやすい状況では防止焦点が活性化しやすいと考えられる。

また，利得に焦点を当て，「ある課題において，基準に満ちていれば何かが利得できる（gain）が，基準に満ちていなければ何かが利得できない（non-gain）」という状況では促進焦点が活性化されやすい。たとえば，テストで80点以上とれたらご褒美がもらえるが，80点未満だったらご褒美がもらえないような状況がこれにあたる。逆に，損失に焦点を当て，「ある課題において，基準に満ちていれば何かを失うことはない（non-loss）が，基準に満ちていなければ何かを失う（loss）」という状況では，防止焦点が活性化されやすい。たとえば，レポートを提出すれば，何のとがめも受けないが，レポートを提出しなければ先生に叱られるという状況がこれに該当する。このように，目標達成の基準が

図1-2　制御焦点の規定要因
Molden et al. (2008) を参考に独自に作成

8 ▶ 第 1 章 理論の紹介

制御焦点の活性化にかかわる状況の 1 つであると考えられる。

　その他にも，快活さ（cheerfulness）や失望が生じるきっかけとなる状況では促進焦点が，安堵や動揺が生じるきっかけとなるような状況では防止焦点が活性化しやすくなることが報告されている（Molden et al., 2008）。

　これらの結果は，相互に関連している（活性化の連鎖）。また，これらの状況に置かれ続けると，それぞれ（促進－防止）の焦点が活性化されやすくなり，個人の特性（パーソナリティ）に影響する。たとえば，幼少期に，親や先生に，望ましい行動をした時に褒められたりご褒美が与えられたりするという体験をたくさんした個人は，促進焦点が活性化されやすくなる（促進焦点の傾向が優位となる）。一方で，望ましくない行動をした時に叱られたり罰が与えられたりするという体験をたくさんした個人は，防止焦点が活性化されやすくなる（防止焦点の傾向が優位となる）。この個人差傾向は，ある程度の安定性を持って持続する。

　このように，促進焦点と防止焦点は，状況要因と特性要因の影響を受ける。こうした知見を踏まえると，促進焦点および防止焦点は，状況を操作することでそれぞれを活性化させることが可能となるし，また，制御焦点の個人差（特性）を測定することも可能となる。制御焦点の操作と測定については，第 2 章で説明する。

II 制御適合理論

1. 制御適合理論とは

　長年，動機づけ研究において"適合（fit）"という概念が注目されてきた。たとえば，精神力動論（Freud, 1923, 1961）では，人は，自身の願望と社会的な基準との適合に関心があることを指摘しており，サイバネティックス理論（Wiener, 1948）では，現在の状態と個人の望んだ最終状態との適合をはかるように動機づけられることを提唱している。また，認知的斉合性理論（Festinger, 1957）では，思考には全体としての適合と安定を維持させる力が働いているため，認知や態度的感情は，相互に一定のまとまりがあると仮定している。

　この適合という概念には，適応的な制御プロセスという意味での"適合"と，

物事に対して"正しい"という感覚を経験するという意味での"適合"の2つが包含されているが（Higgins, 2008），この2つの意味の適合の概念を体系的に理論化したものが，Higgins（2000）が提出した制御適合理論（regulatory fit theory）である。

　目標追求のプロセスにかかわる要因としては，以下の3つがある。

1）目標志向性（motivational orientation）：目標追求を方向づける興味や関心など

2）手段（manner）：目標追求を実行する方法

3）結果（outcome）：目標追求のなりゆきとして経験する肯定的／否定的な結果

　従来では，2）と3）の関連，すなわち，ある結果を得るための手段の効果性（ベネフィット）や効率性（コスト）が価値に影響を与えるという考えが主流を占めており，1）と2）の関連性が価値に与える影響については，注目されてこなかった（Higgins, 2008）。制御適合は，1）と2）の関係性，すなわち，目標志向性と手段の関係性に着目した概念になる（価値については，第6章と第7章で詳細に説明する）。

　Higgins（2000）は，先に紹介した制御焦点理論を発展させ，目標志向性[*1]と対応するものとして目標に従事する際の手段（manner）を取りあげ，これらの手段が，現在の目標志向性を維持する（sustain）場合に，人は制御適合（regulatory fit）を経験すると説明した。Higgins（2008）は，"維持する（sustain）"という概念には2つの異なった含意があり，それぞれ，"何かを与えること"と"有効であると認める，正当なものとして支持する"であると言及している。そして，これら2つが冒頭で説明した制御適合に包含されている2つの"適合"に対応していることになる。つまり，目標追求を続けるために必要なものが提供されることによって適応するという適応的な制御プロセスの"適合"と物事に対して"正しい"と感じる"適合"である。

＊1　目標志向性には，制御焦点以外にも，locomotion/assessment orientation（Avnet & Higgins, 2003），deliberation/implementation（Gollwitzer, 1999）などがあるが，多くの研究では制御焦点が取りあげられている。

2. 目標追求の手段としての熱望方略と警戒方略

　促進焦点，防止焦点といったそれぞれの目標志向性には適した目標追求の手段があり，促進焦点は熱望方略（eager strategy）が，防止焦点は警戒方略（vigilant strategy）が適しているとされる（Crowe & Higgins, 1997; Molden et al., 2008）。熱望方略と警戒方略は，両者ともに目標達成に対する手段ではあるが，利得への接近と損失の回避という，目標達成に対する手段が質的に異なる。

　熱望方略と警戒方略の定義，特徴，具体的な行動について，表 1-4 にまとめた。

表 1-4　熱望方略と警戒方略

	熱望方略	警戒方略
定義	肯定的結果の存在を確保し（hit の確保，目標へ前進・接近する方法を探す），肯定的結果の不在を防御する（errors of omission を防ぐ，可能性を閉ざさない）行動で，利得を最大化するような行為をできるだけ実行に移そうとする達成手段	否定的結果の不在を確保し（correct rejection の確保，注意深くする），否定的結果の存在を防御する（errors of commission を防ぐ，間違い・危険を避ける）行動で，損失をもたらす危険性に十分に注意を払い，損失を最小化するような達成手段
特徴	利得をもたらしてくれる可能性がある限り，多少のコストやリスクの可能性には気にかけずに，迅速に判断を下して大胆に行動する目標追求行動や大局的（マクロ）な処理	損失の恐れがないかどうか情報をよく吟味してから判断を下そうとする局所的（ミクロ）で正確に課題に取り組む方略
具体的な行動	・速さを重視 ・（リスクを恐れずに）幅広く探索 ・大局的な見方（森を見て木を見ない） ・探求 　　　　　　　　　　　　など	・正確さを重視 ・（ミスを恐れて）慎重に作業 ・局所的な見方（木を見て森を見ない） ・コミットメント 　　　　　　　　　　　　など

　制御適合理論によると，目標を追求する手段が目標志向性と合致する時，たとえば，促進焦点に対し熱望方略，防止焦点に対し警戒方略を用いる時，人

は制御適合を経験するという【図1-3参照】。制御適合を経験すると，現在，自分が行っている活動に対して"正しい（合っている）"と感じる（feeling right）（Cesario, Grant, & Higgins, 2004）。この"feeling right"は，制御焦点と手段が合致しているという正しさの感覚であり，効果性（ベネフィット）や効率性（コスト）といった結果に関する要因とは独立したものである（Higgins, Idson, Freitas, Spiegel, & Molden, 2003）。また，"feeling right"は，目標追求の過程において経験されるもので，目標が達成されたか否かという"結果"とは関係がない（Higgins, 2008）。

　制御適合が生じると，エンゲージメント（engagement）が強まったり，結果に対する反応が強化されたりする。エンゲージメントは動機づけと同義の概念であり，"ある対象や行為に対して注意を向けたり，かかわりあったり，興味をもったりすること（Higgins, 2007）"と定義されている（エンゲージメントについては，第6章で詳細に説明する）。

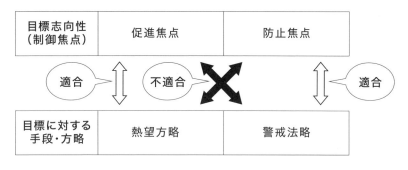

図 1-3　制御適合と制御不適合

3. 対人的な制御適合

　また，近年では，目標に対する手段として，熱望方略や警戒方略といった課題方略だけでなく，インセンティブの提示やフィードバックの方法など幅広いものが扱われ，広義の制御適合の研究が進められている。たとえば，Scholer,

Ozaki, & Higgins（2014, study 3）は，制御焦点（状況）と自己像（self-inflation；自己膨張，self-deflation；自己収縮）の適合を検討し，促進焦点においては自己像をポジティブに捉える自己膨張を，防止焦点においては自己像をネガティブに捉える自己収縮を用いると制御適合が生じ，課題に対する動機づけならびにパフォーマンスが向上する可能性を示している。[*2] この結果に対し Scholer et al.（2014）は，制御適合において重要なのは，用いる方略（すなわち課題方略）そのものではなく，制御焦点と用いる手段によって誘発される熱望さ（eagerness）や警戒さ（vigilance）の適合によって生じる "feeling right" であることを指摘している。

　Scholer et al.（2014）が指摘しているように，近年，その使用によって熱望さあるいは警戒さが誘発されるであろう目標に対する手段を用いて広義の制御適合の研究が行われたり，制御適合の観点から検討されていなかった過去の研究において制御適合の観点から再解釈されたりするなど，広義の制御適合に光が当てられている。

　そうした流れの中で最近は，個人の制御焦点と他者の存在や行動との適合といった対人的な制御適合（interpersonal regulatory fit; Righetti, Finkenauer, & Rusbult, 2011）の検討が行われ始めている。それは，制御適合理論が提唱された当初は，制御適合は個人内の観点から検討されることが多かったが，人は他者との相互作用の中で目標を追求することが多いため，近年では，対人的な制御適合の研究の重要性が高まっているからである。そこでは，相互作用の相手が自身の制御焦点と合致する目標追求行動を行っている時に制御適合を経験する（Righetti et al., 2011; Waterwall, 2019）としている。たとえば，他者のリーダーシップ・スタイル（Shin, Kim, Choi, Kim, & Oh, 2014）や相手の制御焦点（Righetti et al., 2011; Santelli, Struthers, & Eaton, 2009），置かれている環境（たとえば，放課後のプログラム；Camacho, Higgins, & Luger, 2003）が自身の制御焦点と合致していると制御適合が生じ，行っていることに対しての価値が高まり，その結果，目標へのエンゲージメントが強まるといった個人内の制御適合と同様の効

＊2　ただし，防止焦点と自己収縮の適合の効果は動機づけにおいては見られなかった。また，パフォーマンスを指標にした場合は，促進焦点，防止焦点ともに適合の効果の傾向は見られたが，有意にはならなかった。

果をもたらすことが示されている。

　他者の存在や行動は，制御適合理論の手段とは厳密には異なるが，自身の制御焦点を維持するために適合が生じるという点では同じであり，制御適合理論を提唱した Higgins は，対人的な制御適合も従来の制御適合の一種であることを認めている（Higgins, 2012）。このように現在では，制御適合は個人的（intrapersonal）側面と対人的（interpersonal）側面の両者から捉えられている（Waterwall, 2019）。

第 **2** 章

制御焦点の
測定と操作について

I　制御焦点の測定

1.　制御焦点の捉え方

　第1章の"制御焦点の規定要因"でも述べられているように，個人の制御焦点は，促進焦点，防止焦点と関係する状況によって左右される側面がある。それに加えて，促進焦点と防止焦点のどちらの傾向が強いのかという制御焦点を個人差として捉える研究も見られる（e.g., Higgins et al., 2001）。すなわち，制御焦点には，個人内である程度安定した特性変数として捉えられる側面とその個人が置かれた場面によって変動する状況変数として捉えられる側面が存在しているといえる。制御焦点に関する先行研究では，このような制御焦点の2側面を捉えるために，複数の測定法が提案されてきた（e.g., Higgins, Roney, Crowe, & Hymes, 1994; Lockwood, Jordan, & Kunda, 2002）。

　そこで，本章では，制御焦点の測定方法と操作方法について述べる。第I節では，制御焦点の個人差（特性的な制御焦点）に着目し，自己報告式の制御焦点尺度について説明する。なお，制御焦点を測定する尺度は，複数開発されているため，それぞれの尺度の特徴や尺度間の違いもレビューする。さらに，近年では，学業場面や競技スポーツ場面といった特定の領域における制御焦点の個人差を測定する取り組みも進んでいる（e.g., 清水・外山，2022；外山・長峯・湯・三和・相川，2016）。そこで，領域固有の制御焦点を測定する試みも紹介する。続けて，第II節では，制御焦点の状況的な側面に着目し，制御焦点の操作について説明する。

2. 制御焦点を測定する尺度

特性的な制御焦点の測定には，"RFQ（Regulatory Focus Questionnaire; Higgins et al., 2001）"と"GRFM（General Regulatory Focus Measure; Lockwood et al., 2002）"の2つの尺度が主に用いられている。これらの尺度は，先行研究（e.g., Hodis, 2017）において，高い信頼性・妥当性を有していることが指摘されている。さらに，Gorman et al.（2012）は，制御焦点と諸変数との関連に関するメタ分析を実施している。その結果，制御焦点に関する自己報告式尺度を用いた77件の研究のうち，GRFMを用いた研究が30件，RFQを用いた研究が15件あることを報告している。こうした結果から，Gorman et al.（2012）では，RFQとGRFMが特性的な制御焦点を捉える代表的な尺度であることを示している。そこで，本章でもRFQとGRFMについて説明する。

なお，GRFM（Lockwood et al., 2002）は，"PPFS（Promotion/Prevention Focus Scale）"と表記されることが日本では多い。したがって，本書でもPPFSと記載する。また，PPFS邦訳版を作成した尾崎・唐沢（2011）では，"利得接近志向"と"損失回避志向"という2つの因子パターンが見いだされているが，本書では，意味内容の混同を避けるため"利得接近志向"に相当する因子を"促進焦点"，"損失回避志向"に相当する因子を"防止焦点"として述べていく。RFQとPPFSには，それぞれ以下のような特徴があることが指摘されている。

まず，RFQは，促進や防止に関する養育や過去の教育経験を重視した項目から構成されている尺度であり（Summerville & Roese, 2008），養育に関する項目や促進や防止の経験に関する項目から構成されている（Higgins et al., 2001）。具体的な項目例として，促進焦点は，「人生において，私は成功に向かって前進してきたような気がする」，「あなたがいろいろやってみることの中で，それがうまく行くことはよくあるか」といった項目から構成されている。防止焦点は，「親が決めたきまりや親の言うことにはいつも従ってきたか」，「子どもの頃，親が好ましくないと思うような振る舞いをしたことがあるか（逆転項目）」などの項目から構成されている（遠藤，2011）。そして，RFQの開発を試みたHiggins et al.（2001）では，促進焦点，防止焦点は，達成動機と正の関連を有することに加えて，促進焦点は，行動賦活系システム（Behavioral Activation System; BAS）と正の関連を有すること，防止焦点は，衝動性と負の関連を有

することなどを踏まえ，RFQの信頼性と妥当性が一定程度，確認されたとしている。この他，近年，松岡・太幡・三ツ村・高橋・高木（2022）は，既存のRFQ日本語版尺度の信頼性・妥当性が十分に確認されていないことを指摘したうえで，日本語版RFQ（Japanese version of the Regulatory Focus Questionnaire; RFQ-J）の開発を試みている。分析の結果，促進焦点と防止焦点（予防焦点）という原版と同様の因子構造が確認できたとともに，他の変数との関連も先行研究（Higgins et al., 2001）と整合した結果が得られたことを報告している。

　また，Summerville & Roese（2008）は，他の観点に基づくRFQの特徴として，制御焦点のなかでも個人の主観的な"self-guide"に基づく制御焦点を測定していることを指摘している。すなわち，促進焦点は，内的基準に相当する理想自己に基づいて概念化されているのに対して，防止焦点は，外的基準に相当する義務自己に基づいて概念化されている点に特徴がある。

　それに対して，PPFSは，利得や損失に関する現在の目標を重視した項目から構成されている尺度である（Summerville & Roese, 2008）。PPFSは，RFQと比べると，制御焦点を直接的に測定している点が特徴的である（Lockwood et al., 2002）。具体的な項目例として，促進焦点は，「私はたいてい，将来自分が成し遂げたいことに意識を集中している」，「どうやったら自分の目標や希望を叶えられるか，よく想像することがある」などの項目から構成されている。防止焦点は，「目標とする成績がとれないのではないかと，よく心配になる」，「私はたいてい，悪い出来事を避けることに意識を集中している」といった項目から構成されている（尾崎・唐沢, 2011）。尾崎・唐沢（2011）は，促進焦点と防止焦点がそれぞれBAS，行動抑制系システム（Behavioral Inhibition System; BIS）と理論的仮定に沿った関連が示されたことなどを踏まえ，PPFS邦訳版の妥当性を確認している。

　その他の特徴として，PPFSは，"reference-point"という参照点の差異に基づいた制御焦点を測定していることが指摘されている（Summerville & Roese, 2008）。すなわち，促進焦点は，望ましい状態への接近および望ましい状態の不在の回避に基づいているのに対して，防止焦点は，望ましくない状態の回避および望ましくない状態の不在の接近に基づいて概念化されている点に特徴がある。

なお，促進焦点と防止焦点は，理論的に独立していることが仮定されている（Higgins, 1997）。さらに，自己報告式の制御焦点尺度によって測定された促進焦点と防止焦点の間には，無相関あるいは，弱い正の相関が示されることが多いという証左も得られている【研究 5, 研究 16-1 参照】。こうした知見を踏まえると，促進焦点と防止焦点は，制御焦点理論（Higgins, 1997）の理論的枠組みに整合する 2 つの独立した自己制御の枠組みを表しているといえるだろう。

　最後に，制御焦点に関する基本統計量の算出法についても説明する。これまで述べてきたように，個人差としての制御焦点を測定する際には，尺度項目への回答によって促進焦点と防止焦点の傾向を得点化する。分析には，各下位尺度の平均値（尺度得点）が使用されるだけでなく，促進焦点と防止焦点の平均値の差得点を算出した"相対的制御焦点"が用いられることもある（e.g., Rosenzwing & Miele, 2016）。相対的制御焦点とは，個人の中で促進焦点と防止焦点のどちらが相対的に優位なのかを表す指標であり，得点が高いほど相対的に促進焦点の傾向，得点が低いほど相対的に防止焦点の傾向が優位であることを表す指標として活用されている【研究 5 参照】。

3．RFQ と PPFS の違い

　RFQ と PPFS は，制御焦点を測定する代表的な尺度であるが，それぞれ重点を置いている観点が異なっている（Summerville & Roese, 2008）。そのため，測定項目や特徴に相違がある。このような制御焦点を測定する尺度間の共通性や弁別性については，理論的指摘だけでなく，実証的検討も行われている（Chen & Bei, 2017; Haws, Dholakia, & Bearden, 2010; Summerville & Roese, 2008）。

　まず，Summerville & Roese（2008）は，RFQ と PPFS が"self-guide"と"reference-point"という異なる基準に基づいて作成されていることに着目し，両者の比較検討を行っている。具体的には，現在の状態に対する参照点の差異に基づいて作成された PPFS の促進焦点と防止焦点は，過去の促進や防止の経験に焦点化した RFQ の各下位尺度よりも BIS（行動抑制系システム），BAS（行動賦活系システム）と強い関連を有する可能性について検討している。[*1]制御焦点（RFQ, PPFS），BIS，BAS の項目を合わせた探索的因子分析の結果，利得に関する項目群，損失に関連する項目群，養育者への服従に関連する RFQ に基づ

18 ▶ 第2章 制御焦点の測定と操作について

く項目群の3因子を見いだしている。また，PPFSの促進焦点や防止焦点は，RFQの促進焦点や防止焦点よりもBAS，BISと強く関連することも報告している。

Haws et al.（2010）もRFQとPPFSを含む制御焦点に関する尺度間の特徴を検討している。その結果，PPFSの促進焦点，防止焦点がRFQの各下位尺度よりもBAS，BISと密接に関連する結果を示している。したがって，Summerville & Roese（2008）とHaws et al.（2010）の結果を踏まえると，RFQとPPFSは，同じ制御焦点を測定する尺度ではあるものの，BAS，BISとの関連の強さは，異なるものといえる。

さらに，Chen & Bei（2017）は，Summerville & Roese（2008）やHaws et al.（2010）とは異なる観点から尺度間の差異に関する実証的検討を行っている。具体的には，まず，レビューの中で，RFQとPPFSの促進焦点およびBASは，共通して，目標追求に関する項目から構成されていることを指摘している。一方で，RFQの防止焦点は，自身の義務を果たすことのできないことを避ける目標維持に関する項目から，PPFSの防止焦点とBISは，ネガティブな結果の回避に関する項目から構成されているため，変数間に異なる関連がみられた可能性を指摘している。そのうえで，促進焦点と防止焦点を測定する尺度間の比較検討を試みている。分析の結果，RFQとPPFSの促進焦点，BASの間には，理論的仮説に沿った正の相関関係が確認されたことを報告している。防止焦点については，RFQの防止焦点がPPFSの防止焦点やBISと相関関係が確認されなかったことを報告している。さらに，RFQとPPFSの項目を用いた探索的な因子分析を実施した結果，RFQとPPFSの促進焦点を構成する項目は，1つの因子に集約されたものの，防止焦点を構成する項目群は，1つの因子に集約されず，RFQを構成する項目とPPFSを構成する項目で，別個の因子が見いださ

＊1　BIS（行動抑制系）とBAS（行動賦活系）は，BIS／BAS理論（Gray, 1990）における2つの気質次元を表している。BISは，単一の下位尺度，BASは，BAS駆動，BAS報酬反応性，BAS刺激探求の3下位尺度から構成されるが，3下位尺度を合算してBAS全体の得点として，分析に用いる場合もある（e.g., 高橋他，2007）。Summerville & Roese（2008）は，RFQと比べると，PPFSは，学業場面などの現在の状態に対する参照点に焦点化した項目から構成されているため，行動の接近や回避に関するBIS／BASと概念的に重複する側面がある可能性について考察している。

れたことも示している。

ここまでRFQとPPFSの特徴や両尺度の違いについてレビューしてきた。制御焦点を捉える尺度の特徴や尺度間の違いを抽出する試みは，精力的に進められており，特に，RFQの防止焦点を構成する項目群は，比較的独立しているという統一的な見解が見いだされているとまとめられるだろう。

4. 領域固有の制御焦点を測定する尺度

RFQとPPFSは，領域を特定しない全般的な制御焦点を捉えている。たとえば，PPFSの促進焦点には，「私はたいてい，将来自分が成し遂げたいことに意識を集中している」という項目がある（尾崎・唐沢，2011）。こうした項目に対して，回答者は，学業場面では，将来に焦点化した取り組みへの志向性が高いが，他の領域（例：キャリア場面）では，あてはまらないという可能性もある。すなわち，全般的な制御焦点の測定では，対象となる領域間の違い（例：学習場面，スポーツ場面）を考慮した制御焦点を測定することが困難であるという課題がある。

特定の領域における制御焦点の重要性を示唆した研究の1つに，Browman, Detin, & Molden（2017）がある。同研究では，全般的な制御焦点と領域固有の制御焦点（学業領域，健康・フィットネス領域，人間関係領域）との関連を検討している。その結果，全般的な制御焦点と各領域における制御焦点との関連性は弱いことや学業領域における制御焦点のみが学業に関する目標と関係することを報告している。こうした結果を踏まえると，制御焦点や制御適合について検討する際には，ターゲットとなる領域に特化した制御焦点を指標として検討する必要があると考えられる。

日本でも特定の領域における制御焦点を測定する試みが進んでいる（e.g., 外山他，2016；清水・外山，2022）。その中でも本項では，学業場面と競技スポーツ場面における制御焦点を測定する尺度について概説する。

外山他（2016）は，大学生を調査対象者として，学業場面における制御焦点尺度の開発を試みている。分析の結果，学業場面における制御焦点も全般的な制御焦点と同様に，"促進焦点"と"防止焦点"の2つの側面から捉えられることを示している。具体的な項目例として，促進焦点は，「良い成績をとれる

ように頑張りたい」などの項目から，防止焦点は，「試験で『悪い成績をとってしまったらどうしよう』と考えることがよくある」などの項目から構成されている（外山他，2016）。そして，PPFS，BIS ／ BAS および遂行目標との関連を検討した結果，促進焦点と PPFS の促進焦点，BAS 尺度の接近ドライブ，遂行接近目標との間に正の偏相関，防止焦点と PPFS の防止焦点，BIS 尺度の回避ドライブ，遂行回避目標との間に正の偏相関が確認されている。[*2]こうした一連の結果を踏まえて，外山他（2016）は，学業場面における制御焦点尺度の信頼性および妥当性の一部が確認されたことを報告している。

また，清水・外山（2022）は，競技スポーツ版制御焦点尺度（Sports Regulatory Focus Scale: SPFS）の開発を試みている。分析の結果，競技スポーツ場面でも促進焦点と防止焦点に相当する因子が見いだされたとともに，当該尺度の構成概念妥当性がさまざまな側面から確認できたことを報告している。[*3]なお，促進焦点は，「どうやったら大会で良い成績や記録を出せるかについて，よく考える」などの 7 項目から，防止焦点は，「競技活動の中で恐れている悪い出来事が自分にふりかかってくる様子を，よく想像する」などの 7 項目から構成されている（清水・外山，2022）。

実証研究では，上方比較と動機づけ，課題のパフォーマンスとの関係が制御焦点によって異なる可能性を検討した研究 13【第 8 章参照】が外山他（2016）の学習場面における制御焦点尺度を使用している。しかしながら，領域に特化した制御焦点に関する研究は，端緒についたばかりのため，今後の発展が待たれるところである。なお，学齢期の子どもの制御焦点の測定については，第 10 章で説明する。

＊2　なお，促進焦点（防止焦点）と各尺度の偏相関は，防止焦点（促進焦点）を統制して算出した結果を報告している。

＊3　具体的には，信頼性は，内的一貫性（α係数）と再検査信頼性（初回調査から 1 か月後）の値から検討している。妥当性は，因子構造の検討に加えて，PPFS，BIS ／ BAS，スポーツでのパフォーマンスに関する自己効力感（パフォーマンス SE），競技特性不安との関連から検討している。

II　制御焦点の操作

1．状況による制御焦点の活性化

　第Ⅰ節では特性的な制御焦点に着目したが，第1章で述べた通り，特性的な制御焦点は，促進焦点や防止焦点がどの程度活性化しやすいか，あるいはどちらの制御焦点がより活性化しやすいかについての個人の傾向である。一方で，よりミクロな観点で，制御焦点が活性化するような状況が個人に及ぼす影響について検討する研究もある。そのような研究では，制御焦点の操作が行われる。状況による制御焦点を操作する方法は，大きく2つに分けることができる。1つがフレーミングによる操作であり，もう1つがプライミングによる操作である。以下では，それぞれの操作が先行研究において具体的にどのような手続きで行われてきたかについて説明する。

2．フレーミングによる操作

　促進焦点，あるいは防止焦点を活性化させる方法の1つが，フレーミングである。フレーミング効果とは，意思決定場面などにおいて，客観的には同一の問題であったとしても，その表現の仕方が異なることによって，それに対する反応が変化する現象である（竹村，1994）。フレーミング効果は，意思決定場面における選択肢の選好以外にも複数のタイプがあるとされているが，状況による制御焦点の操作と関連するのは，目標フレーミング（goal framing）である（Levin, Schneider, & Gaeth, 1998）。目標フレーミングとは，目標の内容は変えずに，目標を表現する枠組みを変えるという操作であると定義される（Levin et al., 1998；竹橋・唐沢，2008）。以下，フレーミングという用語は，目標フレーミングの意味で用いる。

　フレーミングによる制御焦点の操作は，多くの場合，実験中の課題における目標の教示によって行われる。たとえば，Shah, Higgins, & Friedman（1998）の実験では，課題成績によって実験参加報酬が変化するという教示の下，アナグラム課題が実施された。促進焦点条件の参加者には，本来の参加報酬は4ドルであり，成績が4点以上であればさらに1ドルの追加報酬が支払われるが，4点に満たなければ追加報酬を得ることはできないことが教示された。一方で，

防止焦点条件の参加者には，本来の参加報酬は 5 ドルであり，成績が 4 点以上
であれば 1 ドルを失わずに受け取れるが，4 点に満たなければ 1 ドルを失うこ
とが教示された。課題成績と報酬額の関係は条件間で同じであるが，表現の違
いにより，促進焦点条件では利得の在・不在に焦点化し，防止焦点条件では損
失の在・不在に焦点化している。この実験では，特性的な制御焦点と合致する
フレーミングが行われた参加者の課題成績が高いという，理論的な想定と合致
する結果が得られており，課題成績に伴う報酬のフレーミングは制御焦点の操
作に有効な方法として，多くの研究で用いられている（e.g., Förster, Higgins, &
Bianco, 2003; Maddox, Baldwin, & Markman, 2006; Markman, Baldwin, & Maddox,
2005; Miele, Molden, & Gardner, 2009; Rosenzweig & Miele, 2016）。本書の第 3 章，
第 4 章，第 6 章で紹介されている研究でも，同様の方法で制御焦点の操作が行
われている。

　また，課題成績に伴う利得・損失のフレーミングとしては，金銭的報酬以外
が用いられる場合もある。竹橋・唐沢（2008）では，課題成績によって実験終
了までにかかる時間が異なるという状況が設定され，促進焦点条件では「実験
は 30 分かかるが，課題成績がよければ 10 分で終了する」という教示，防止焦
点条件では「実験は 10 分で終了するが，成績がよくないと 30 分かかる」とい
う教示が行われた。いずれにおいても，実験にかかる時間についての条件は等
価であるが，促進焦点条件では "良い成績" に伴う "短い時間で済む" という
利得の在・不在に焦点化されているのに対して，防止焦点条件では "悪い成績"
に伴う "長い時間がかかる" という損失の在・不在に焦点化されている。

　このように，促進焦点と防止焦点という観点の違いによって 1 つの目標を異
なる形で表現することが可能であり，利得と損失のどちらに焦点化した目標を
提示するかをフレーミングすることによって，状況による制御焦点を操作する
ことができると考えられる。

3. プライミングによる操作

　制御焦点を活性化させる方法として多く用いられているもう 1 つの方法は，
プライミングである。プライミングとは，先行刺激に対する処理によって後続
刺激に対する処理を促進させることであり，この効果はプライミング効果と呼

ばれる。プライミング効果は，記憶構造において先行刺激と関連した概念が活性化することで生じるとされる（岡，1990）。制御焦点の場合には，促進焦点と防止焦点のいずれかが活性化される課題を実施し（先行刺激に対する処理），後続する課題などに対する反応やパフォーマンス（後続刺激に対する処理）を測定するという形でプライミングによる操作が行われる。

　プライミングによる制御焦点の活性化にはさまざまな方法が用いられるが，自己に関連した思考によるプライミングと課題遂行によるプライミングの2つに大きく分けることができる（Motyka et al., 2014）。

　自己に関連した思考によるプライミングとして代表的なものの1つが，理想と義務のプライミングである。これは，個人が叶えたいと思うこと（理想）やこうありたいという自己像（理想自己）を想起させることで促進焦点を活性化させ，果たすべきだと思うこと（義務）やこうあるべきだという自己像（義務自己）を想起させることで防止焦点を活性化させるという手続きで行われる（Higgins et al., 1994）。Higgins et al.（1994）では，"理想"に関するプライミングが行われると"利得への接近"に関する認知が促進され，"義務"に関するプライミングが行われると"損失の回避"に関する認知が促進されることが報告されている。この結果は，理想と義務のプライミングによって促進焦点と防止焦点がそれぞれ活性化していることを示している。

　理想と義務のプライミングを用いた研究には，現在の自己における理想や義務だけでなく，過去や未来の自己について想起させる場合もある。大学生を対象にした尾崎・唐沢（2012）では，促進焦点において「あなたの人生において，あなた自身がこうありたいと思う"理想"はどのようなものでしょうか？　中学高校のころ・現在・大学卒業後の3つの時期 に分けて，あなたの思う"自分の理想"をおしえてください」，防止焦点において「あなたの人生において，あなた自身がこうあらねばならないと思う"義務"は どのようなものでしょうか？　中学高校のころ・現在・大学卒業後の3つの時期に分けて，あなたの思う"自分の義務"をおしえてください」という教示文が用いられており，本書の第4章，第5章，第7章，第9章の研究も含め，本邦の研究では多く使用されている。また，先行研究の中には，過去から現在にかけて，理想や義務がどのように変化してきたかについて尋ねるものや（Liberman, Idson, Camacho,

& Higgins, 1999；長谷，2018），自分の理想を実現したり義務を果たしたりするための方略について考えさせるものもある（Semin, Higgins, de Montes, Estourget, & Valencia, 2005）。以上のような方法は，理想や義務に焦点化していることから，個人の主観的な“self-guide”に基づく制御焦点を活性化させる操作であるといえる（Chen & Bei, 2017）。

　課題遂行によるプライミングの代表的なものとしては，迷路課題（Friedman & Förster, 2001）が挙げられる。迷路課題では，スタート地点にネズミが配置された迷路が提示され，参加者はネズミに代わってその迷路を教示に従って解くことが求められる。促進焦点条件の参加者の迷路には，さらにゴール地点にチーズが描かれており，“チーズを食べる”という利得への接近を目標とするよう教示される。一方で，防止焦点条件の参加者の迷路にはネズミの捕食者であるフクロウが描かれており，“フクロウに食べられる”という損失の回避を目標とするよう教示される。“チーズを食べる”ことを目指すのは促進焦点の特徴である養育の享受や成長（nurturance）の欲求と関連し，“フクロウに食べられる”ことを避けるのは防止焦点の特徴である安全の確保（security）の欲求と関連すると考えられる（Friedman & Förster, 2001）。Friedman & Förster（2001）ではこの迷路課題を用いた実験を行った結果，フレーミングによって制御焦点を活性化させた場合（Crowe & Higgins, 1997）と同様の反応バイアスが示されている。迷路課題による操作は比較的単純な手続きであるとされるが（Friedman & Förster, 2001），この結果は迷路課題によって制御焦点が活性化していることを支持するものである。実際，多くの先行研究で，制御焦点の操作のためにこの迷路課題が用いられている（Baas, De Dreu, & Nijstad, 2011; Brebels, De Cremer, & Sedikides, 2008; Janoff-Bulman, Sheikh, & Hepp, 2009; Righetti et al., 2011; Ståhl, Van Laar, & Ellemers, 2012）。

　また，他の課題としては，単語完成課題を使用する研究もある（Chen & Bei, 2017; Lee, Keller, & Strenthal, 2010）。この課題では，一部の文字が空欄となっている英単語が提示され，参加者は空欄に当てはまる文字を記入するよう求められる。促進焦点条件では促進焦点に関連した単語が用いられ，防止焦点条件では防止焦点に関連した単語が用いられる。促進焦点に関連した単語としては「熱望（eager［e_g_r］）」や「希望（hope［h_pe］）」，防止焦点に関連した単語

としては「義務（duty ［d_ty］)」や「安全（safe ［s_fe])」などが用いられる。Lee et al.（2010）では，この単語完成課題を用いて活性化された制御焦点と提示されたメッセージへの解釈レベルとの間に，理論的に想定された適合効果が示されたことが報告されている。

4. 操作の妥当性

　以上のように，状況による制御焦点の操作にはフレーミングやプライミングといった方法があり，多くの研究で用いられている。一方で，それらが促進焦点と防止焦点のどのような差異に焦点化した操作なのかによって，その効果が異なる可能性についても検討されている（Chen & Bei, 2017; 長谷，2018）。Chen & Bei（2017）は，上述の理想・義務についての記述課題（Higgins et al., 1994）と迷路課題（Friedman & Förster, 2001）によるプライミングが制御焦点の活性化に及ぼす影響の違いを検討した。その結果，RFQ や PPFS，そしてBIS／BAS の得点への影響が，両課題で異なることが明らかになった。まず，理想と義務のプライミングは，RFQ と PPFS の促進焦点，そして RFQ の防止焦点下位尺度の得点に影響することが示された。この結果は，理想と義務のプライミングが，制御焦点の中でも特に，個人の主観的な "self-guide" に基づく制御焦点を活性化させるものであるという仮定を支持するものである。一方で，迷路課題によるプライミングの影響は，BIS の得点が促進焦点条件よりも防止焦点条件の方が高いという結果のみであり，RFQ や PPFS の得点において条件間の差は示されなかった。Chen & Bei（2017）ではこの結果について，迷路課題ではどちらの条件にも "望ましい状態の追求" という側面が含まれていたために，促進焦点条件において促進焦点が優勢的に活性化するような結果が示されず，ネガティブな結果の回避に関連した BIS においてのみ差が示されたのだと考察されている。この解釈については議論の余地があるものの，操作の方法によって制御焦点の活性化への影響が異なるという結果は，今後の研究において留意すべきものだといえる。一部の研究（佐藤・五十嵐，2014; 2017）では，制御焦点の操作をより堅固なものとすることを目的として複数の課題が併せて用いられることもあるが，それぞれの操作がどのような効果を持つのかという点については考慮していく必要があるだろう。

このような結果を踏まえると，状況による制御焦点を操作する研究においては，用いられた手続きが実際に意図したように促進焦点や防止焦点を活性化させるものであったかを確認することが重要であると考えられる。しかしながら，制御焦点の操作チェックを厳密に行うことは困難であり，ほとんどの研究で直接的には行われていない（Freitas, Liberman, & Higgins, 2002; Higgins, Bond, Klein, & Strauman, 1986; Liberman et al., 1999; Molden & Higgins, 2004；尾崎・唐沢，2012; Wang & Lee, 2006）。多くの先行研究では，プライミングやフレーミングが制御焦点理論によって説明可能な反応の差異を生じさせたという先行研究の結果を根拠として，それらが妥当な方法だと判断されている。

しかしながら，操作の妥当性を支持する先行研究の知見は，その操作方法を用いたそれぞれの研究における操作が十分に成立していることを厳密に直接的に示すわけではない。たとえば尾崎・唐沢（2012）では，先行研究で用いられていることを根拠にプライミングを有効な操作方法として採用しているが，実験結果の考察においては操作が無効であった可能性に言及している。厳密な操作チェックが困難であることを踏まえ，操作の妥当性については今後検討を進めていく必要があるだろう。

状況要因としての制御焦点を操作する研究は介入にもつながりやすく，これまでにも教育場面など，実践的示唆に富む研究が多く行われてきた。制御焦点の操作方法についての比較検討はまだあまり行われていないが，操作方法を洗練させることは効果的な介入方法の開発にもつながると考えられる。操作の妥当性だけでなく，介入方法の開発の観点からも，状況による制御焦点の操作方法についての知見を蓄積させていくことには大きな意義があるだろう。

【第 2 章のまとめ】

制御焦点には，個人内である程度安定した特性変数として捉えられる側面とその個人が置かれた場面によって変動する状況変数として捉えられる側面の双方が存在する。制御焦点に関する先行研究では，このような制御焦点の 2 側面を捉えるために，複数の測定法が提案されてきた（e.g., Higgins et al., 1994;

Lockwood et al., 2002）。そこで，本章では，この制御焦点の2側面についてそれぞれ説明した。

第Ⅰ節では，制御焦点の個人差に着目し，制御焦点の測定尺度について述べた。先行研究において，個人差としての制御焦点を測定する際には，RFQ（Higgins et al., 2001）とPPFS（Lockwood et al., 2002）の2つの尺度が主に用いられていた。RFQは，制御焦点理論の提唱者であるHigginsらによって開発された尺度であり，制御焦点の形成過程（例：養育経験）を踏まえて測定していることが特徴であった。PPFSは，RFQと比べるとより現在の利得や損失に関する志向性を尋ねていることが特徴であった。両尺度は，BIS／BASをはじめとした他の変数との関連に差異があり，同じ特性的な制御焦点を測定する尺度でも異なる側面を捉えている可能性が示されている。

さらに，近年では，学業場面や競技スポーツ場面などの領域固有の制御焦点を捉える試みも進められている（e.g., 外山他，2016）。これらの尺度は，RFQやPPFSのように領域を限定しない特性的な制御焦点を捉える尺度と比べると，ターゲットとなる場面に沿った領域に特化した制御焦点を測定することができるため，各場面における制御焦点固有の働きをより精緻に捉えることができる可能性がある。したがって，今後の実証的検討が必要になってくると考えられる。

第Ⅱ節では，状況的な制御焦点の操作について述べた。制御焦点の操作は，促進焦点と防止焦点のどちらを活性化させるかというものであり，制御焦点の活性化には主にフレーミングとプライミングが用いられてきた。

フレーミングによる制御焦点の操作は，客観的には等価な2パターンの目標や報酬について教示することによって行われた。ある基準より良い成績やそれに伴う報酬の獲得を目指すことは促進焦点を活性化させ，一方で，同様の基準よりも悪い成績やそれに伴う報酬の返却の回避を目指すことは防止焦点を活性化させる（Shah et al., 1998）。

プライミングによる制御焦点の操作は，自己に関連した思考によるものと課題遂行によるものに大別することができる。自己に関連した思考による操作の代表的なものとしては，自分の理想を意識させることで促進焦点を活性化させ，義務を意識させることで防止焦点を活性化させるという方法が挙げられ

る。また，課題遂行による操作の代表的なものとしては，迷路課題（Friedman & Förster, 2001）が挙げられる。この課題では，促進焦点または防止焦点と関連した刺激を提示した課題を実施することで，対応する制御焦点を活性化させる。

このように，先行研究では状況的な制御焦点を操作するためのさまざまな方法が使用されてきたが，用いる方法によって制御焦点のどのような側面が活性化するのかが異なることが報告されている（Chen & Bei, 2017）。さらに，いずれの方法についても厳密な操作チェックが困難であるという問題点にも留意する必要がある。

以上のように，第2章では，特性変数と状況変数としての制御焦点を区別し，その測定方法と操作方法についての先行研究を概観した。これらの知見の蓄積は制御焦点研究の発展に寄与してきたといえる。今後，さらに精緻で妥当性のある測定・操作についての研究が行われることが期待される。

第 2 部
実証研究

Empirical Research

第3章

制御焦点が
パフォーマンスに及ぼす影響

　制御焦点とパフォーマンスの関連においては，課題のタイプを特定化し，どのようなタイプの課題であったら促進焦点あるいは防止焦点のパフォーマンスが優位となるのか検討が進められている。たとえば，Förster et al.（2003）は，速さと正確さがトレード・オフの関係にある課題を用いて，制御焦点とパフォーマンスの関連を検討した。その結果，促進焦点は速さのパフォーマンスが高く，防止焦点は正確さのパフォーマンスが高いことが示された。その他にも，創造性のパフォーマンスは促進焦点が優れているが，分析的なパフォーマンスは防止焦点が優れていることが報告されている（Friedman & Förster, 2001, 2005; Seibt & Förster, 2004）。Scholer & Higgins（2012）は，制御焦点とパフォーマンス，生産性との関連をまとめている。それによると，促進焦点は速さに価値を置き，大局的な情報処理をし，創造的である一方，防止焦点は正確さに価値を置き，局所的な情報処理をし，分析的である。

　このように，課題のタイプによって，どちらの制御焦点のパフォーマンスが優れているのかが異なることが報告されている【表 3-1 参照】。

表 3-1　制御焦点によるパフォーマンスの特徴

促進焦点	防止焦点
スピードを重視する	正確さを重視する
全体をみる（森を見て木を見ない）	細部をみる（木を見て森を見ない）
創造的	分析的
全体的な過程に従事	我慢強く取り組む（持続的な課題の成績が良い）
創造性が試される課題の成績が良い	特定の課題（item-specific）の成績が良い
生産的	安全である
熱望方略と適合	警戒方略と適合

第1章で述べたように，促進焦点と防止焦点とでは，望ましい目標の最終状態に向かって質的に異なった志向を持つ。促進焦点に動機づけられている個人は，獲得することに関心が高いため，不確定な状況の中でリスキーな行動（たとえば，積極的に新奇な回答を検索する，ミスを恐れずに大胆に反応する）をとりやすく，防止焦点に動機づけられている個人は，損失を避けることに焦点が当てられているため，不確定な状況の中で，保守的で慎重な行動（たとえば，関連性のある回答を粘り強く検索する，ミスを恐れて正確に反応する）をとりやすい(Crowe & Higgins, 1997; Hamstra, Bolderdijk, & Veldstra, 2011)。そのため，促進焦点と防止焦点では，得意（不得意）な課題のタイプが異なるのである。

また近年では，課題のタイプではなく，どのような文脈では，促進焦点あるいは防止焦点のパフォーマンスが優位となるのかを特定しようとする研究(e.g., Rosenzweig & Miele, 2016)もあるが，この立場の研究は，いまだ進展していない。そこで第3章では，どのような文脈において促進焦点あるいは防止焦点のパフォーマンスが優位となるのかを検討する。研究1では，ストレス下の状況（正確には，学習性無力感が生じる状況），研究2では1つの目標が達成された状況，研究3では，複数の目標がある状況を取りあげる。

【研究1】

I 問題と目的

研究1では，ストレス下における制御焦点のパフォーマンスを検討することにした。これまで，防止焦点と不安感情との間には正の関連が見られる一方で，促進焦点と不安感情には関連が見られないことが報告されている (Idson et al., 2000; Liberman et al., 2005)。ネガティブ感情 (e.g., 不安感情) が生じると，課題以外のことに処理資源が奪われ，向かうべき課題に集中できなくなるためパフォーマンスが低下することは数多くの研究で示されている (e.g., MacLeod & Mathews, 1988)。そこで，ストレス下においては，防止焦点の個人は，促進焦点の個人よりもパフォーマンスが低いのではないかと考えた。

研究1では，学習性無力感パラダイム(荒木, 2012; Seligman, 1975)を用いて，

実験参加者にストレスフルな失敗経験を与え，その後の，制御焦点とパフォーマンスの関連を検討することにした。

＜学習性無力感パラダイム課題＞　以下の 3 つの課題を実施する。
第 1 課題：解決可能な問題のみから成る課題
第 2 課題：解決可能な問題と解決不可能な問題とが混在している課題
第 3 課題：解決可能な問題のみから成る課題

　解決不可能な第 2 課題に取り組ませることで実験参加者に失敗を経験させ，学習性無力感を生じさせる。
　学習性無力感が生じたか否かは，以下で確認される。

●第 1 課題に比べて第 3 課題のパフォーマンスが低下すること。
●学習性無力感の症状とされる認知の問題，動機づけの問題，感情の問題（Seligman, 1975）が第 2 課題を経験した直後に生じること。

　研究 1 では，促進焦点，防止焦点の両者で有利さに差はないことが示されている計算課題（e.g., Shah et al., 1998）を用いる。従って，第 1 課題のパフォーマンスは，促進焦点条件と防止焦点条件で差はないと考えられる。しかし，ストレス下では防止焦点のほうがストレスの影響を強く被ると考えられる（Idson et al., 2000）。研究 1 の仮説は以下の通りである。

＜研究 1 の仮説＞
　解決不可能な第 2 課題を経験した後の第 3 課題において，防止焦点条件のほうが促進焦点条件よりも課題パフォーマンスが低い。

　学習性無力感が実際に生じたかどうかは，荒木・大橋（2001）に倣い，第 1 課題後と第 2 課題後の認知（パフォーマンスの予期），動機づけ，感情を比較することによって確認する。第 1 課題後に比べて，解決不可能な問題が混入している第 2 課題後では，ポジティブなパフォーマンスの予期，動機づけ，ポジ

ティブ感情が低下し，ネガティブ感情が向上すると考えられる。

　学習性無力感のパラダイムを用いた従来の研究では，解決不可能な第 2 課題経験後の第 3 課題のパフォーマンスが低下するのかどうかを，第 1 課題と第 3 課題のパフォーマンスの差によって検討しているが，研究 1 では第 2 課題のパフォーマンス自体にも注目することにした。第 2 課題は，解決可能な問題と解決不可能な問題とが混在している課題である。第 2 課題で良いパフォーマンスを示すためには，解決不可能な問題にいつまでも固執せず，そこからいかに早く自らを解放できるかが重要になってくる（Aspinwall & Richter, 1999）。制御焦点と課題パフォーマンスの関連を検討した先行研究は，解決可能な問題でのパフォーマンスを検討しており，解決不可能な問題が混入している課題では，制御焦点のどちらが優位となるのか検討されていない。そこで研究 1 では，解決不可能な問題が混入している課題という文脈でのパフォーマンスにおいて，促進焦点と防止焦点のどちらが優位となるのかを探索的に検討することにした。

II　方　法

1．実験参加者

　大学生 60 名（男子 27 名，女子 33 名）が実験に参加した。実験のデータに不備のあった者ならびに実験の目的に疑いをもった者の計 3 名を分析から除外した。分析対象者は 57 名（男子 25 名，女子 32 名，平均年齢 = 19.39 [SD = 1.08]歳）となった。

2．実験計画

　本実験は，制御焦点（促進焦点，防止焦点）を実験参加者間要因，課題試行（Time 0, Time 1, Time 2, Time 3）または課題（第 1 課題，第 2 課題，第 3 課題）を実験参加者内要因とする 2 要因混合計画であった。

3．制御焦点の操作

　実験参加者は，促進焦点条件，防止焦点条件のいずれかに交互に割り当てら

34 ▶ 第3章 制御焦点がパフォーマンスに及ぼす影響

れた。実験参加者に「これまでの実験で，多くの大学生からデータを収集していること」を教示した後に，促進焦点条件（$n = 28$）では「実験参加者の課題成績が，これまでに収集したデータの上位 30% 以内だったら，報酬として 500 円分のクオカード 1 枚を受け取ることができるが，上位 30% 以内でなければ，クオカードは受け取れない」と教示した。一方で，防止焦点条件（$n = 29$）では「実験に参加してくれた謝礼として 500 円のクオカード 1 枚を渡した上で，実験参加者の課題成績が，これまでに収集したデータの下位 70% 以内であったら，その 500 円のクオカードは返却してもらうが，下位 70% 以内になることを回避できたら，クオカードは返却する必要はない」と教示した。なお，上位 30% 以内ならびに下位 70% 以内がわかりやすく伝わるように，実験参加者に正規分布のグラフを見せながら上記の説明を行った。

4. 実験課題

実験課題は，佐藤（2003）の計算課題を用い，手続きは荒木（2012）の学習性無力感パラダイムを参考にした。この計算課題は，不完全な不等式の左辺の数字の間（問題文には□で記されている）に 4 種類の演算子（＋，－，×，÷）のいずれかを当てはめて等式を成立させる課題である（e.g., 1 □ 5 □ 7 □ 4 = 8）。

＜**本研究で用いる学習性無力感パラダイム課題**＞

第 1 課題：解決可能な問題（10 問）のみから成る課題＜解答時間 7 分＞

第 2 課題：解決可能な問題（10 問）と解決不可能な問題（10 問）とが混在している課題＜解答時間 14 分＞

※解決可能な問題と解決不可能な問題の配列は，問題を前半 10 問と後半 10 問に分け，それぞれ 5 問ずつ解決不可能な問題が配列されるようにした。[*1]

第 3 課題：解決可能な問題（10 問）のみから成る課題＜解答時間 7 分＞

実験課題は，1問ずつコンピュータ画面上で提示し，答えは解答用紙に記入させた。Aspinwall & Richter（1999）に準拠し，解答した場合あるいは問題を飛ばす場合は，実験参加者がnキーを押すことで次の問題に進むことができるが，いったん次の問題に進むと前の問題には戻れないように設定した。

研究1では，第1課題から第3課題までの各課題の正答数（第2課題においては，解決可能な問題の正答数）をパフォーマンスの指標として用いた。

5. 質問項目

下記の質問項目を使用した。第1課題の前（以降，Time 0）に下記の認知と感情の質問項目を，各課題の後（以降，Time 1, Time 2, Time 3）に下記のすべての質問項目を実施した。

（1）認　知

パフォーマンスの予期を用いた。先行研究（Pintrich & De Groot, 1990）を参考に，4項目（項目例「これからやる課題のパフォーマンスについて，自信がある」，「他の人と比べれば，私はこの課題が得意な方だと思う」）を作成した。"全くそう思わない（1点）"から"非常にそう思う（7点）"の7段階評定で回答を求めた。

（2）感　情

Profile of Mood State 2nd Edition 日本語版成人用短縮版（横山，2015）（以下，POMS 2 とする）を用いた。[*2] POMS 2 は，"混乱－当惑"5項目（項目例「頭が混乱する」，「物事に確信がもてない」），"抑うつ－落込み"5項目（項目例「悲しい」，「自分は価値がない人間だ」），"疲労－無気力"5項目（項目例「ぐったりする」，「へとへとだ」），"緊張－不安"5項目（項目例「気がはりつめる」，「あれこれ心配だ」），"活気－活力"5項目（項目例「生き生きする」，「活気が

---

*1　前半，後半における割り当ては，最初の問題で解決不可能な問題に従事すると，実験参加者が問題に疑問を抱くことを考慮し，問題1と問題2は解決可能な問題を割り当てた。それ以外は，乱数表を作り，解決可能な問題と解決不可能な問題を割り当てた。

*2　POMS2 は，実験参加者の人数分を購入して使用した。なお，POMS2 は研究1で用いた下位尺度の他に"怒り・敵意"5項目（項目例「怒る」）と友好5項目（「他人を信頼する」）があるが，これらの感情は，研究1の目的を検討する際には合致しないものであるため，分析には用いなかった。

わいてくる」）の計25項目から構成されている。"全くない（0点）","少しある（1点）","まあまあある（2点）","かなりある（3点）","非常に多くある（4点）"の5段階評定で回答を求めた。

(3) 動機づけ

　動機づけは，内発的動機づけの指標（e.g., Haimovitz & Corpus, 2011）として用いられる"課題への興味"と制御焦点に関する研究（e.g., Beuk & Basadur, 2016）で用いられるエンゲージメント（以下，"課題従事"）を使用することにした。

　"課題への興味"を測定する項目は，碓井（1992）の内発的動機づけの態度測度およびLinnenbrink-Garcia et al.（2010）の興味尺度を参考に作成した。5項目（「この課題はおもしろかった」，「この課題が好きである」，「この課題は興味深かった」，「この課題は楽しかった」，「この課題をもう1度やってみたい」）で構成されており，"全くそう思わない（1点）"から"非常にそう思う（7点）"の7段階評定で回答を求めた。

　"課題従事"を測定する項目は，Skinner, Kindermann, & Furrer（2009）のBehavioral engagementの項目や梅本・伊藤・田中（2016）の行動的エンゲージメント尺度を参考に，「この課題に集中して取り組んだ」，「この課題に熱心に取り組んだ」，「この課題に一生懸命に取り組んだ」の3項目を使用した。"全くそう思わない（1点）"から"非常にそう思う（7点）"の7段階評定で回答を求めた。

6. 実験手続き

　実験の流れを図3-1に示した。実験は1人ずつ実験室で行った。実験参加者に実験についての説明を十分に行い，同意書に署名してもらった。なお，実験参加者には，「著者らの研究グループで開発している知能検査の1つである」と実験課題のカバーストーリーを行った。

　続いて，制御焦点の操作を行った後に，実験課題のやり方を説明し，例題を遂行してもらった。本課題に入る前に，「課題はいくつかに分かれており，課題ごとに問題数と制限時間が決められていること，nキー（赤いシールで目印をつけた）を押すと問題が始まり，解答した場合はnキーを押すことで次の問

題に進めること，答えがわからなかった場合はnキーを押すことで問題を飛ばせるが，いったん次の問題に進むと前の問題には戻れないこと」を教示した。

課題のやり方を理解したことを確認した後，"パフォーマンスの予期"ならびに"感情"の項目に回答してもらい，第1課題（解決可能な問題10問，7分間），第2課題（解決可能な問題10問と解決不可能な問題10問，14分間），第3課題（解決可能な問題10問，7分間）を実施した。各課題を実施する前には，問題数と制限時間を教示した上で解答用紙を渡した。また，それぞれの課題後に"パフォーマンスの予期"，"感情"ならびに"動機づけ"の項目に回答してもらった。

実験終了後，デブリーフィングとして実験の目的を伝え，デブリーフィング後の同意書を記入してもらい，謝礼として1,000円のクオカードを渡し，すべての実験を終了した。なお，研究の実施にあたっては，筑波大学人間系研究倫理委員会の承認を得た。

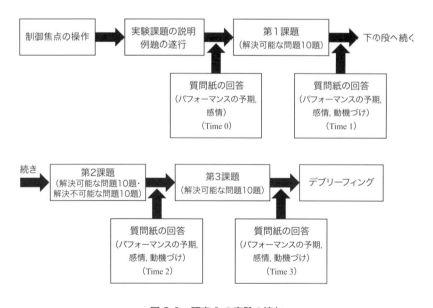

図3-1　研究1の実験の流れ

38 ▶ 第3章 制御焦点がパフォーマンスに及ぼす影響

Ⅲ 結 果

1. 尺度構成について

各尺度項目の内的一貫性を確認するために，Cronbach の α 係数を求めた。

(1) 認 知

"パフォーマンスの予期" 4 項目の α 係数は，.94, .89, .93, .92（順に，Time 0, Time 1, Time 2, Time 3；以下，同様）であった。

(2) 感 情

"混乱－当惑" 5 項目の α 係数は，.85, .88, .85, .87，"抑うつ－落ち込み" 5 項目は，.93, .92, .94, .94，"疲労－無気力" 5 項目は，.84, .90, .93, .93，"緊張－不安" 5 項目は，.88, .89, .88, .85，"活気－活力" 5 項目は，.83, .88, .86, .92 であった。

(3) 動機づけ

"課題への興味" 5 項目の α 係数は，.93, .93, .95（順に，Time 1, Time 2, Time3；以下，同様），"課題従事" 3 項目の α 係数は，.87, .89, .94 であった。

以上，いずれの尺度においても十分な内的一貫性が確認されたことより，各尺度項目の得点をそれぞれ加算し，項目数で除したものを各尺度得点とした。

2. 学習性無力感が認知，感情，動機づけに及ぼす影響

解決不可能な問題に従事することで学習性無力感が生じたのかどうかを確認するために，認知（"パフォーマンスの予期"），感情（"混乱－当惑"，"抑うつ－落ち込み"，"疲労－無気力"，"緊張－不安"，"活気－活力"），動機づけ（"課題への興味"，"課題従事"）をそれぞれ従属変数とし，制御焦点（2; 促進焦点，防止焦点）を実験参加者間要因，課題試行（以下，Time）（4; Time 0, Time 1, Time 2, Time 3）を実験参加者内要因とする 2 要因分散分析を行った。ただし，動機づけに関する分析では，Time（3; Time 1, Time 2, Time 3）であった。

学習性無力感に関する先行研究（荒木・大橋，2001）より，認知，ポジティブ感情ならびに動機づけは Time 0 および Time 1 よりも Time 2 の得点が低く，ネガティブ感情は Time 0 および Time 1 よりも Time 2 の得点が高くなると予想した。結果を図 3-2 に示した。

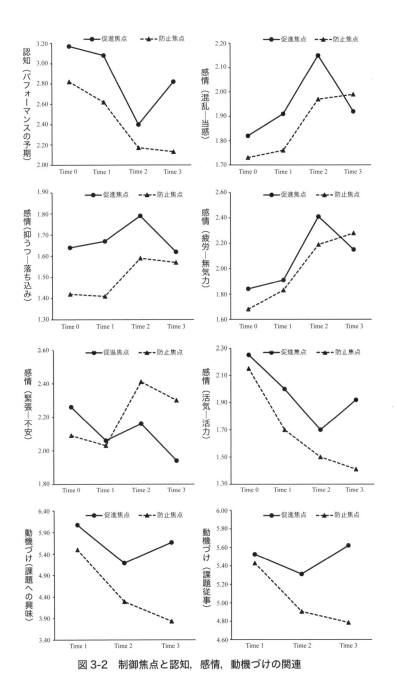

図 3-2　制御焦点と認知，感情，動機づけの関連

（1）認知に及ぼす影響

　Time の主効果のみが有意となった（$F(3, 55) = 15.64$, $p < .001$, $\eta_\mathrm{p}^2 = .23$）。多重比較（Bonferoni 法；以下同様）の結果，Time 0 および Time 1 よりも Time 2 および Time 3 の"パフォーマンスの予期"の得点が低かった（いずれも $ps < .01$）。

（2）感情に及ぼす影響

　"混乱－当惑"，"抑うつ－落ち込み"，"疲労－無気力"および"活気－活力"においては，Time の主効果のみが有意となった（順に，$F(3, 55) = 4.93$, $p = .010$, $\eta_\mathrm{p}^2 = .08$; $F(3, 55) = 3.08$, $p = .031$, $\eta_\mathrm{p}^2 = .05$; $F(3, 55) = 17.45$, $p < .001$, $\eta_\mathrm{p}^2 = .24$; $F(3, 55) = 21.08$, $p < .001$, $\eta_\mathrm{p}^2 = .28$）。

　多重比較の結果，"混乱－当惑"と"抑うつ－落ち込み"は Time 0 と Time 1 よりも Time 2 の得点が有意に高かった（いずれも $ps < .05$）。"疲労－無気力"は，Time 0 と Time 1 よりも Time 2 と Time 3 の得点が有意に高かった（いずれも $ps < .01$）。"活気－活力"は Time 0，Time 1，Time 2 の順に得点が高く（いずれも $ps < .01$），Time 0，Time 1，Time 3 の順に得点が高かった（ただし，Time1 と Time3 の間は $p < .10$，それ以外は $ps < .01$）。

　"緊張－不安"においては，交互作用のみが有意となった（$F(3, 55) = 3.59$, $p = .016$, $\eta_\mathrm{p}^2 = .06$）ため，単純主効果検定を行った。Time の単純主効果は，防止焦点条件（$F(3, 165) = 3.88$, $p = .014$, $\eta_\mathrm{p}^2 = .07$）のみ有意で，Time 2 と Time 3 が Time 0 と Time 1 の得点より高かった（いずれも $ps < .05$）。制御焦点の単純主効果は，Time 3（$F(1, 55) = 3.70$, $p = .060$, $\eta_\mathrm{p}^2 = .06$）のみ有意傾向で，防止焦点条件のほうが促進焦点条件よりも得点が高い傾向にあった。

（3）動機づけに及ぼす影響

　"課題への興味"では交互作用が有意となった（$F(2, 55) = 10.27$, $p < .001$, $\eta_\mathrm{p}^2 = .16$）ため，単純主効果検定を行った。Time の単純主効果は，促進焦点条件（$F(2, 110) = 9.33$, $p < .001$, $\eta_\mathrm{p}^2 = .15$），防止焦点条件（$F(2, 110) = 36.28$, $p < .001$, $\eta_\mathrm{p}^2 = .40$）ともに有意となった。多重比較の結果，促進焦点条件では Time 2 が Time 1（$p < .001$）と Time 3（$p = .043$）よりも"課題への興味"の得点が低かった。防止焦点条件は，Time 2 と Time 3 が Time 1 の得点より低かった（いずれも $ps < .001$）。制御焦点の単純主効果は，Time 2（$F(1,$

$55) = 4.22, p = .045, \eta_p^2 = .07$）ならびに Time 3（$F(1, 55) = 19.44, p < .001, \eta_p^2 = .26$）で有意で，ともに促進焦点条件のほうが防止焦点条件よりも得点が高かった。

"課題従事"においても交互作用が有意となった（$F(2, 55) = 3.82, p = .030, \eta_p^2 = .07$）ため，単純主効果検定を行った。Time の単純主効果は，防止焦点条件（$F(2, 110) = 6.51, p = .006, \eta_p^2 = .11$）のみ有意で，Time 2 と Time 3 が Time 1 の"課題従事"の得点より低かった（Time 2 と Time 1 の間は $p = .006$，Time 3 と Time 1 の間は $p = .019$）。制御焦点の単純主効果は，Time 3（$F(1, 55) = 5.38, p = .024, \eta_p^2 = .09$）のみ有意で，促進焦点条件のほうが防止焦点条件よりも得点が高かった。

3. 制御焦点がパフォーマンスに及ぼす影響

仮説を検証するために，パフォーマンス得点について，制御焦点（2; 促進焦点，防止焦点）を実験参加者間要因，課題（3; 第 1 課題，第 2 課題，第 3 課題）を実験参加者内要因とする 2 要因分散分析を行った。その結果，課題の主効果が有意となり（$F(2, 110) = 47.79, p < .001, \eta_p^2 = .47$），第 1 課題ならびに第 3 課題が第 2 課題よりも得点が有意に高かった。また，交互作用が有意となった（$F(2, 110) = 7.94, p < .001, \eta_p^2 = .13$）。

単純主効果検定を行った結果，第 1 課題においては促進焦点と防止焦点でパフォーマンスに差はなかった（$F(1, 55) = 1.02, p = .329, \eta_p^2 = .02$）。第 2 課題においては有意傾向（$F(1, 55) = 2.85, p = .090, \eta_p^2 = .05$）で条件間に差が見られ，防止焦点条件のほうが促進焦点条件よりもパフォーマンスが高い傾向にあった。第 3 課題においては条件で有意な差が見られ（$F(1, 55) = 8.29, p < .001, \eta_p^2 = .13$），促進焦点条件のほうが防止焦点条件よりもパフォーマンスが高かった。

課題の単純主効果は，促進焦点条件（$F(2, 54) = 19.48, p < .001, \eta_p^2 = .42$），防止焦点条件（$F(2, 54) = 72.46, p < .001, \eta_p^2 = .73$）いずれにおいても有意となった。そこで，多重比較を行った結果，促進焦点条件は，第 1 課題ならびに第 3 課題が第 2 課題よりもパフォーマンスが高かった。防止焦点条件では，第 1 課題が第 2 課題ならびに第 3 課題よりもパフォーマンスが高かった。以上の

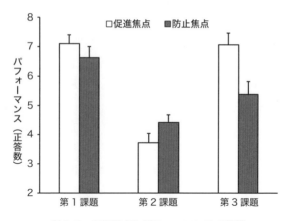

図3-3 制御焦点とパフォーマンスの関連

注）エラーバーは標準誤差を示す。

結果を図3-3に示す。

4. 第2課題における従事時間
(1) 課題全体における従事時間

　第2課題全体における従事時間において，促進焦点条件と防止焦点条件において差が見られるのかどうかを検討するために t 検定を行った。分析に先立って，従事時間においては天井効果が見られ，多くの実験参加者が制限時間いっぱい課題に従事していたため（平均13.98分），対数変換を行った。t 検定の結果，両条件間において，第2課題における従事時間に差は見られなかった（$t = 0.23$, $p = .824$, $d = 0.06$）。

(2) 解決不可能な問題における従事時間の割合

　まず，実験参加者ごとに第2課題における解決不可能な問題に従事した時間の割合を算出した。制限時間内に課題を終えた実験参加者もいたので，解決不可能な問題に従事した"時間"ではなく，従事した時間の"割合"を分析に使用した。[*3] 次に，促進焦点条件と防止焦点条件において，解決不可能な問題に従事した時間の割合に差が見られるのかどうかを検討するために t 検定を行っ

＊3　解決不可能な問題に従事した時間についても分析を行ったところ，同様の結果を得た。

た。その結果, 促進焦点条件（$M = 65.66, SD = 7.01$）のほうが防止焦点条件（$M = 61.10, SD = 9.92$）よりも, 解決不可能な問題に従事した時間の割合が有意に高かった（$t = 2.00, p = .048, d = 0.53$）。

Ⅳ 考 察

　仮説の検証に先だって, 解決不可能な問題に従事することで学習性無力感が生じるのかどうかを確認した。その結果, 促進焦点条件, 防止焦点条件いずれにおいても, ポジティブなパフォーマンスの予期, 動機づけならびにポジティブな感情は第2課題の前よりも後において得点が低く, ネガティブな感情は第2課題の前よりも後において得点が高い傾向にあることが示された。この結果により, 解決不可能な問題に従事することで, 実験参加者はある程度の学習性無力感を経験していたことが確認された。

　学習性無力感を経験した後の第3課題においては, 防止焦点条件のほうが促進焦点条件よりも, パフォーマンスが低いという結果になった。従って, 仮説は支持された。また, 感情の "緊張−不安" においては交互作用が有意となり, 防止焦点条件においてのみ第2課題の後と第3課題の後において, 第1課題の前後よりも得点が高く, 第3課題の後の緊張−不安の得点は, 促進焦点条件よりも高いことが示された。

　第1章で説明した通り, 制御焦点に関する研究では, 目標達成／不達成に応じて喚起される感情の質が, 促進焦点と防止焦点とでは系統的に異なることが示されている（尾崎, 2011）。快（目標達成）−不快（目標不達成）の感情について制御焦点に応じて質的に異なる2つの次元性が見られ, 促進焦点の場合は, 喜び−悲しみの次元, 防止焦点の場合は, 安心−不安の次元として経験される。また, 促進焦点と防止焦点では, 目標の達成／不達成に対して異なる強度の感情で反応する（Idson et al., 2000; Liberman et al., 2005）。促進焦点では目標達成に成功するということは最大化目標が叶えられたことを意味しており, 自分が理想とする高い目標水準をクリアできたという認識が強い快感情（喜びの感情）をもたらす。一方, 防止焦点では目標達成に失敗するということは最小化目標を満たすことができなかったことを意味し, 必要最低限の水準すらも

満たせていないという危機的な状況として認識され，強い不快感情（不安感情）
をもたらす。

研究1において，防止焦点の状況下では，失敗という目標不達成時に緊張－
不安感情が高まり，またその強度が促進焦点よりも高かった。高まった緊張
－不安感情のため，目の前の課題以外のことに処理資源が奪われ（MacLeod &
Mathews, 1988)，第3課題のパフォーマンスが低くなったことが考えられる。

また，研究1の結果より，促進焦点の状況下では，学習性無力感の影響を受
けにくくなることが示された。学習性無力感をある程度経験したにもかかわら
ず，促進焦点条件における第3課題のパフォーマンスは，第1課題のパフォー
マンスと同程度の水準であった。このことより，促進焦点には，学習性無力感
の影響を抑制する効果があることが示された。

促進焦点が活性化されている時には，成功のフィードバックは，課題に対す
る動機づけを高める一方で，防止焦点が活性化されている時には，成功のフィー
ドバックは課題への動機づけを高めないことが示されている（Idson & Higgins,
2000; Van-Dijk & Kluger, 2004)。つまり，獲得の在・不在に焦点が当てられて
いる促進焦点状況下では，成功フィードバックを受けることで制御適合が生じ
るものと考えられる。

研究1で用いた課題は，成功したかどうかの自己評価が可能な課題である。
促進焦点条件においても，解決不可能な問題に従事することで，ある程度の学
習性無力感は生じていたが，第3課題で再び問題を解決できるという体験を積
み重ねることで，それらが成功フィードバックとなったと考えられる。事実，
動機づけの"課題への興味"ならびに"課題従事"においては交互作用が有意
となり，促進焦点条件では，第3課題後の動機づけ("課題への興味"ならびに"課
題従事")得点が，防止焦点条件よりも高かった。促進焦点状況下では成功フィー
ドバックを受けることで制御適合が生じ，制御適合によって動機づけが高まり，
その結果，第3課題における高いパフォーマンスにつながったと考えられる。
今後は，これらのメカニズムについて詳細に検討していく必要があるだろう。

解決可能な問題と解決不可能な問題とが混在している第2課題においては，
防止焦点のほうが促進焦点よりも，パフォーマンスが高い傾向にあった。第2
課題において高いパフォーマンスを示すためには，解決不可能な問題から自ら

を早く解放することがキーとなる。研究1の結果より，第2課題全体における従事時間は，制御焦点の両者で差は見られなかったが，解決不可能な問題に従事していた時間は，防止焦点条件のほうが促進焦点条件よりも短いことが示された。防止焦点状況下では，解決不可能な問題にいつまでもとらわれることなく，切り替えて次の問題に進むことができ，その結果，解決可能な問題を解くことに時間をかけることで高いパフォーマンスを収めると考えられる。

　獲得の在と不在に動機づけられている促進焦点では，"もう少し頑張れば解けるかもしれない"という獲得への期待が活性化されやすいのに対して，損失の在と不在に動機づけられている防止焦点では，"このまま解けなかったら，この問題に費やした時間が無駄になる"といった時間への損失への不安が活性化されやすいために，促進焦点の状況よりも防止焦点の状況下では，解決不可能な問題をより早くスキップしたものと考えられる。しかし，以上の考察は推論の域を超えておらず，また，解決不可能な問題が混入している課題のパフォーマンスが防止焦点条件で優位となった結果は，有意傾向にとどまっているため，今後，この点について，詳細に検討していく必要があるだろう。

【研究 2】

Ⅰ　問題と目的

　近年では，これまでの目標に関する研究が1つの目標しか扱ってこなかったことを問題視し（Fishbach, Dhar, & Zhang, 2006），複数の目標をどのように人が評価し，選択するのかについて焦点が当てられるようになってきた（Kruglanski et al., 2002; Shah & Kruglanski, 2003）。一般に人は同時にたくさんの目標を抱えているため，目標間のバランス（Dhar & Simonson, 1999; Fishbach & Dhar, 2005）の中で目標追求を考えていかなければならないだろう。

　そこで本研究では，1つの目標が達成された状況（vs. 未達成状況）に焦点を当てて，制御焦点が別の目標追求に及ぼす影響について検討することにした。警戒的で慎重な持続的認知スタイルをとる防止焦点は，実行制御とワーキングメモリの容量が必要であるため，有限な認知資源を多く消費する特徴がある

（Roskes, Elliot, Nijstad, & De Dreu, 2013）。そのため，促進焦点に比べて，防止焦点は認知資源が不足することに対して敏感で，認知資源を投入する状況を慎重に選択することが考えられる。目標を達成した後の課題は重要ではないため（すでに目標が達成されているため），防止焦点に動機づけられていると，後続の課題に認知資源を投入する必要はないと捉えパフォーマンスが低下する可能性が考えられる。研究2の仮説は，以下の通りである。

＜研究2の仮説＞

仮説1　先行課題での目標が未達成の状況では，促進焦点と防止焦点で後続課題のパフォーマンスに差はないが，目標が達成されている状況では，促進焦点よりも，防止焦点は後続課題のパフォーマンスが低い。

仮説2　防止焦点は，目標達成の時に，目標未達成時と比べてパフォーマンスが低い。

II　方　法

1. 実験参加者

　大学生64名（男子30名，女子34名）が実験に参加した。平均年齢（SD）は19.83（1.30）歳であった。

2. 制御焦点の操作

　実験参加者は，促進焦点条件，防止焦点条件のいずれかに割り当てられた。促進焦点条件（$n = 32$）では，実験参加者の課題1の成績が，一般大学生の平均以上（上位50%以内）の成績に入るように教示し，防止焦点条件（$n = 32$）では，実験参加者の課題1の成績が，一般大学生の平均以下（下位50%以内）の成績に入らないように教示した。

3. 目標達成の操作

課題1終了後に，促進焦点，防止焦点条件別に，目標達成の操作を行った。促進焦点条件では，目標達成は「平均以上に入ることができた」，目標未達成は「平均以上に入ることができなかった」と教示を行った。防止焦点条件では，目標達成は「平均以下に入ることを回避できた」，目標未達成は「平均以下に入ることを回避できなかった」と教示した。

4. 実験課題と実験手続き

本実験は，制御焦点（促進焦点，防止焦点）と目標達成（達成，未達成）の2要因を独立変数とする実験参加者間計画であった。実験参加者64名を，16名ずつ4条件（「促進焦点＋目標達成」，「促進焦点＋目標未達成」，「防止焦点＋目標達成」，「防止焦点＋目標未達成」）のいずれかに割り当てた。

実験の流れを図3-4に示した。実験は1人ずつ実験室で行った。実験参加者に実験についての説明を十分に行い，同意書への署名を求めた。なお，実験参加者には，本実験では，創造性を測定する課題を実施すると説明した。

まず，制御焦点の操作を行った後に，課題1を実施した。課題1は，拡散的洞察課題（Unusual Use Test［Guilford, 1967］）を用いた（この課題の詳細は，第4章を参照）。例題として「レンガ」（回答時間は30秒），本題として「靴下」と「缶詰の缶」（回答時間はそれぞれ2分間）を出題した。

課題1が終了した後で，本実験には関係のない質問紙に回答してもらった。その質問紙を実験参加者に渡す前に，質問紙に回答している間に実験者が実験課題の採点を行うこと（実際は，採点を行っているふりをした），質問紙回答後に結果をフィードバックする旨を伝えた。その後，目標達成の操作を行った。続いて，課題2を実施した。実施する前に実験参加者に，創造性とは異なる課題であるが，著者らが開発している知能検査の予備実験の課題を実施し，課題

図3-4 研究2の実験の流れ

48 ▶ 第3章 制御焦点がパフォーマンスに及ぼす影響

終了後に成績をフィードバックすると伝えた。

課題 2 は，研究 1 で用いた計算課題 20 問を用いた。[*4] 制限時間は，予備調査の結果を基に，制限時間内に全問解くことができない 10 分とした。課題のやり方を説明し，例題を遂行させ，やり方を理解していることを確認した上で本課題を実施した。本研究では，別の目標の追求を示す指標として，パフォーマンス（計算課題の正答数）を用いた。

課題 2 が終わった後，実験操作のチェックを口頭で行った。具体的には，制御焦点の操作と目標達成の操作として用いた教示を，実験参加者に再生してもらった。

実験終了後，デブリーフィングとして実験の目的を伝え，デブリーフィング後の同意書の記入を求め，謝礼として 500 円のクオカードを渡し，すべての実験を終了した。なお，研究の実施にあたっては，筑波大学人間系研究倫理委員会の承認を得た。

Ⅲ 結 果

制御焦点の操作ならびに目標の達成の操作で用いた教示を間違えて理解していた実験参加者は，誰もいなかった。

制御焦点（促進焦点，防止焦点）と目標達成（達成，未達成）を独立変数，課題 2 のパフォーマンス得点を従属変数とする 2 要因分散分析を行った。その結果，制御焦点の主効果（$F(1, 60) = 3.77, p = .057, \eta_\mathrm{p}^2 = .06$）が有意傾向，交互作用（$F(1, 60) = 5.34, p = .019, \eta_\mathrm{p}^2 = .08$）が有意となった。目標達成の主効果（$F(1, 60) = 0.40, p = .532, \eta_\mathrm{p}^2 = .01$）は有意とならなかった。

単純主効果検定を行ったところ，制御焦点の単純主効果は，目標達成条件で有意となり（$F(1, 60) = 9.33, p < .001, \eta_\mathrm{p}^2 = .14$），促進焦点条件（$M = 13.00$, $SD = 4.03$）が防止焦点条件（$M = 8.88, SD = 3.48$）よりもパフォーマンス得点が高かった。一方，目標未達成条件では有意とならなかった（$F(1, 60) = 0.07$,

---

＊4　予備調査（$n = 20$）を実施し，促進焦点と防止焦点でパフォーマンスに差がみられないことを確認した。

$p = .802, \eta_p^2 = .00$)。

　目標達成の単純主効果は，促進焦点条件では有意とならなかった（$F(1, 60) = 1.45, p = .233, \eta_p^2 = .02$）が，防止焦点条件で有意となり（$F(1, 60) = 4.21, p = .038, \eta_p^2 = .07$），目標達成条件（$M = 8.88, SD = 3.48$）よりも，目標未達成条件（$M = 11.73, SD = 4.08$）において，パフォーマンス得点が高かった。結果を図 3-5 に示した。

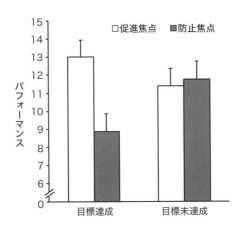

図 3-5　制御焦点と目標達成がパフォーマンスに及ぼす影響

注）エラーバーは標準誤差を示す。

IV 考　察

　研究 2 では，防止焦点に動機づけられた個人は，先行課題の目標が達成されると，後続課題のパフォーマンスが低いことが示され，仮説が支持された。

　警戒的で慎重な処理スタイルをとる防止焦点は，有限な認知資源を多く消耗する特徴があるため，認知資源が不足することに対して敏感で，認知資源を投入する状況を慎重に選択する必要がある（Roskes et al., 2013）。防止焦点に動機づけられている人は，目標を達成した後の課題は重要ではないため，当該課題に認知資源を投入する必要はないと意図していたと考えられる。その結果，目標が達成されている状況では未達成時に比べて，パフォーマンスが低下したのだろう。

50 ▶ 第3章 制御焦点がパフォーマンスに及ぼす影響

　他方，探索的で柔軟な処理スタイルをとる促進焦点では，認知資源を温存する必要はなく，目標の達成の有無にかかわらず，いわば無差別的に認知資源を投入するものと考えられる。そのため，目標達成後においても後続課題のパフォーマンスは維持されやすいと考えられる。しかし研究2では，認知資源の温存の意図については測定していないため，研究3では上記の可能性を詳細に検討することにした。

【研究3】

Ⅰ　問題と目的

　Baumeister & Vohs（2007）は，自己制御や自己の実行機能を働かせるために必要な認知資源は，無限ではありえない「エネルギー」になぞらえて理解することができると考えている。認知資源が消耗すると，その充足には時間を要するため，認知資源が不足した状態となりパフォーマンスが低下する（Hagger, Wood, Stiff, & Chatzisarantis, 2010）。よって，優先順位の低い事柄に認知資源を使いすぎると，重要で優先順位の高い事柄に十分に認知資源を割くことができなくなるため，認知資源のマネジメントに賢明になるべきである（Muraven, Shmueli, & Burkley, 2006）。

　事実，人は，回復するのに時間がかかる有限な資源（e.g., エネルギー，ソーシャル・サポート）を獲得，維持，温存しようと動機づけられている（Hobfoll, 2002）。こうした有限な資源の温存理論（Schönpflug, 1983）は，認知資源においても適用可能であろう。Muraven et al.（2006）は，認知資源が消耗している状態の人は，将来において認知資源が必要となることが予期される時，認知資源の使用を節約しようとする傾向が見られることを実証している。Muraven et al.（2006）は，4つの実験によって，認知資源が消耗する課題を行った後に，将来において認知資源を使用することを予期した実験参加者は，そうでない実験参加者（認知資源が消耗していない，将来において認知資源が必要になると予期していない実験参加者）に比べて，課題におけるパフォーマンスが低いことを示した。逆に，その実験参加者は，認知資源を温存しようとしていた後続

の課題は，パフォーマンスが高かった。この結果は，認知資源が消耗している状態の人は，認知資源が将来必要となる事態にそなえて，認知資源を節約し，温存しようとしたため，結果として先行の課題のパフォーマンスは低いが，認知資源を温存していた後続の課題パフォーマンスは高いということを示しており，人には認知資源の温存効果が見られることを示唆するものである。

　先に述べた通り，防止焦点の個人がとりやすい警戒的で慎重な処理スタイル（Crowe & Higgins, 1997; Hamstra et al., 2011）は，実行制御とワーキングメモリの容量が必要であるため，有限な認知資源をより多く消耗する（Roskes et al., 2013）。認知資源が消耗している状態の人は，認知資源が将来必要となる事態にそなえて，認知資源を節約し，温存しようとする効果（温存効果）が見られるという先行研究（Muraven et al., 2006）の知見も踏まえて考えると，防止焦点に動機づけられている人は，認知資源が消耗しやすい（Roskes et al., 2013）ため，認知資源が不足することに対してより敏感で，認知資源を投入する状況を慎重に選択することが考えられる。研究2では，その可能性が示唆されたが，課題の重要度や優先順位を直接的に扱ってはいない。

　そこで研究3では，研究2の知見を拡張すべき，認知資源の温存という観点から検討する。具体的には，将来，優先順位の高い課題に従事することがわかっている時，防止焦点では認知資源を温存しようとする意図が働き，優先順位の低い課題に対しては認知資源を節約して取り組むため，当該のパフォーマンスは低いが，優先順位の高い課題においては，促進焦点よりも高いパフォーマンスを示すのかどうかを，下記の実験パラダイムを用いて検討する。

＜実験パラダイム＞　以下の4つのフェーズから成る。
1. 課題1（認知資源が消耗する課題）を実施する。
2. 実験参加者にこれから2つの課題（課題2と課題3）を実施することを予告する。つまり，課題2の後に課題3に従事してもらうことを事前に知らせるが，ここで課題3の優先順位を操作する。
3. 課題2（認知資源が消耗する課題）を実施する。
4. 課題3（計算課題）を実施する。

52　▶　第3章　制御焦点がパフォーマンスに及ぼす影響

　認知資源の温存効果は，自己報告による「温存しようとする意図（以下，温存意図と示す）」と「疲労感」，ならびに課題2のパフォーマンスの低さによって確認する。疲労感は，認知資源の消耗状態を測定するために使用されている（e.g., Roskes, De Drew, & Nijstad, 2012）が，研究3では，課題3のために認知資源を温存しているならば（課題2において努力を差し控えているならば），課題2実施後の疲労感は，低くなることが予想される。また，真の温存効果を示すためには，温存していた課題のパフォーマンスが高いことを実証する必要がある。そこで，課題3のパフォーマンスの高さを検討することにした。仮説は以下の通りである。

＜研究3の仮説＞

　後続課題（課題3）の優先順位が先行課題（課題2）の優先順位よりも高い場合には，防止焦点は促進焦点に比べて，

仮説1　自己報告による認知資源の温存意図が高い。

仮説2　先行課題（課題2）のパフォーマンスが低い。

仮説3　先行課題（課題2）後の自己報告による疲労感が低い。

仮説4　後続課題（課題3）のパフォーマンスが高い。

II　方　法

1. 実験参加者

　大学生64名（男子28名，女子36名）が実験に参加した。平均年齢（*SD*）は19.39（1.08）歳であった。

2. 制御焦点の操作

　実験参加者は，促進焦点条件，防止焦点条件のいずれかに無作為に割り当てられた。促進焦点条件（$n = 32$）では，実験参加者の課題全体の成績が，一般大学生の平均以上（上位50％以内）の成績に入るように教示し，防止焦点条件（$n = 32$）では，実験参加者の課題全体の成績が，一般大学生の平均以下（下

位 50% 以内）の成績に入らないように教示した。

3. 課題の優先順位の操作

課題 1 終了後に行った，課題 2 と課題 3 の説明の内容によって，課題 3 の優先順位（以下，課題の優先順位とする）を操作した。優先順位 high 条件（$n = 32$）では，「課題 3 は非常に集中力を要する課題であるため，課題 2 よりも課題 3 のほうが，得点の比重が高い（全体の成績に反映される）」と教示し，優先順位 equal 条件（$n = 32$）では，「課題 2 と課題 3 で要する集中力は同程度であり，課題 2 と課題 3 の成績で全体の成績を出す」と教示した。

4. 質問項目

下記の質問項目を使用した。すべての課題（課題 1，課題 2，課題 3）後に疲労感の質問項目を，また，課題 2 の後においてのみ，温存意図の質問項目を実施した。

（1）疲労感

Profile of Mood State 2nd Edition 日本語版（横山，2015）の「疲労−無気力」5 項目（項目例として「ぐったりする」，「へとへとだ」）を用いた。現在の気分について，"全くない（1 点）"から"非常に多くある（5 点）"の 5 段階評定で回答を求めた。

（2）温存意図

Muraven et al.（2006）を参考に，温存意図質問項目 5 項目を作成した【項目内容は表 3-2】。"全くあてはまらない（1 点）"から"非常にあてはまる（5 点）"の 5 段階評定で回答を求めた。

5. 実験課題と実験手続き

本実験は，制御焦点（促進焦点，防止焦点）と課題の優先順位（high，equal）の 2 要因を独立変数とする実験参加者間計画であった。実験参加者 64 名を，16 名ずつ 4 群（「促進焦点＋優先順位 high」，「促進焦点＋優先順位 equal」，「防止焦点＋優先順位 high」，「防止焦点＋優先順位 equal」）のいずれかに割り当てた。

実験の流れを図 3-6 に示した。実験は 1 人ずつ実験室で行った。実験参加者に実験についての説明を十分に行い，同意書に署名してもらった。なお，実験参加者には，本実験では，知的な側面を測定する課題（認知課題）のデータを収集しているため，認知課題をいくつか実施すると説明した。

まず，制御焦点の操作を行った後に，課題 1 を実施した。課題 1 は，Muraven et al.（2006, Experiment 2, 3）の認知資源消耗フェーズで実施されたタイピング課題を用いた。この課題は，制限時間以内に，英語の短い文章をできるだけ速く，正確にタイピングするが，"e" の文字はタイピングしないで，スペースを入れるという課題である。Muraven et al.（2006, Experiment 2, 3）と同様に，自分がタイプしたものは，画面上に提示されないように設定した。この課題は，認知資源を消耗させる課題であることが示されている（Muraven et al., 2006）。本実験では，制限時間内では決して完遂できない長さの文章を 2 問（制限時間は各問 2 分）用意した。

続いて，課題 2 を実施する前に，課題 3 の優先順位の操作を行った。その後，課題 2 を実施した。課題 2 は，ストループ課題（新ストループ検査Ⅱ；箱田・渡辺，2005）を用いた。ストループ課題も認知資源が消耗する課題であるこ

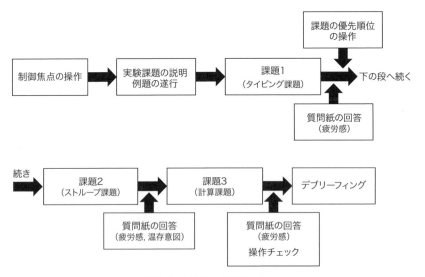

図 3-6　研究 3 の実験の流れ

とが，先行研究で示されている（Inzlicht & Gutsell, 2007; Job, Dweck & Walton, 2010）。ストループ課題は，4つの課題（制限時間はそれぞれ60秒）から構成され，手引書に従って実施した。

　最後に，課題3を実施した。課題3は，研究1，研究2でも使用した佐藤（2003）の計算課題20問を用いた。制限時間は，予備調査の結果を基に，制限時間内に全問解くことができない10分とした。研究2では，課題の正答数をパフォーマンスの指標として用いた。

　なお，それぞれの課題においては，練習問題（例題）を実施し，実験参加者が課題のやり方を理解したことを確認した上で本課題を行った。また，各課題後に，"疲労感"に関する質問項目に，課題2の後には，加えて"温存意図"の質問項目に回答を求めた。

　すべての課題が終わった後に，課題の優先順位の操作チェックを行った。「課題2と課題3では，どちらのほうが全体の成績における比重が大きいか」という質問項目に対して，「課題2のほうが比重が大きい」，「どちらとも同じくらいである」，「課題3のほうが比重が大きい」の3つから選択してもらった。

　実験終了後，デブリーフィングとして実験の目的を伝え，デブリーフィング後の同意書への記入を求め，謝礼として500円のクオカードを渡し，すべての実験を終了した。なお，研究の実施にあたっては，筑波大学人間系研究倫理委員会の承認を得た。

III 結 果

1. 温存意図尺度の主成分分析

　"温存意図" 5項目について，主成分分析を行った結果，1次元性を確認した【表3-2】。第1主成分の負荷量は5項目いずれも.70以上を示し，寄与率は79.28%であった。5項目に対して，Cronbachのα係数を求めたところ，.93であった。よって，全5項目で下位尺度を構成した。温存意図の平均（SD）は，10.33（6.77）であった。

表 3-2 「温存意図」の第 1 主成分への負荷量と記述統計

	負荷量	M	SD
次の課題のために力を温存することが重要であると考えた	.95	2.02	1.44
次の課題のために，この課題ではあまり力を出さないようにした	.93	1.84	1.35
次の課題のために，力を温存しようとした	.93	2.16	1.49
この課題をしている時，次の課題のことが気になった	.84	2.14	1.66
次の課題のことは考えずに，この課題に全力で取り組んだ（※）	.79	2.17	1.65

注）（※）は逆転項目。

2. 操作チェック

　課題の優先順位の操作がうまく行われたのかどうかを確認した。優先順位 high 条件の実験参加者（$n = 32$）が「課題 3 のほうが比重が大きい」を選んだ割合は 90.63%（29 名）であった。優先順位 equal 条件の実験参加者（$n = 32$）が「どちらも同じくらいである」を選んだ割合は 90.63%（29 名）であった。χ^2 検定の結果，人数の偏りは有意で（$\chi^2(2) = 45.64, p < .001$），残差分析の結果，優先順位 high 条件は「課題 3 のほうが比重が大きい」に，優先順位 equal 条件は「どちらも同じくらいである」において，人数が有意に多かった。よって，課題の優先順位の操作は有効に行われたと判断した。

　以降の分析では，操作がうまく行われなかった 6 名のデータを除外して分析を行った。そのため，「促進焦点＋優先順位 high」が 14 名，「促進焦点＋優先順位 equal」が 14 名，「防止焦点＋優先順位 high」が 15 名，「防止焦点＋優先順位 equal」が 15 名となった。

3. 制御焦点と課題の優先順位が温存意図に及ぼす影響

　仮説 1 を検証するために，制御焦点（促進焦点，防止焦点）と課題の優先順位（high，equal）を独立変数，温存意図得点を従属変数とする 2 要因分散分析を行った。その結果，交互作用のみが有意となった（$F(1, 54) = 6.26, p = .015, \eta_p^2 = .10$）。

　交互作用が有意となったため，単純主効果検定を行ったところ，制御焦点の単純主効果は，優先順位 high 条件においてのみ有意となり（$F(1, 54) = 7.35, p = .009, \eta_p^2 = .12$），防止焦点条件（$M = 14.53, SD = 3.99$）が促進焦点条件（$M$

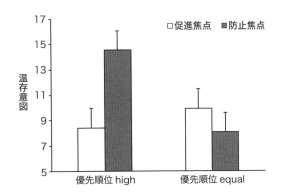

図 3-7 制御焦点と課題の優先順位が温存意図に及ぼす影響

注）エラーバーは標準誤差を示す。

= 8.43, SD = 3.50) よりも温存意図得点が高かった。一方，優先順位 equal 条件では有意とならなかった（$F(1, 54)$ = 0.68, p = .412, η_p^2 = .01）。課題の優先順位の単純主効果は，防止焦点条件で有意となり（$F(1, 54)$ = 8.54, p = .005, η_p^2 = .14），優先順位 high 条件（M = 14.53, SD = 3.99）が優先順位 equal 条件（M = 8.07, SD = 3.89）よりも温存意図得点が高かった。一方，促進焦点条件では有意とならなかった（$F(1, 54)$ = 0.42, p = .515, η_p^2 = .01）。結果を図 3-7 に示した。

4．制御焦点と課題の優先順位が課題 2 のパフォーマンスに及ぼす影響

仮説 2 の検証に先立って，箱田・渡辺（2005）に従い 2 種の干渉率（逆ストループ干渉率，ストループ干渉率）を算出した。[5] この数値が低いほど，パフォーマンスが高いことを意味する。

続いて，仮説 2 を検証するために，制御焦点と課題の優先順位を独立変数，課題 2 のパフォーマンス（逆ストループ干渉率，ストループ干渉率）をそれぞ

---

[5] 逆ストループ干渉率は，{(課題 1 の正答数－課題 2 の正答数)÷課題 1 の正答数}×100，ストループ干渉率は，{(課題 3 の正答数－課題 4 の正答数)÷課題 3 の正答数}×100 から算出される。

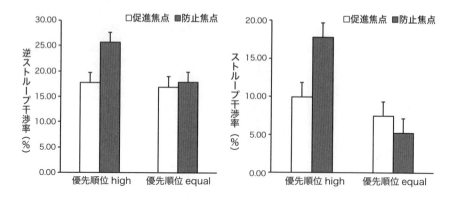

図 3-8 制御焦点と課題の優先順位が課題2のパフォーマンス
（逆ストループ干渉率／ストループ干渉率）に及ぼす影響
注）エラーバーは標準誤差を示す。

れ従属変数とする2要因分散分析を行った。

逆ストループ干渉率においては，制御焦点（$F(1, 54) = 4.57, p = .037, \eta_p^2 = .08$）と課題の優先順位（$F(1, 54) = 4.36, p = .041, \eta_p^2 = .08$）の主効果が有意となり，交互作用（$F(1, 54) = 2.89, p = .079, \eta_p^2 = .06$）が有意傾向となった。

制御焦点の単純主効果は，優先順位 high 条件においてのみ有意となり（$F(1, 54) = 7.37, p = .009, \eta_p^2 = .12$），防止焦点条件（$M = 25.65, SD = 7.74$）が促進焦点条件（$M = 17.70, SD = 9.78$）よりも逆ストループ干渉率が高かった（パフォーマンスが低かった）。一方，優先順位 equal 条件では有意とならなかった（$F(1, 54) = 0.10, p = .758, \eta_p^2 = .00$）。

課題の優先順位の単純主効果は，防止焦点条件で有意となり（$F(1, 54) = 7.44, p = .009, \eta_p^2 = .12$），優先順位 high 条件（$M = 25.65, SD = 7.74$）が優先順位 equal 条件（$M = 17.80, SD = 6.44$）よりも逆ストループ干渉率が高かった（パフォーマンスが低かった）。一方，促進焦点条件では有意とならなかった（$F(1, 54) = 0.07, p = .789, \eta_p^2 = .00$）。結果を図 3-8（左図）に示した。

ストループ干渉率においては，課題の優先順位の主効果（$F(1, 54) = 14.33, p < .001, \eta_p^2 = .21$）と交互作用（$F(1, 54) = 6.41, p = .014, \eta_p^2 = .11$）が有意となった。制御焦点の主効果は有意とならなかった（$F(1, 54) = 1.97, p = .167$,

$\eta_p^2 = .04$）。制御焦点の単純主効果は，優先順位 high 条件においてのみ有意となり（$F(1, 54) = 7.74, p = .007, \eta_p^2 = .13$），防止焦点条件（$M = 17.76, SD = 6.47$）が促進焦点条件（$M = 9.93, SD = 8.62$）よりもストループ干渉率が高かった（パフォーマンスが低かった）。一方，優先順位 equal 条件では有意とならなかった（$F(1, 54) = 0.64, p = .427, \eta_p^2 = .01$）。

　課題の優先順位の単純主効果は，防止焦点条件で有意となり（$F(1, 54) = 20.67, p < .001, \eta_p^2 = .28$），優先順位 high 条件（$M = 17.76, SD = 6.47$）が優先順位 equal 条件（$M = 5.19, SD = 8.86$）よりもストループ干渉率が高かった（パフォーマンスが低かった）。一方，促進焦点条件では有意とならなかった（$F(1, 54) = 0.76, p = .388, \eta_p^2 = .01$）。結果を図3-8（右図）に示した。

5. 制御焦点と課題の優先順位が疲労感に及ぼす影響

　疲労感尺度の Cronbach の α 係数は，.93，.91，.95（順に，課題1，課題2，課題3）であった。

　仮説3を検証するために，疲労感得点を指標として，制御焦点と課題の優先順位を実験参加者間要因，課題（課題1，課題2，課題3）を実験参加者内要因とする3要因分散分析を行った。その結果，課題の主効果（$F(2, 108) = 15.71, p < .001, \eta_p^2 = .23$）が有意となった。多重比較（Bonferroni 法）の結果，疲労感の得点は，課題3（$M = 13.36, SD = 5.68$）が課題1（$M = 9.98, SD = 4.77$）および課題2（$M = 9.82, SD = 4.26$）よりも有意に高かった。

　また，2次の交互作用において小さな効果量が見られた[*6]（$F(2, 108) = 2.53, p = .104, \eta_p^2 = .06$）ため，下位検定を行った。制御焦点と課題の優先順位の単純交互作用は，課題2においてのみ有意傾向であった（$F(1, 54) = 2.99, p = .098, \eta_p^2 = .06$）。単純・単純主効果検定の結果，課題2における制御焦点と課題の優先順位の単純交互作用は，優先順位 high 条件においてのみ有意傾向（$F(1, 54)=3.23, p = .078, \eta_p^2 = .05$）で，防止焦点条件（$M = 8.80, SD = 3.68$）が促

[*6] 本書における効果量の大きさの基準は，Cohen（1988）に則る。なお，有意でない場合にも効果量を示す必要性があること，p 値と効果量は異なる情報をもっていること（Wetzels et al., 2011），効果量を積極的に解釈することが有用であること（波田野・吉田・岡田，2015）が指摘されているため，本書では効果量も考慮することにした。

進焦点条件（$M = 10.20, SD = 5.24$）よりも疲労感得点が低い傾向が見られた。優先順位 equal 条件では防止焦点条件（$M = 10.33, SD = 4.82$）と促進焦点条件（$M = 10.35, SD = 3.22$）で疲労感得点に差は見られなかった（$F(1, 54) = 0.78, p = .352, \eta_p^2 = .01$）。

6. 制御焦点と課題の優先順位が課題 3 のパフォーマンスに及ぼす影響

仮説 4 を検証するために，制御焦点と課題の優先順位を独立変数，課題 3 のパフォーマンス得点を従属変数とする 2 要因分散分析を行った。その結果，交互作用のみが有意となった（$F(1, 54) = 4.01, p = .049, \eta_p^2 = .06$）。

制御焦点の単純主効果は，優先順位 high 条件で有意傾向となり（$F(1, 54) = 3.28, p = .082, \eta_p^2 = .06$），防止焦点条件（$M = 11.80, SD = 1.42$）が促進焦点条件（$M = 9.81, SD = 2.05$）よりも課題のパフォーマンス得点が有意傾向で高かった。一方，優先順位 equal 条件では有意とならなかった（$F(1, 54) = 1.02, p = .317, \eta_p^2 = .02$）。

課題の優先順位の単純主効果は，防止焦点条件で有意となり（$F(1, 54) = 4.41, p = .040, \eta_p^2 = .08$），優先順位 high 条件（$M = 11.80, SD = 1.42$）が優先順位

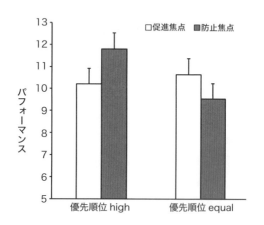

図 3-9　制御焦点と課題の優先順位が課題 3 のパフォーマンスに及ぼす影響
注）エラーバーは標準誤差を示す。

equal 条件（$M = 9.53$, $SD = 2.61$）よりもパフォーマンス得点が高かった。一方，促進焦点条件では有意とならなかった（$F(1, 54) = 0.14$, $p = .703$, $\eta_p^2 = .00$）。結果を図 3-9 に示した。

7. 課題 2 のパフォーマンスと課題 3 のパフォーマンスの関係について

　課題 2 と課題 3 のパフォーマンスの関係がトレード・オフの関係になっているのかどうか，すなわち，課題 3 で高いパフォーマンスを示すために認知資源の温存が重要であるのかどうかを補足的に確認することにした。具体的には，課題 2 のパフォーマンスの低さ（高さ）と課題 3 のパフォーマンスの高さ（低さ）が関連しているのかどうかを確認するために，促進焦点条件（$n = 28$），防止焦点条件（$n = 30$）別に相関係数を算出した。その結果，課題 2 のパフォーマンス（逆ストループ干渉率）と課題 3 のパフォーマンスの相関係数は，促進焦点条件が .29，防止焦点条件が .31 で，課題 2 のパフォーマンス（ストループ干渉率）と課題 3 のパフォーマンスの相関係数は，促進焦点条件が .30，防止焦点条件が .31 であった。

IV　考　察

　研究 3 では，防止焦点の認知資源の温存効果について，4 つの観点（温存意図，優先順位が低い課題のパフォーマンス，優先順位が低い課題後の疲労感，温存していた課題のパフォーマンス）から検討したが，4 つすべてにおいて認知資源の温存効果が確認された（ただし，有意傾向も含める）。

　どのような目標に対しても積極的に関与することが，必ずしも適応的な結果へとつながるわけではない（Geers, Wellman, & Lassiter, 2009）。促進焦点条件，防止焦点条件にかかわらず，研究 2 の課題 2 のパフォーマンス（の低さ）と課題 3 のパフォーマンス（の高さ）には正の相関関係が認められ，そこにはトレード・オフの関係が存在することも確認された。課題 2 に認知資源を割いてしまうと，認知資源が消耗した状態になり（Baumeister & Vohs, 2007），課題 3 のパフォーマンスが低下するのだろう。促進焦点は，優先順位の高くない課題 2 に対しても認知資源を投入した結果，優先順位の高い課題 3 においては，防止

焦点と同程度の卓越したパフォーマンスを示すことができなかったと考えられる。

　言うまでもなく，認知資源や努力は有限なものである。現実世界において，目標が1つということはなく，われわれは同時にたくさんの目標を抱えているため，ある目標への追求を一時的に差し控えたりすることが時には適応的に働くこともある（Wrosch, Scheier, Carver, & Schultz, 2003）。制御焦点とパフォーマンスの関連を検討する際にも，複数の目標（課題）の中での当該目標（課題）のパフォーマンスについて検討していく必要があるだろう。そこで考慮しなければいけないのが，各目標（課題）の優先順位であり，各目標（課題）に投入する認知資源の配分である。研究3では，課題間の優先順位を操作したに過ぎず，各課題の優先の程度や認知資源の配分の程度までは扱っていない。今後は，各課題の優先順位の程度によって各課題への認知資源の配分がどのように変わり，また，それによってパフォーマンスがどのように変わるのかを詳細に検討していく必要があるだろう。

【第3章のまとめ】

　Rosenzweig & Miele（2016）が指摘している通り，制御焦点とパフォーマンスの関連を検討した研究は，まだその数が少ない。課題のタイプを特定化し，どのようなタイプの課題であったらどちらの制御焦点のパフォーマンスが優位となるのかの検討が行われているが，どのような文脈でどちらの制御焦点のパフォーマンスが優位となるのかの検討はほとんど行われていない。そこで第3章【研究1, 研究2, 研究3】では，どのような文脈では，促進焦点あるいは防止焦点のパフォーマンスが優位となるのかを特定しようと試みた。

　研究1より，促進焦点の状況が活性化された場合は，挫折や失敗から回復する"レジリエンス"が優れていることが示された。加えて，示唆の段階にとどまるが，防止焦点の状況が活性化された場合は，解決不可能な問題が混入している文脈での課題のパフォーマンスが優れていた。

　また，防止焦点の個人は，目標が達成された時【研究2】や，将来，優先順位

の高い課題に従事することがわかっている時【研究3】には，認知資源を温存しようとする動機づけが働くため，重要性や優先順位の低い課題に対しては努力を差し控え，促進焦点の個人よりもパフォーマンスが低い【研究2，研究3】が，後続の優先順位の高い課題においては，促進焦点の状況が活性化された場合よりもパフォーマンスが高いことが示された【研究3】。

　防止焦点の処理スタイルは有限な認知資源を消耗しやすいという特徴がある（Roskes et al., 2013）。そのため，課題によっては認知資源が不足した状態となり，促進焦点と同様の高いパフォーマンスを示すことができない（Hagger et al., 2010）など，防止焦点のネガティブな側面に言及されることが多かった。しかし，研究2，研究3より，その処理スタイルの特徴のために，防止焦点は文脈に応じて認知資源を意図的に配分できることが示され，その柔軟性という意味において，防止焦点は適応的であることが明らかとなった。

　一方で，あらゆる状況において多くの認知資源を費やすことが可能である促進焦点は，状況によっては防止焦点よりも高いパフォーマンスを示すことができる（Hagger et al., 2010）が，研究3で示されたように，優先順位が高くない先行課題にも多分に認知資源を投入することによって，後続課題の優先順位が高い場合に防止焦点と同程度の高いパフォーマンスを発揮することができないというネガティブな側面も存在する。あらゆる特徴というものは，いわばトレード・オフの関係にあり，ネガティブな側面もあればポジティブな側面もある。第3章では，防止焦点のポジティブな側面に光を当てたという意味で，意義があるものと考えられる。

　最後に，第3章の限界を述べる。第3章では状況による制御焦点しか扱っていないという限界が挙げられる。第2章で述べた通り，制御焦点には，特性として捉える場合と，状況要因として捉える場合がある（e.g., Förster et al., 2003）。先行研究では，特性と状況の両者において同様の結果が得られることによって結果の頑健性を示すことが多いため，今後は，特性的な制御焦点を扱った場合に，第3章の結果と同様の知見が得られるかどうかを検討することで，第3章で得られた結果の一般化を検証していくとともに，制御焦点とパフォーマンスのメカニズムについて検討していく必要があるだろう。

第4章

制御焦点が
創造性に及ぼす影響

　創造性とは，多様なアイディアの創出や新奇かつ有用な解決方策の想起と定義されている（Baas, De Dreu, & Nijstand, 2008）。第4章では，どのように防止焦点，促進焦点の創造性を高めるのかを考えていく。

　第3章で述べた通り，これまでの研究では，創造性には柔軟的，流暢的，拡散的思考スタイル（以下，「柔軟な認知スタイル」とする）が必要となる（Ward, Patterson, & Sifonis, 2004）ため，そうした認知スタイルをとる促進焦点は，防止焦点よりも創造性課題のパフォーマンス（以下，「創造的パフォーマンス」とする）が高いことが示されてきた（e.g., Friedman & Förster, 2001, 2005）。

　しかし，近年，創造性研究（De Dreu, Baas, & Nijstad, 2008）において，柔軟な認知スタイルとは別に，防止焦点がとるような，粘り強く，系統的な思考スタイル（以下，「持続的な認知スタイル」とする）（長谷・中谷内，2018）も創造活動に寄与する可能性が示された（「創造性の2過程モデル（dual pathway to creativity model）」と呼ばれる，図4-1参照）。そこでは，柔軟な認知スタイルと持続的な認知スタイルはともに独立して創造活動を高めるが，両者の違いは認知資源の消耗であることも指摘されている（De Dreu et al., 2008）。柔軟な認知スタイルは，必要とされる努力や認知資源が少なく，速くて効率的なスタイルであるのに対して，持続的な認知スタイルは，多くの努力，忍耐，速度の遅い処理と関連しており（De Dreu et al., 2008; Dietrich, 2004），こうした認知スタイルは実行制御とワーキングメモリの容量が必要であるため，有限な認知資源をより多く消耗する（Roskes et al., 2013）。研究2や研究3で示されたように，認知資源を消耗しやすい認知スタイルをとる防止焦点に動機づけられている個人は，認知資源を節約・温存する傾向があり，重要な状況においてのみ認知資源を投入しようとすることが明らかになっている。一方で，認知資源を消耗し

図 4-1　創造性の 2 過程モデル
Nijstad et al.（2010）を参考に独自作成

にくい柔軟な認知スタイルをとる促進焦点に動機づけられている個人は，認知資源を節約・温存する必要がないため，どのような状況においても惜しみなく認知資源を投入する傾向にある。

　創造性の 2 過程モデルを裏づける知見も近年提出されている。たとえば，Baas, De Dreu, & Nijstand（2011）は，制御焦点と創造的パフォーマンスの関連を検討する際に，創造性課題に取り組む前に別の先行課題を実験参加者に実施することによって，先行課題の目標達成／未達成の状況を操作した【表 4-1】。その結果，目標達成条件においては，促進焦点のほうが防止焦点よりも創造的パフォーマンスが高いという先行研究（Friedman & Förster, 2001, 2005）で示されている結果が得られたが，目標未達成条件においては，防止焦点と促進焦点で創造的パフォーマンスに差は見られないことが示された。目標が達成されていない状況においては目標がまだ活性化されているため，認知資源を節約・温存する傾向にある防止焦点の個人においても動機づけが維持される。よって，そのような状況では防止焦点は促進焦点と同程度の創造的パフォーマンスを示すことができるものと考えられる。一方で，先行課題で目標が達成された状況では，防止焦点は動機づけを低下させ，その結果，促進焦点よりも創造的パフォーマンスが低かったと考えられる。

　また，Roskes et al.（2012）は，創造性課題における必要性（necessity）を高めると，防止焦点も促進焦点と同様の創造的パフォーマンスを示す可能性があることを報告している。

　先行研究（Baas et al., 2011; Roskes et al., 2012）の知見を踏まえると，促進焦点よりも創造的パフォーマンスが低いことが示されていた防止焦点（Friedman

表 4-1 Baas et al.（2011）における目標達成 / 未達成の操作

	Study 1 自伝的記憶に関する課題		Study 2・3 スタート地点にネズミが描かれた迷路課題	
	目標達成	目標未達成	目標達成	目標未達成
促進焦点	うまく達成できた思い出を記述	うまく達成できなかった思い出を記述	チーズを獲得するために出口を探し，成功	チーズを獲得するために出口を探し，途中で強制的に中断
防止焦点	うまく回避できた思い出を記述	うまく回避できなかった思い出を記述	ネズミの天敵であるフクロウを回避するために出口を探し，成功	フクロウを回避するために出口を探し，途中で強制的に中断

& Förster, 2001, 2005）においては，動機づけを高めるような何らかの操作を行い，認知資源を投入することによって，根気強く持続的に課題に取り組むことができれば，促進焦点と同等の創造的パフォーマンスを収めることができると考えられる。そこで研究 4 では，「防止焦点は促進焦点に比べて創造的パフォーマンスが低いが，認知資源を投入するような操作を行うと，防止焦点も促進焦点と同程度の高い創造的パフォーマンスを発揮する」という仮説を検討することを目的とする。

　一方で，促進焦点の創造的パフォーマンスをさらに向上させることは可能だろうか。これまでの研究では，創造的パフォーマンスを高める技法として，制約（constraint）を設けることが注目されてきた（Finke et al., 1992; Sternberg & Kaufman, 2009; Stokes, 2005）。制約を設けることは，課題解決の手掛かりを提供する（e.g., Finke et al., 1992; Haught-Tromp, 2017）ことで，高い創造的パフォーマンスにつながると考えられている。しかし一方で，制約は，課題の難易度を高め，コストが大きくなる（つまり，認知資源が必要とされる）ことも考えられる（Braver, 2016 清水・金城・松田訳, 2018）。これらを踏まえると，「制約を設けることにより，促進焦点の創造的パフォーマンスが高まるが，防止焦点の創造的パフォーマンスが高まらない」と考えられる。研究 5 では，この仮説を検証することを目的とする。

　なお，創造的な問題解決課題として，新しいアイディアを多く生み出すよ

うな思考である拡散的思考を測定する Unusual Use Test（以下，UUT とする；Guilford, 1967）を用いる。UUT では流暢性，柔軟性，独創性の 3 つの側面を測定することができ，さらに独創性の指標においてはさまざまな算出方法が提唱されている【表 4-2】。そこで研究 4 ならびに研究 5 では，創造的パフォーマンスのさまざまな指標を用いて，仮説を検証することにした。

表 4-2 創造性の 3 側面と評価指標の算出方法

創造性の側面	定義	指標の算出方法
流暢性	アイディアの数の多さ	回答の数（Guilford, 1967）
柔軟性	アイディアの多様さや柔軟さ	回答のカテゴリーの数 (Guilford, 1967；岩崎，1971)
独創性	発想の非凡さや稀さ	①希少平均（Roskes et al., 2012） 「1 －（同じアイディアを創出した人数／全体の人数）」という式で回答ごとの得点を算出し，個人のすべての回答の平均値を求める。 ②希少総点（Guilford, 1967；山岡・湯川，2016） 出現頻度が 5% 以上の回答には 0 点，5% ～ 1% には 1 点，1% 以下には 2 点を与え，個人のすべての回答の総点を得点とする。 ③評価平均（Friedman & Förster, 2001, 2005） 各回答に対して，評点者による評点を行い，実験参加者ごとのすべての回答の平均値を算出する。

【研究 4】

I 問題と目的

　本研究では，防止焦点の動機づけを高める（認知資源を投入できる）要因として，自我関与（self-relevance）[*1]に焦点を当てる。Sherif, Kelly, Rodgers, Sarup,

＊1　本研究で扱う自我関与（self-relevance）は，Wigfield & Eccles（1992, 2000）の期待－価値モデルで扱っている達成価値（task value），Gendolla（1999）の自己関連性（self-relevant），Geers et al.（2009）の優先順位の高い目標（goal priority），外山（2014）の目標の重要性（importance of goal）とほぼ同義である。

& Tittler（1973）は，自我を，個人の経験を通して形成された個人的価値や社会的価値から構成される価値体系に結びついた態度の集まりとし，自我関与を「自我が関与している態度（ego involved attitude）」と定義した。Sherif et al.（1973）は，自我関与を動機的要因とみなしている。また，西原（2015）は，自我関与を「個人的重要性（自己重要性），個人的関連性（自己関連性），あるいは自己にかかわる価値の中心性を契機として喚起された動機づけられた状態」であるとしている。

　遂行する課題への自我関与は，その課題に対する動機づけを高める要因であることがさまざまな研究で示されており（Brickner, Harkins, & Ostrom, 1986; Durik,Vida, & Eccles, 2006; Pintrich & DeGroot, 1990; Wang & Eccles, 2013），個人的価値（個人的重要性，個人的関連性）を喚起する自我関与の操作は，創造性課題の取り組みの必要性を単に強調したり，自我関与が高くない先行課題の未達成状況を作り出したりすることよりも，防止焦点が動機づけの補充を行う文脈として効果があると考えられる。

　本研究で扱う創造性課題への自我関与の観点から，先行研究（Baas et al., 2011; Roskes et al., 2012）と同様の結果を得ることができれば，「創造性の2過程モデル」が頑健なモデルであることの証左となり，有益な知見を提供することができるものと考えられる。

＜研究4の仮説＞
　防止焦点は促進焦点に比べて創造的パフォーマンスが低いが，自我関与の操作を行うと，防止焦点も促進焦点と同程度の高い創造的パフォーマンスを発揮する。

Ⅱ　方　法

1．実験参加者

　大学生128名（男性60名，女性68名，平均年齢 = 19.80 [SD = 1.19] 歳）が実験に参加した。

2. 実験計画

制御焦点（促進焦点，防止焦点）と創造性課題への自我関与（high, low）を独立変数とする2要因実験参加者間計画であった。実験参加者128名を，32名ずつ4条件（「促進焦点＋自我関与 high」，「促進焦点＋自我関与 low」，「防止焦点＋自我関与 high」，「防止焦点＋自我関与 low」）のいずれかに割り当てた。

3. 手続き

実験の流れを図4-2に示した。実験は，1人ずつ実験室で行った。実験参加者に実験についての説明を十分に行い，同意書に署名を求めた。

実験参加者に下記の創造性課題への自我関与（以後，課題への自我関与）の操作を行った後に，制御焦点の操作を行った。その後，創造性課題について説明し，例題（「レンガ」）を30秒遂行し，続いて，本題（「靴下」と「缶詰の缶」）を2分間ずつ遂行した。創造性課題終了後，操作チェックのための質問に回答を求めた。

実験終了後，デブリーフィングとして実験の目的を説明し，デブリーフィング後の同意書に記入してもらった時点ですべての実験を終了し，実験の謝礼として500円のクオカードを渡した。なお，研究の実施にあたっては，筑波大学人間系研究倫理委員会の承認を得た。

図 4-2　研究 4 の実験の流れ

(1) 課題への自我関与の操作

実験参加者に遂行してもらう創造性課題の説明によって，課題への自我関与を操作した。Geers et al.（2009, study 5）の大学生の自我関与を高める操作を参考にし，また，予備実験の結果を踏まえて，自我関与 high 条件（$n = 64$）では，「これから，創造性（クリエイティビティ）検査の課題を行ってもらいます。この創造性検査は，大学生の学業成績や将来の社会的地位をある程度予測すること

ができます」と教示し，自我関与 low 条件（$n = 64$）では，「これから，創造性検査の課題を行ってもらいます」とだけ教示した。

(2) 制御焦点の操作

実験参加者は，促進焦点条件（$n = 64$），防止焦点条件（$n = 64$）のいずれかに割り当てられた。制御焦点の操作は，研究 2 と同様の方法を用いた。

(3) 創造性課題

本実験では，日常で用いている「モノ」の通常とは異なる使い方をできるだけ多く自由記述させる拡散的洞察課題(UUT; Guilford, 1967)を使用した。山岡・湯川（2016）に準拠し，例題として「レンガ」（回答時間は 30 秒），本課題として「靴下」と「缶詰の缶」（回答時間はそれぞれ 2 分間）を出題した。

創造的パフォーマンスは，以下の流暢性，柔軟性，独創性の 3 つの観点から採点した。

流暢性　流暢性は，Guilford（1967）に従い，回答の数を得点とした。2 つの課題（「靴下」と「缶詰の缶」）間の参加者内相関係数（Pearson の積率相関係数；以下，同様）は，.76（$p < .001$）であったため，2 つの課題の回答数の平均値を流暢性得点とした。

柔軟性　柔軟性は，Guilford（1967）や岩崎（1971）を参考に，回答のカテゴリーの数とした。評点者（大学院生 2 名）が，実験参加者のすべての回答を確認したうえで，カテゴリーを作成し，各実験参加者の回答がいくつのカテゴリーに属しているかを数えた。カテゴリーの例として，「靴下」は「容器・入れ物」，「身に着ける物」，「道具」が，「缶詰の缶」は「容器・入れ物」，「楽器」，「道具」が挙げられる。たとえば，「靴下」の回答として「『玉ねぎを入れる』，『携帯を入れる』，『小物を入れる』」の場合，流暢性得点は "3" となるが，すべての回答が「容器・入れ物」であるため，柔軟性得点は "1" となる。一方，「『小物を入れる』，『髪の毛のゴムにする』，『掃除用具（e.g., モップ）とする』」の場合，流暢性得点は "3" となり，それぞれの回答のカテゴリーは，「容器・入れ物」，「身に着ける物」，「道具」となるため，柔軟性得点も "3" となる。2 名の評点者の一致率（級内相関係数：ICC）は，靴下が .84，缶詰の缶が .83 とともに高かったため，回答ごとに 2 名の評点者の平均値を用い，実験参加者ごとのすべ

ての回答の平均値を算出した。2つの課題（「靴下」と「缶詰の缶」）間の参加者内相関係数は, .64（$p < .001$）であったため, 2つの課題のカテゴリー数の平均値を柔軟性得点とした。

独創性 独創性は, 表4-2で示した3つの採点方法を用いて算出した。1つ目の独創性（希少平均）については, 2つの課題（「靴下」と「缶詰の缶」）間の参加者内相関係数が, .27（$p < .01$）と低かったため, 「靴下」と「缶詰の缶」それぞれで算出された得点を用いた。

2つ目の独創性（希少総点）では, 2つの課題（「靴下」と「缶詰の缶」）間の参加者内相関係数は, .68（$p < .001$）であったため, 2つの課題の得点の平均値を独創性（希少総点）得点とした。

3つ目の独創性（評価平均）では, Friedman & Förster（2001, 2005）に従い, 2名の評定者（大学院生, 大学生）が, 各回答に対して"全く創造的でない（1点）"から"非常に創造的である（5点）"の5段階評定で評定した。なお, 評定者には, Silvia et al.（2008）を参考に, 「ほかの人にはなかなか思いつかない, 知的な回答かどうか」という基準で評定を求めた。2名の評点者の一致率（ICC）は, 靴下が .78, 缶詰の缶が .74とともに高かったため, 回答ごとに2名の評点者の平均値を用い, 実験参加者ごとのすべての回答の平均値を算出した。なお, 2つの課題（「靴下」と「缶詰の缶」）間の参加者内相関係数が, .38（$p < .001$）であったため,[*2] 2つの課題の得点の平均値を独創性（評価平均）得点とした。

(4) 操作チェックのための質問項目

課題への自我関与の操作チェックのためにShah, Friedman, & Kruglanski（2002）に準拠し, 創造性課題で良い成績をとることが自分にとってどれだけ重要であったのかを, "全く重要ではない（1点）"から"非常に重要である（7点）"の7段階評定で回答を求めた。

＊2　2つの課題間の参加者内相関係数の値は中程度であったため, 以降の分析において「靴下」と「缶詰の缶」それぞれで算出された得点を用いても検討したが, 2つの課題の得点の平均値を用いた場合と全く同様の結果が得られたため, ここでは2つの課題の得点の平均値を用いた結果を報告する。

72 ▶ 第 4 章 制御焦点が創造性に及ぼす影響

Ⅲ 結 果

1. 課題への自我関与の操作チェック

　自我関与の操作が機能したかどうかを確認するために,制御焦点（促進焦点,防止焦点）と課題への自我関与（high, low）を独立変数,操作チェックのための質問項目の得点を従属変数とする 2 要因分散分析を行った。その結果,課題への自我関与の主効果のみ有意となり（$F(1, 124) = 7.12, p = .002, \eta_p^2 = .06$）,課題への自我関与 high 条件（$M = 5.12, SD = 1.39$）が low 条件（$M = 3.00, SD = 1.37$）よりも得点が高かった。よって,本研究における自我関与の操作は成功していたことが示された。

2. 創造的パフォーマンスの 6 つの指標間における相関係数

　創造的パフォーマンスの 6 つの指標（流暢性,柔軟性,独創性［靴下の希少平均］,独創性［缶詰の缶の希少平均］,独創性［希少総点］,独創性［評価平均］）間の相関係数を算出したところ,.26 -.83（$ps < .01$）であった。

3. 制御焦点と課題への自我関与が創造的パフォーマンスに及ぼす影響

　制御焦点と課題への自我関与が創造的パフォーマンスに及ぼす影響を検討するために,制御焦点（促進焦点,防止焦点）と課題への自我関与（high, low）を独立変数,6 つの創造的パフォーマンス得点の指標をそれぞれ従属変数とする 2 要因分散分析を行った。

（1）流暢性

　流暢性の結果を図 4-3（左）に示した。課題への自我関与の主効果（$F(1, 124) = 6.33, p = .014, \eta_p^2 = .05$）と交互作用（$F(1, 124) = 6.33, p = .019, \eta_p^2 = .05$）が有意となり,制御焦点の主効果（$F(1, 124) = 0.75, p = .391, \eta_p^2 = .01$）は有意とならなかった。単純主効果検定を行った結果,制御焦点の単純主効果は,課題への自我関与 high 条件においてのみ有意で,防止焦点条件（$M = 6.84, SD = 2.68$）が促進焦点条件（$M = 5.50, SD = 2.20$）よりも,流暢性得点が有意に高かった（$F(1, 124) = 5.72, p = .021, \eta_p^2 = .049$）。課題への自我関与 low 条件においては有意とならなかった（$F(1, 124) = 1.36, p = .252, \eta_p^2 = .01$）。

課題への自我関与の単純主効果は，防止焦点条件においてのみ有意で，自我関与 high 条件（$M = 6.84, SD = 2.68$）が自我関与 low 条件（$M = 4.84, SD = 1.92$）よりも，流暢性得点が有意に高かった（$F(1, 124) = 12.67, p = .006, \eta_p^2 = .09$）。促進焦点条件においては有意とならなかった（$F(1, 124) = 0.00, p = 1.000, \eta_p^2 = .00$）。

(2) 柔軟性

柔軟性の結果を図 4-3（右）に示した。課題への自我関与の主効果（$F(1, 124) = 4.45, p = .037, \eta_p^2 = .04$）のみ有意で，制御焦点の主効果（$F(1, 124) = 0.86, p = .357, \eta_p^2 = .01$）ならびに交互作用（$F(1, 124) = 0.51, p = .477, \eta_p^2 = .00$）は有意とならなかった。交互作用は有意ではなかったが，仮説検証のために単純主効果検定を行った結果，課題への自我関与の単純主効果が防止焦点条件においてのみ見られ，自我関与 high 条件（$M = 4.12, SD = 1.39$）が自我関与 low 条件（$M = 3.51, SD = 1.16$）よりも，柔軟性得点が有意に高かった（$F(1, 124) = 3.98\ p = .044, \eta_p^2 = .03$）。それ以外の単純主効果は有意とならなかった。

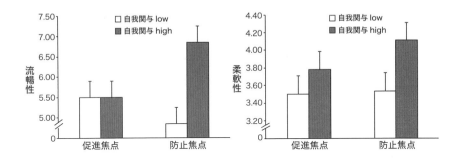

図 4-3　制御焦点と課題への自我関与が流暢性（左図）と柔軟性（右図）に及ぼす影響
注）エラーバーは標準誤差を示す。

(3) 独創性（希少平均）

独創性（希少平均）について，「靴下」と「缶詰の缶」の結果を図 4-4 に示した。「靴下」においては，制御焦点（$F(1, 124) = 1.30, p = .257, \eta_p^2 = .01$）ならびに課題への自我関与（$F(1, 124) = 0.78, p = .379, \eta_p^2 = .01$）の主効果は有意とならず，交互作用（$F(1, 124) = 15.01, p < .001, \eta_p^2 = .11$）のみ有意となった。

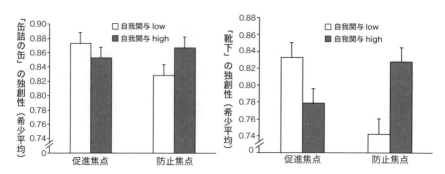

図 4-4 制御焦点と課題への自我関与が独創性（希少平均）に及ぼす影響

注）エラーバーは標準誤差を示す。

そこで，単純主効果検定を行った結果，制御焦点の単純主効果は，課題への自我関与 low 条件で有意となり，促進焦点条件（$M = 0.83, SD = 0.10$）が防止焦点条件（$M = 0.74, SD = 0.12$）よりも独創性（希少平均）の得点が有意に高かった（$F(1, 124) = 12.56, p = .001, \eta_p^2 = .09$）。課題への自我関与 high 条件では有意傾向となり，防止焦点条件（$M = 0.83, SD = 0.09$）が促進焦点条件（$M = 0.78, SD = 0.09$）よりも独創性（希少平均）の得点が高い傾向にあった（$F(1, 124) = 3.93, p = .055, \eta_p^2 = .03$）。

課題への自我関与の単純主効果は，促進焦点条件（$F(1, 124) = 4.47, p = .037, \eta_p^2 = .04$），防止焦点条件（$F(1, 124) = 11.32, p = .001, \eta_p^2 = .08$）ともに有意であったが，その方向性が異なっていた。つまり，促進焦点条件では，自我関与 low 条件（$M = 0.83, SD = 0.10$）が自我関与 high 条件（$M = 0.78, SD = 0.09$）よりも，独創性（希少平均）の得点が有意に高かった。一方，防止焦点条件では，自我関与 high 条件（$M = 0.83, SD = 0.09$）が自我関与 low 条件（$M = 0.74, SD = 0.12$）よりも，独創性（希少平均）の得点が有意に高かった。

「缶詰の缶」においては，制御焦点（$F(1, 124) = 0.98, p = .323, \eta_p^2 = .01$）ならびに課題への自我関与（$F(1, 124) = 0.36, p = .551, \eta_p^2 = .00$）の主効果は有意とならず，交互作用（$F(1, 124) = 3.70, p = .057, \eta_p^2 = .03$）のみ有意傾向となった。そこで，単純主効果検定を行った結果，制御焦点の単純主効果は，課題への自我関与 low 条件で有意となり，促進焦点条件（$M = 0.87, SD = 0.06$）が防止焦

点条件（$M = 0.83, SD = 0.10$）よりも独創性（希少平均）の得点が有意に高かった（$F(1, 124) = 4.25, p = .041, \eta_p^2 = .03$）。課題への自我関与 high 条件では有意とならなかった（$F(1, 124) = 0.43, p = .512, \eta_p^2 = .00$）。

　課題への自我関与の単純主効果は，防止焦点条件において有意傾向となり，自我関与 high 条件（$M = 0.87, SD = 0.06$）が自我関与 low 条件（$M = 0.83, SD = 0.10$）よりも，独創性（希少平均）の得点が高い傾向にあった（$F(1, 124) = 3.18, p = .077, \eta_p^2 = .03$）。促進焦点条件では有意とならなかった（$F(1, 124) = 0.88, p = .351, \eta_p^2 = .01$）。

（4）独創性（希少総点）

　独創性（希少総点）の結果を図 4-5（左）に示した。制御焦点（$F(1, 124) = 0.02, p = .885, \eta_p^2 = .00$）の主効果は有意とならず，課題への自我関与（$F(1, 124) = 3.14, p = .079, \eta_p^2 = .03$）の主効果は有意傾向であった。また，交互作用（$F(1, 124) = 6.10, p = .015, \eta_p^2 = .05$）が有意となったため，単純主効果検定を行った結果，制御焦点の単純主効果は，課題への自我関与 low 条件（$F(1, 124) = 2.80, p = .091, \eta_p^2 = .02$），課題への自我関与 high 条件（$F(1, 124) = 3.42, p = .064, \eta_p^2 = .03$）いずれも有意傾向であったが，その方向が異なっていた。課題への自我関与 low 条件では，促進焦点条件（$M = 3.67, SD = 2.64$）が防止焦点条件（$M = 2.42, SD = 2.03$）よりも独創性（希少総点）の得点が高い傾向にあった。一方，課題への自我関与 high 条件では，防止焦点条件（$M = 4.70, SD = 4.23$）が促進焦点条件（$M = 3.30, SD = 2.83$）よりも独創性（希少総点）の得点が高い傾向にあった。課題への自我関与の単純主効果は，防止焦点条件において有意となり，自我関与 high 条件（$M = 4.70, SD = 4.23$）が自我関与 low 条件（$M = 2.42, SD = 2.03$）よりも，独創性（希少総点）の得点が高かった（$F(1, 124) = 9.00, p = .003, \eta_p^2 = .07$）。促進焦点条件では有意とならなかった（$F(1, 124) = 0.24, p = .623, \eta_p^2 = .00$）。

（5）独創性（評価平均）

　独創性（評価平均）の結果を図 4-5（右）に示した。制御焦点（$F(1, 124) = 0.07, p = .603, \eta_p^2 = .00$）ならびに課題への自我関与（$F(1, 124) = 1.85, p = .176, \eta_p^2 = .01$）の主効果は有意とならず，交互作用（$F(1, 124) = 3.81, p = .048, \eta_p^2 = .03$）が有意となった。そこで，単純主効果検定を行った結果，制御焦点の単

純主効果は，課題への自我関与 low 条件（$F(1, 124) = 2.22, p = .121, \eta_p^2 = .02$），課題への自我関与 high 条件（$F(1, 124) = 1.43, p = .234, \eta_p^2 = .01$）いずれも有意とならなかった。

課題への自我関与の単純主効果は，防止焦点条件において有意となり，自我関与 high 条件（$M = 1.31, SD = 0.19$）が自我関与 low 条件（$M = 1.19, SD = 0.18$）よりも，得点が高かった（$F(1, 124) = 5.48, p = .021, \eta_p^2 = .04$）。促進焦点条件では有意とならなかった（$F(1, 124) = 0.17, p = .678, \eta_p^2 = .00$）。

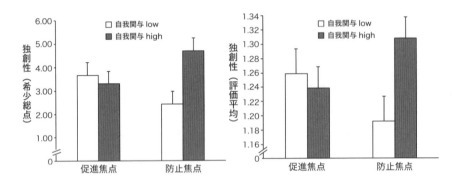

図4-5　制御焦点と課題への自我関与が独創性（希少総点・評価平均）に及ぼす影響

注）エラーバーは標準誤差を示す。

IV　考　察

研究4では，認知資源を投入する操作として創造性課題への自我関与を用いたが，創造的パフォーマンスの6つの指標すべてにおいて，防止焦点は，創造性課題への自我関与が高い時にそうでない時よりも，創造的パフォーマンスが高いことが示された（ただし，有意傾向や交互作用が有意になっていない指標も含める）。Baas et al.（2011）が指摘しているように，防止焦点に動機づけられている人は，創造的パフォーマンスの高さが努力や認知資源の投入に依拠していることが示唆された。

一方で，促進焦点は，6つの指標のうち5つにおいて，創造性課題への自我関与の程度にかかわらず，同程度の創造的パフォーマンスを示した。先行研究

（De Dreu et al., 2008）で指摘されているように，柔軟な認知スタイルをとる促進焦点は，努力や認知資源の投入に依拠することなく，一定の創造的パフォーマンスを示すものと考えられる。

　また，創造性課題への自我関与が高くない時には，先行研究（Friedman & Förster, 2001, 2005）と同様に，防止焦点よりも促進焦点のほうが創造的パフォーマンスが高いという結果が得られた（ただし，有意になっていない指標もある）が，創造性課題への自我関与が高い時には，促進焦点と防止焦点で創造的パフォーマンスに差は見られないことが示されたほか，防止焦点のほうが促進焦点よりも創造的パフォーマンスが高いという結果も示された（ただし，有意傾向も含める）。

　創造性の2過程モデル（De Dreu et al., 2008）では，促進焦点がとる柔軟な認知スタイルと，防止焦点がとる持続的な認知スタイルは，ともに創造活動に寄与する可能性を述べているが，これまでの研究（Baas et al., 2011; Roskes et al., 2012）では，防止焦点は認知資源を投入するような操作を行えば，促進焦点と同程度の創造的パフォーマンスを発揮することを実証しているに過ぎない。先行研究では，防止焦点の認知スタイルは有限な認知資源を消耗しやすいという特徴がある（Roskes et al., 2013）ため，文脈に応じて認知資源を意図的に配分できることが示されている【研究3】。先行研究（e.g., Friedman & Förster, 2001, 2005）で示されていた防止焦点の創造的パフォーマンスの劣位性は，防止焦点に動機づけられた個人が十分に高い動機づけをもって課題に取り組んでいなかったことに起因するものであり，動機づけを高めるような操作を行い，認知資源を投入することによって根気強く持続的に課題に取り組むことができれば，防止焦点は促進焦点に勝るとも劣らない高い創造的パフォーマンスを収めることができるものと考えられる。文脈によっては促進焦点よりも防止焦点の方が高い創造的パフォーマンスを示すことを明らかにした点において，本研究は意義があるものと考えられる。

　本研究では，創造性の多彩な指標を用いて仮説を検証したが，さまざまな指標においてほぼ一貫して仮説が支持された。このことより，先行研究で用いられた要因の操作よりも，本研究のような課題への自我関与を高める操作のほうが，防止焦点がより認知資源を投入する状況になったのかもしれない。防止焦

点に動機づけられた人に対して，創造性課題への自我関与を高める操作を施したことによって，十分に認知資源を投入できる状況になり，より根気強く持続的に課題に取り組むことができたために，本研究ではさまざまな指標においてほぼ一貫して仮説が支持され，そして，防止焦点の創造的パフォーマンスの優位性を示す結果につながったのかもしれない。

　研究4では，防止焦点の創造的パフォーマンスを高める方法が示されたが，研究5では，促進焦点の創造的パフォーマンスを高める方法について検討する。

【研究5】

　制約は自由を制限するため，創造的パフォーマンスを阻害すると考えられてきた（Amabile, 1979; Amabile, Hennessey, & Grossman, 1986）。一方で，制約を設けることが自由な発想を生む機会となり，創造性は制約の中で考えるべきであるという意見もある（Finke et al., 1992; Sternberg & Kaufman, 2009; Stokes, 2005）。たとえば，創造的認知のアプローチ（Finke et al., 1992）では，課題の構造を制限する産出物の制約（たとえば，創造物のカテゴリー，特徴，機能，構成要素や資源などを制限する）に注目し，産出物の制約が創造の基本的な認知諸過程や産出されたアイディアの質に影響を及ぼすと仮定されている。

　創造的パフォーマンスにおける産出物の制約の効果を示した研究として，Finke（1990）とHaught-Tromp（2017）が挙げられる。Finke（1990）では，いくつかのパーツで新しいものをデザインするという創造性課題を用い，産出物の制約が創造的パフォーマンスに与える影響について検討した。その結果，課題教示に産出物の制約を加える（具体的には，「新しいものをデザインしてください」と教示する代わりに，「新しい家具をデザインしてください」，「携帯可能なものをデザインしてください」，「布を使ってデザインしてください」などの教示を与える）ことにより，創造性の高い産出物の生成の割合が向上した。また，Haught-Tromp（2017）は，特定のメッセージ（たとえば，感謝，お詫び，誕生日のお祝いなど）を伝えるための創造的な詩を作成するという作文課題を用いて，産出物の制約が創造的パフォーマンスに与える影響について検討した。

その結果，詩を作成する際に，特定の名詞（たとえば，犬，シャツ，ぬいぐるみなど）を含むように求めた場合（制約あり条件）は，特定の名詞を含む制限がなかった場合（制約なし条件）より，産出された詩の創造性得点が高かった。こうした一連の結果より，産出物の制約を提供することで創造的パフォーマンスが高まることが示されている。

　産出物の制約が創造的パフォーマンスを高める理由として，記憶検索などの認知的処理の範囲を制限することが，個人の注意や思考を問題の最も重要な成分に焦点を当てさせ，深い認知的処理を促すことが指摘されている（Finke et al., 1992; Haught-Tromp, 2017; Sagiv, Arieli, Goldenberg, & Goldschmidt, 2010; Stokes & Fisher, 2005）。つまり，産出物の制約は手掛かりの機能を持っていると考えられる。手掛かりの下で思考がスムーズに導かれ，半ば強制的に非典型的なものについて考えさせることが，新たな発見につながると考えられる。

　一方で，深い認知的処理を含む課題で良いパフォーマンスを示すには，多くの努力や資源が必要となる（Eysenck & Eysenck, 1979）。本章の冒頭で述べたように，多くの努力や資源が必要となると認知した場合，促進焦点と防止焦点で異なる特徴が見られる。たとえば，Sacramento, Fay, & West（2013）の研究では，高い仕事の要求（課題の難しさや高いパフォーマンスを発揮することの重要性を強調する等）により，促進焦点の創造的パフォーマンスは高まったが，防止焦点の創造的パフォーマンスは影響されないことが示されている。これらのことより，産出物の制約が創造的パフォーマンスを高める効果は制御焦点によって異なる可能性が考えられる。

　以上を踏まえ，本研究では，産出物の制約（制約あり，制約なし）が創造的パフォーマンスに与える影響について，制御焦点（促進焦点，防止焦点）が調整するのかどうかを検討することを目的とする。仮説は以下の通りである。

＜研究5の仮説＞

仮説1　産出物の制約が設定されることで，促進焦点の創造的パフォーマンスが高まる。

仮説2　産出物の制約が設定されることで，防止焦点の創造的パフォーマンスが向上しないあるいは低下する。

---

80 ▶ 第 4 章 制御焦点が創造性に及ぼす影響

仮説を検討するために，2つの実験を行う。研究 5-1 では特性的制御焦点，研究 5-2 では状況的制御焦点をそれぞれ取りあげる。創造性課題に投入した認知資源や努力の量を把握するために，認知的コストを測定し，条件による違いを探索的に検討することにした。

【研究 5-1】

Ⅰ 目 的

研究 5-1 では，産出物の制約（制約あり，制約なし）と制御焦点（促進焦点，防止焦点）が創造的パフォーマンスに与える影響について検討する。制御焦点は，個人差としての特性を取りあげる。

Ⅱ 方 法

1. 実験参加者

大学生 65 名（男性 22 名，女性 43 名，平均年齢 = 20.72 [SD = 3.11] 歳）が実験に参加した。

2. 実験計画

産出物の制約（制約あり，制約なし）と制御焦点（促進焦点，防止焦点）の2要因を独立変数とする実験参加者間計画であった。

3. 制御焦点の測定

制御焦点の個人差を測定するため，尾崎・唐沢（2011）の Promotion/Prevention Focus Scale 邦訳版（促進予防焦点尺度）を用いた（尺度の項目内容については，第 2 章を参照のこと）。利得接近志向尺度 8 項目，損失回避志向尺度 8 項目から構成され，7 段階評定（1〜7点）で回答を求めた。利得接近志向は促進焦点に，損失回避志向は防止焦点に対応している。

4. 実験課題および産出物の制約の操作

研究4と同様な拡散的洞察課題を用いた。制約なし条件では，「『カンヅメの空き缶』には，どのような使い方がありますか。できるだけたくさんあげてください。回答時間は12分間です」という教示文が書かれた課題用紙を実験参加者に渡し，用紙に回答を書かせた。制約あり条件では，「『カンヅメの空き缶』には，どのような使い方がありますか。これから順に示す4つの条件に従って，できるだけたくさんあげてください。なお，各条件の回答時間は3分間で，計12分間です」[*3]という教示文が書かれた課題用紙を渡した後，条件文が書かれた用紙を3分間ごとに1枚ずつ渡し，各条件文用紙で課題への回答を求めた。4つの条件文は，伊賀（1996）で作成された用途テストの評価基準を基に独自作成した。順に，「空き缶の『容器』としての使い方」，「空き缶の『形』に注目した容器以外のものとしての使い方」，「空き缶の『材質』のみに注目する使い方」，「空き缶の『形や材質にとらわれない』使い方」であった。

5. 従属変数

創造的パフォーマンスの指標として，流暢性と独創性を用いた。流暢性得点は研究4と同様な方法で算出した。独創性得点は研究4の希少平均の得点を算出した。[*4]

認知的コストの指標としては，倦怠感を用いた。寺崎・古賀・岸本（1991）により作成された多面感情尺度の下位尺度である"倦怠"（以下，倦怠感尺度とする）で測定した。この尺度は，「疲れた」，「つまらない」などの5項目から構成される。"全く感じていないから（1点）"から"はっきり感じている（4点）"までの4段階評定で回答を求めた。

＊3　時間的プレッシャーが高い時に，防止焦点の創造的パフォーマンスが低下することが報告されている（Roskes et al., 2013）ことを踏まえ，本実験では，高い時間的プレッシャーにならない課題時間を設定することにした。予備実験（n =18）において，各条件で3分間ずつの回答時間に関する感想について7段階評点を求めたところ，評点の平均値（M = 4.50）は理論的中央値（4点："ちょうどよい"）より高かった（t (17) = 2.15, p = .046, d = .46）。よって，各条件で3分間の回答時間は，課題を遂行するために十分な時間であると判断して用いた。

＊4　Runco, Okuda, & Thurston（1987）では，この指標の妥当性を確認している。また，希少総点の指標は流暢性指標との弁別的妥当性が低いと指摘されている（Hocevar, 1979）ため，本研究では希少平均の指標を用いることにした。

6. 実験手続き

実験の流れを図 4-6 に示した。「思考スタイルに関する実験的研究」という説明で実験参加者の募集を行った。その際に，制御焦点を測定する質問紙を渡し，記入したうえで実験当日に持参するよう伝えた（11 名は事前に質問紙を渡すことができず，実験直前に回答を求めた）。実験は，実験室で個別に行った。実験参加者に対して実験についての説明を行った後，実験参加の同意書への記入を求めた。続いて，例題を呈示しながら，課題についての説明（物の使い方を考える課題である）を行った。そして，倦怠感を測定する質問紙[*5]に回答を求めた後，ランダムに制約あり，制約なし条件の課題用紙を渡し，12 分間課題を遂行させた。課題終了後，倦怠感を測定する質問紙に再度，回答を求めた。その後，デブリーフィングを行ったうえ，実験参加の同意書への記入を求めた。最後に，謝礼としてクオカード 500 円分を渡し，実験はすべて終了した。なお，実験の実施は，筑波大学人間系研究倫理委員会の承認を得た。

図 4-6　研究 5-1 の実験の流れ

III　結果と考察

1. 分析対象者

実験参加者 65 名のうち，年齢が参加者の平均年齢 +2SD（26.94 歳）より高い者 1 名，流暢性の得点が平均値 +2SD（21.00）より大きい 2 名を除外し，最終的に 62 名（男性 21 名，女性 41 名，平均年齢 = 20.40 [SD = 1.36] 歳）のデータを以降の分析で用いた。

[*5] 課題前後の質問紙には，課題への興味，エンゲージメント，自信，快および抑うつ・不安などの気分も測定したが，本研究の目的と直接的に関連する変数ではないため，結果を割愛した。

2．群分け

制御焦点の群分けについて，PPFS 尺度の下位尺度である利得接近志向尺度（α = .78）の得点から損失回避志向尺度（α = .83）の得点を引いた差得点（相対的制御焦点得点）を求めた。この得点が平均値（M = 0.38）より大きければ促進焦点群（n = 31），小さければ防止焦点群（n = 31）とした。次に，群間で差得点に差があるかどうかを確認するため，t 検定を行った。その結果，促進焦点群の得点（M = 1.45, SD = 0.88）は防止焦点群の得点（M = -0.69, SD = 0.82）より高かった（$t(60)$ = 9.88, p < .001, d = 2.52）。各群における人数は，「防止焦点＋制約なし条件」が 15 人，「防止焦点＋制約あり条件」が 16 人，「促進焦点＋制約なし条件」が 15 人，「促進焦点＋制約あり条件」が 16 人であった。

3．尺度の構成および基礎統計量

倦怠感尺度の内的一貫性を確認するために，α 係数を算出した。課題前が .79であり，課題後が .78 であった。概ね高い内的一貫性が確認できたため，尺度の項目平均値を尺度得点とした。

各条件による流暢性，独創性，および倦怠感得点の平均値，標準偏差を表4-3 に示した。

4．制御焦点および産出物の制約が創造的パフォーマンスに及ぼす影響

制御焦点（促進焦点，防止焦点）と産出物の制約（制約あり，制約なし）を独立変数，流暢性得点を従属変数とする 2 要因分散分析を行った。その結果，制御焦点の主効果は有意ではなく（$F(1, 58)$ = 1.26, p = .266, η_p^2 = .02），産出物の制約の主効果が有意となった（$F(1, 58)$ = 9.41, p = .003, η_p^2 = .14）。また，交互作用（$F(1, 58)$ = 3.24, p = .077, η_p^2 = .05）も有意傾向となった。そこで，単純主効果の検定を行った。産出物の制約の単純主効果について，促進焦点群では有意となり（$F(1, 58)$ = 11.85, p = .001, η_p^2 = .17），制約なし条件（M = 9.40, SD = 3.68）より制約あり条件（M = 14.19, SD = 3.61）の得点が高かった。一方，防止焦点群では有意とならなかった（$F(1, 58)$ = 0.80, p = .374, η_p^2 = .01）。この結果を図 4-7 に示した。

また，制御焦点（促進焦点，防止焦点）と産出物の制約（制約あり，制約な

84　▶　第4章　制御焦点が創造性に及ぼす影響

表4-3　各条件における創造的パフォーマンス, 認知的コストの平均値（*SD*）

			研究 5-1							
			促進焦点				防止焦点			
			制約なし *n* = 15		制約あり *n* = 16		制約なし *n* = 15		制約あり *n* = 16	
創造的 パフォーマンス	流暢性		9.40	(3.68)	14.19	(3.61)	10.07	(4.01)	11.31	(4.14)
	独創性		0.71	(0.10)	0.78	(0.05)	0.76	(0.15)	0.76	(0.09)
認知的 コスト	自己報告 （倦怠感）	課題前	2.07	(0.15)	1.66	(0.14)	2.11	(0.15)	2.00	(0.14)
		課題後	1.89	(0.36)	1.79	(0.77)	2.09	(0.45)	2.18	(0.54)
	行動指標	課題前	—	—	—	—	—	—	—	—
		課題後	—	—	—	—	—	—	—	—
課題困難度の認知			—	—	—	—	—	—	—	—

			研究 5-2							
			促進焦点				防止焦点			
			制約なし *n* = 15		制約あり *n* = 15		制約なし *n* = 13		制約あり *n* = 16	
創造的 パフォーマンス	流暢性		15.00	(3.27)	15.07	(6.49)	12.92	(5.47)	13.63	(4.90)
	独創性		0.75	(0.05)	0.79	(0.06)	0.71	(0.14)	0.79	(0.06)
認知的 コスト	自己報告 （倦怠感）	課題前	0.37	(0.56)	0.31	(0.38)	0.38	(0.63)	0.46	(0.72)
		課題後	0.65	(0.83)	0.63	(0.48)	0.51	(0.47)	0.39	(0.45)
	行動指標	課題前	7.00	(3.44)	9.13	(3.11)	6.46	(1.66)	7.56	(3.37)
		課題後	8.47	(3.23)	6.53	(3.91)	5.38	(2.81)	6.38	(3.28)
課題困難度の認知			5.13	(0.92)	6.00	(0.93)	5.23	(0.93)	5.50	(1.03)

注1）独創性の得点範囲は「0〜1」である。
注2）認知的コスト（自己報告）の得点範囲は, 研究 5-1 では「1〜4」, 研究 5-2 では「0〜4」である。
注3）課題困難度の認知の得点範囲は「1〜7」である。

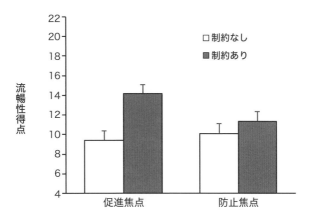

図 4-7 制御焦点と産出物の制約による流暢性得点
注）エラーバーは標準誤差を示す。

し）を独立変数，独創性得点を従属変数とする 2 要因分散分析を行った。その結果，制御焦点（$F(1, 58) = 0.17, p = .684, \eta_p^2 = .00$）と産出物の制約の主効果（$F(1, 58) = 1.72, p = .194, \eta_p^2 = .03$）はいずれも有意でなく，交互作用も有意ではなかった（$F(1, 58) = 1.85, p = .179, \eta_p^2 = .03$）。これらの結果より，仮説は部分的に支持された。

5. 制御焦点および産出物の制約が認知的コストに及ぼす影響

制御焦点（促進焦点，防止焦点）と産出物の制約（制約あり，制約なし）を独立変数，課題後の倦怠感得点を従属変数，課題前の倦怠感得点を共変量とする 2 要因共分散分析を行った。その結果，産出物の制約の主効果が有意傾向となった（$F(1, 57) = 3.06, p = .086, \eta_p^2 = .05$）。制約なし条件（課題前：$M = 2.09, SD = 0.51$，課題後：$M = 1.99, SD = 0.41$）より，制約あり条件（課題前：$M = 1.83, SD = 0.63$，課題後：$M = 1.98, SD = 0.68$）のほうが課題後の倦怠感が高かった。制御焦点の主効果（$F(1, 57) = 2.71, p = .105, \eta_p^2 = .05$）および交互作用（$F(1, 57) = 0.17, p = .896, \eta_p^2 = .00$）は有意とならなかった。この結果より，産出物の制約がかかる場合，創造性課題への取り組みはより認知資源を要することが確認できた。

86 ▶ 第 4 章 制御焦点が創造性に及ぼす影響

【研究 5-2】

Ⅰ 目 的

　研究 5-2 では，実験的に操作された状況としての制御焦点を取りあげ，産出物の制約（制約あり，制約なし）と制御焦点（促進焦点，防止焦点）が創造的パフォーマンスに与える影響について検討する。

Ⅱ 方 法

1. 実験参加者

　大学生 64 名（男性 28 名，女性 36 名，平均年齢 = 19.76 [SD = 0.95] 歳）が実験に参加した。

2. 実験計画

　産出物の制約（制約あり，制約なし）と制御焦点（促進焦点，防止焦点）の 2 要因を独立変数とする実験参加者間計画であった。

3. 制御焦点の操作

　実験参加者は，促進焦点条件，防止焦点条件のいずれかにランダムに割り当てられた。促進焦点条件（n = 33）では，実験参加者自身が理想として叶えたいと思っていることを“中学・高校のころ”，“現在”，“大学卒業後”の 3 つの時期に分けて自由記述させることで，促進焦点を活性化させた。防止焦点条件（n = 31）では，実験参加者自身が義務として果たすべきだと思っていることを，同じく 3 つの時期に分けて自由記述させることで，防止焦点を活性化させた。回答時間は両条件とも 6 分間であった。

4. 実験課題

　課題は，研究 4，研究 5-1 と同様の拡散的洞察課題を用いた。

5. 産出物の制約の操作

実験参加者は，制約あり条件（$n = 31$），制約なし条件（$n = 33$）のいずれかにランダムに振り分けられた。操作の方法は，研究 5-1 と同様であった。

6. 従属変数

創造的パフォーマンスの指標（流暢性，独創性）は研究 5-1 と同様であった。流暢性と独創性の採点の方法は，研究 5-1 と同様であった。

認知的コストの指標は，自己報告の指標に加えて行動指標も使用した。自己報告の指標は，気分プロフィール検査（POMS2 日本語版）の下位尺度である"疲労－無気力"で測定した。[6]「ぐったりする」，「つかれた」などの 5 項目から構成される。"まったく感じない（0 点）"から"非常に感じる（4 点）"までの 5 段階評定で回答を求めた。

行動指標は，認知資源を必要とする 2 重 2-back 課題（Jaeggi, Buschkehl, Jonides, & Perrig, 2008）におけるパフォーマンスを用いて測定した。[7] 2 重 2-back 課題は，パソコンの画面で，8 つの位置に一定の時間間隔でランダムに現れる図形が 2 つ前に現れたものと同じ位置の場合，または，図形が現れると同時に聞こえるアルファベットの音声が 2 つ前に聞こえたものと同じ内容である場合，それぞれ反応することを求める課題である。1 回の課題で 22 試行を遂行してもらった。得点は，一致しない位置と音声に反応する回数，一致する位置と音声に無反応の回数を加算したものである。つまり，得点が高いほど，ミスが多いことを示し，認知的コストが高いことを意味する。

7. 実験手続き

実験の流れを図 4-8 に示した。研究 5-1 と同様に，実験参加者の募集を行い，実験室で実験を行った。実験参加者に対して実験についての説明を行った後，

＊6　研究 5-1 の「倦怠感尺度」には，「つまらない」「退屈」のような項目も含まれていたため，研究 5-2 では疲労感をより直接的に測定する項目を用いた。

＊7　予備実験（$n = 22$）では，2 重 2-back 課題に対する難易度の評点が高く（$M = 8.32$，"全く難しくない（1 点）"から"非常に難しい（9 点）"までの 9 段階評定），認知資源を必要とする課題であると判断してこの課題を採用した。また，状況的促進焦点条件（$n = 11$）より，状況的防止焦点条件（$n = 11$）のミスが少ない結果が示された（$t(20) = 1.40$, $p = 0.18$, $d = 0.60$）。

図 4-8　研究 5-2 の実験の流れ

同意書の記入を求めた。続いて，2 重 2-back 課題（課題 1）について実験参加者に説明し，20 秒の練習試行を行った上で，本試行（22 試行）を遂行してもらった。次に，制御焦点の操作を行った（6 分間）。その後，創造性課題（課題 2）の例題を呈示しながら，課題についての説明を行った。そして，倦怠感を測定する質問紙に回答を求めた後，ランダムに制約あり，制約なし条件の課題用紙を渡し，12 分間課題を遂行してもらった。課題終了後，倦怠感を測定する質問紙に再度，回答を求めたうえで，2 重 2-back 課題（課題 3）を再度遂行してもらった。[*8] その後，デブリーフィングを行ったうえ，同意書への記入を求めた。最後に，謝礼としてクオカード 500 円分を渡し，実験はすべて終了とした。

III　結果と考察

1. 分析対象者

実験参加者 64 名のうち留学生 1 名，流暢性の得点が平均値 +2SD（28.5）より大きい 4 名を除外し，最終的に 59 名（男性 26 名，女性 33 名，平均年齢 = 19.76 [SD = 0.95] 歳）のデータを以降の分析で用いた。

2. 尺度の構成および基礎統計量

認知的コスト（自己報告）を測定する尺度の内的一貫性を確認するために，

---

*8　課題前の質問紙には，課題への興味，自己効力期待，怒り－敵意，緊張－不安などの気分，課題後の質問紙には，自分の回答の中で特に創造的だと思う 2 つの回答，課題への興味，行動的エンゲージメントについても測定したが，脚注 5 と同様の理由で，これらの詳細な結果については割愛した。

α 係数を算出した。課題前が .86 であり，課題後が .86 であった。高い内的一貫性が確認できたため，尺度の項目平均値を尺度得点とした。

　各条件による創造的パフォーマンス（流暢性，独創性），認知的コスト（自己報告，行動指標）の得点の平均値，標準偏差を表 4-3【84 頁】に示した。

3. 制御焦点および産出物の制約が創造的パフォーマンスに及ぼす影響

　制御焦点（促進焦点，防止焦点）と産出物の制約（制約あり，制約なし）を独立変数，創造的パフォーマンス（流暢性，独創性）の得点をそれぞれ従属変数とする 2 要因分散分析を行った。

　流暢性について，制御焦点の主効果（$F(1, 55) = 1.71, p = .196, \eta_p^2 = .03$）と産出物の制約の主効果（$F(1, 55) = 0.08, p = .776, \eta_p^2 = .00$）いずれも有意とならなかった。また，交互作用も有意ではなかった（$F(1, 58) = .06, p = .814, \eta_p^2 = .00$）。

　独創性について，制御焦点の主効果は有意ではなく（$F(1, 55) = 0.75, p = .390, \eta_p^2 = .01$），産出物の制約の主効果が有意となった（$F(1, 55) = 7.89, p = .007, \eta_p^2 = .13$）。制約なし条件（$M = 0.73, SD = 0.10$）より制約あり条件（$M = 0.79, SD = 0.06$）の得点が高かった。また，交互作用（$F(1, 55) = 1.06, p = .308, \eta_p^2 = .02$）は有意とならなかった。以上より，仮説は支持されなかった。

4. 制御焦点および産出物の制約が認知的コストに及ぼす影響

　制御焦点（促進焦点，防止焦点）と産出物の制約（制約あり，制約なし）を独立変数，課題後の認知的コスト（自己報告，行動指標）の得点をそれぞれ従属変数，課題前の認知的コスト得点を共変量とする 2 要因共分散分析を行った。自己報告の指標について，産出物の制約の主効果（$F(1, 54) = 0.39, p = .535, \eta_p^2 = .01$）は有意とならなかったが，制御焦点の主効果は有意傾向であった（$F(1, 54) = 3.85, p = .055, \eta_p^2 = .07$）。防止焦点（課題前：$M = 0.43, SD = 0.67$，課題後：$M = 0.44, SD = 0.45$）より促進焦点（課題前：$M = 0.34, SD = 0.47$，課題後：$M = 0.64, SD = 0.67$）の得点が高い傾向が示された。また，交互作用は有意ではなかった（$F(1, 54) = 0.53, p = .470, \eta_p^2 = .01$）。

　行動指標について，制御焦点の主効果（$F(1, 54) = 1.69, p = .199, \eta_p^2 = .03$）は

有意とならなかったが，制約の主効果は有意傾向であった（$F(1, 54) = 3.85, p = .055, \eta_p^2 = .07$）。また，交互作用は有意であった（$F(1, 54) = 5.96, p = .018, \eta_p^2 = .10$）。そこで，単純主効果の検定を行った。その結果，産出物の制約の単純主効果について，促進焦点条件では有意となり（$F(1, 54) = 9.64, p = .003, \eta_p^2 = .15$），制約あり条件（課題前：$M = 9.13, SD = 3.11$，課題後：$M = 6.53, SD = 3.91$）より制約なし条件（課題前：$M = 7.00, SD = 3.44$，課題後：$M = 8.47, SD = 3.23$）のミスが多かった。一方，防止焦点条件では有意とならなかった（$F(1, 54) = 0.08, p = .774, \eta_p^2 = .00$）。この結果を図4-9に示した。

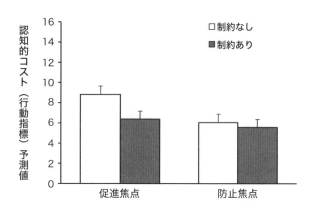

図 4-9　制御焦点と産出物の制約による認知的コスト（行動指標）の得点

注）エラーバーは標準誤差を示す。

Ⅳ　考　察

　研究5の目的は，産出物の制約（制約あり，制約なし）が創造的パフォーマンスに与える影響について，制御焦点（促進焦点，防止焦点）が調整変数となりうるのかどうかを検討することであった。その結果，特性的制御焦点を取りあげた研究5-1では，流暢性得点において，産出物の制約が創造的パフォーマンスを高める効果が促進焦点においては見られ，防止焦点においては見られなかった。独創性得点においては，条件間で差が見られなかった。

　また，状況としての制御焦点を取りあげた研究5-2では，流暢性得点におい

て，条件間で差が見られなかった。独創性得点においては，制御焦点にかかわらず，産出物の制約がない条件より，制約あり条件のほうが，創造的パフォーマンスが高かった。よって，特性的制御焦点に関する結果【研究 5-1】は仮説を部分的に支持し，状況的制御焦点に関する結果【研究 5-2】は仮説を支持しなかった。

研究 5-1 で仮説を支持した結果について，促進焦点は，制約によるネガティブな影響を受けにくく，産出物の制約を手掛かりとして積極的に利用した結果，産出物の制約がない場合より，産出物の制約がある場合のほうが多くのアイディアを産出したと考えられる。一方，防止焦点は，制約がある場合，深い認知処理を行うためにより多くの努力や認知資源を投入しなかったため，創造的パフォーマンスの向上は見られなかったと推察される。

研究 5-1 では，独創性得点においては，仮説が支持されなかった。独創性の指標として，今回アイディアの希少性に基づく得点を算出したが，アイディアの希少性はサンプルによって変動が大きいという問題点が指摘されている（Runco & Acar, 2012）。また，個人によるアイディアの平均得点を用いることが流暢性得点の高い個人にとって不利になる可能性もある。そのため，独創性指標において仮説を支持する有意な結果が見られなかったことが考えられる。

研究 5-2 の状況的制御焦点においては，仮説が支持されなかった。その理由として，制御焦点の活性化に伴い，認知的活性化（activation）のレベルが高まる可能性があり（たとえば，特定の感情を経験することによる），結果として創造的パフォーマンスが向上したことが考えられる（Baas et al., 2008）。実際，本研究では研究 5-1（$M = 11.29, SD = 4.21$）に比べ，研究 5-2（$M = 14.19, SD = 5.09$）の流暢性得点が高かったことが示されている。特に，促進焦点が活性化された個人は，制約がない場合において，既に高い創造的パフォーマンスを示していたため（$M = 15.00, SD = 3.27$），制約がある場合であっても，それ以上のパフォーマンスの向上が難しかったのかもしれない。そのため，促進焦点において，制約による創造的パフォーマンスの向上が見られなかったと考えられる。ただし，認知的コスト（行動指標）の結果を見ると，促進焦点においては，制約なし条件より制約あり条件のほうが認知的コストは少なかった。産出物の制約は，促進焦点の創造的パフォーマンスを向上させなかったが，手掛かりとしての効果

により，認知的コストが節約できたかもしれない。これらのことから，制約が創造的パフォーマンスを向上させる効果に限界があることが示唆される。今後は，創造的パフォーマンスの向上につながる他の要因を統制したうえでさらなる検討が必要と考えられる。

【第4章のまとめ】

第4章では，制御焦点が創造的パフォーマンスに及ぼす影響に注目した。研究4では，認知資源を投入する操作として課題への自我関与に着目し，制御焦点と創造的パフォーマンスの関連を検討した。研究5では，産出物の制約が創造的パフォーマンスに及ぼす影響において，制御焦点が調整変数となりうるのかどうかについて検討した。

研究4の結果より，多くの指標において，防止焦点は，創造性課題への自我関与が高い時にそうでない時よりも，創造的パフォーマンスが高いことが示された。一方で，促進焦点は，創造性課題への自我関与の程度によって創造的パフォーマンスに差が見られないことが示された。

研究5の結果より，流暢性得点において，産出物の制約が創造的パフォーマンスを高める効果が促進焦点の傾向が高い個人においては見られ，防止焦点の傾向が高い個人においては見られないことが示された。

これまでの研究では，柔軟な認知スタイルをとる促進焦点は，持続的な認知スタイルをとる防止焦点よりも創造性課題のパフォーマンスが高いことが示されてきた（e.g., Friedman & Förster, 2001, 2005）。しかし，第4章の研究より，持続的な認知スタイルが認知資源を消耗しやすいものの，認知資源を投入する操作によって防止焦点も高い創造的パフォーマンスを発揮できることが示された。これらの結果は，創造性の2過程モデル（De Dreu et al., 2008）の頑健性を保証する証拠を提示すると同時に，創造的パフォーマンスを向上させる介入にあたり，個人の特徴を考慮する必要性を示唆するものであった。

最後に，第4章の限界点を述べる。1つ目は，Roskes et al.（2012）も指摘しているように，創造的パフォーマンスの流暢性，柔軟性，独創性の互いの関

連性については十分な検討がされておらず，今後，詳細に検討していかなければならない課題として挙げられる。2つ目は，本研究では創造性の拡散的思考に焦点を当てて検討を行ったが，創造的パフォーマンスには，拡散的思考だけでなく，収束的思考も重要な役割を果たすことが指摘されている（Runco, 2010）。今後は，収束的思考においても本研究の結果と同様の知見が得られるかどうかを検討することで，本研究で得られた結果の一般化を検証していく必要があるだろう。

第**5**章

制御適合が
パフォーマンスに及ぼす影響

制御適合の研究が始まった当初は，その効果として価値創造，意思決定，有用性／倫理判断，説得が検討されるなど，社会心理学の分野を中心に研究が進められてきたが，近年では，制御適合の効果としてパフォーマンスに焦点を当てた研究もみられるようになってきた。

Förster, Higgins, & Idson（1998）は，制御適合がエンゲージメントやパフォーマンスに及ぼす影響について検討した。この実験では，実験参加者にアナグラム課題を解いてもらうのだが，その際に，熱望方略条件では机の裏面に設置された板を下から上に押す動作（自分の方に引き寄せる＝接近）を行い，警戒方略条件では，机の表面に設置された板を上から下に押す動作（自分から遠ざける＝回避）を行った。そして，板を押す圧力の強さをエンゲージメント，アナグラムの正答数をパフォーマンスとして測定した。その結果，制御焦点（特性，状況）と方略が適合していたほう（促進－熱望，防止－警戒）が，不適合な場合（促進－警戒，防止－熱望）よりも，エンゲージメントおよびパフォーマンスが高かった。

Spiegel, Grant-Pillow, & Higgins（2004）は，期日にレポートを提出するという実験課題において，レポートをいつ，どこで，どのように書くのかという実行意図（Gollwitzer, 1999）を考えさせる際に，熱望方略のやり方で考えさせる条件と警戒方略のやり方で考えさせる条件に割り当てた【その内容は表 5-1 参照】。その結果，参加者の制御焦点と方略のフレーミングが適合した場合には，不適合な場合よりもレポートの提出率が 50% も高かったことが示された。同様に，制御適合が生じると制御不適合が生じる場合よりも，エンゲージメントおよびパフォーマンスが高まることが示されている（Förster et al., 1998; Higgins, Cesario, Hagiwara, Spiegel, & Pittman, 2010; Markman et al., 2005）。

表 5-1　レポートを書く際の熱望方略と警戒方略

	いつ書くか	どこで書くか	どのように書くか
熱望方略	レポートを書くことができる快適で，自分に都合の良い時間	レポートを書くことができる快適で静かな場所	できるだけ内容を詳細に書き，興味深いものにする
警戒方略	他の用事が重なってレポートを書くことができない，自分に都合の悪い時間	レポートを書くことができない避けるべき場所（不快で，気が散る場所）	どんな詳細なことも不足することなく書き，退屈なものにしないようにする

　このように，先行研究では，制御焦点と方略が適合しているか否かによってパフォーマンスが異なるかという点については検討しているが，制御適合の種類（促進－熱望，防止－警戒）を区別した上でパフォーマンスに及ぼす影響については検討していない。しかし，制御適合の種類が異なれば，パフォーマンスへの影響が異なることも考えられる。第3章で述べたように，促進焦点の価値は速さであり，大局的な情報処理をし，創造的である一方，防止焦点の価値は正確さであり，局所的な情報処理をし，分析的である。このように，促進焦点は熱望方略が必要とされる課題のパフォーマンスが優れ，防止焦点は警戒方略が必要とされる課題のパフォーマンスが優れていることが報告されている【表3-1参照】。

　これらの研究成果も踏まえて制御適合がパフォーマンスに及ぼす影響について考えると，制御焦点に合致する方略を用いる時に制御適合を経験し，その結果として高いパフォーマンスにつながる（Higgins, 2000）が，その制御適合の効果は，制御適合の種類に合致した課題のパフォーマンスにおいて，より強まる可能性が考えられる。つまり，制御適合の種類（促進－熱望，防止－警戒）によって，高まるパフォーマンスのタイプが異なるため，パフォーマンスのタイプを考慮した上で，制御適合の種類別に制御適合がパフォーマンスに及ぼす影響について検討する必要がある。しかし，先行研究の多くは，制御適合の種類やパフォーマンスのタイプを考慮した検討を行っておらず，制御適合を経験するとパフォーマンスが高まると結論づけている。

　そこで，第5章では，パフォーマンスのタイプを考慮した上で，制御適合の

種類別に制御適合がパフォーマンスに及ぼす影響について検討することを目的とした。

研究6では，多くの課題が速さと正確さの両者が必要である（Scholer & Higgins, 2012）ことに鑑み，Förster et al.（2003）に準拠し，速さと正確さがトレード・オフの関係にある課題（点つなぎ課題）を用いることにした。第2章で述べた通り，制御焦点には，特性として捉える場合と，状況要因として捉える場合がある。先行研究では，特性と状況の両者において同様の結果が得られることによって結果の頑健性を示すことが多い。そこで，研究6-1では，実験的に操作された状況としての制御焦点を，研究6-2では，特性としての制御焦点を取りあげることにした。研究6の仮説は以下の通りである。

＜研究6の仮説＞

仮説1　促進焦点（状況，特性）では熱望方略を使用すると制御適合が生じ，他の組み合わせと比べて速さのパフォーマンスが最も高くなる。

仮説2　防止焦点（状況，特性）では警戒方略を使用すると制御適合が生じ，他の組み合わせと比べて正確さのパフォーマンスが最も高くなる。

続く研究7では，日常場面のパフォーマンスを取りあげることにした。日常場面でのパフォーマンス（e.g., 学業成績）においても，制御適合の効果がみられるのかどうかを検討した研究はほとんどない。それは，制御焦点ならびに制御適合が社会心理学の分野で発展した学問であり，教育心理学の分野ではまだ，注目されていないことに起因するだろう（Rosenzweig & Miele, 2016）。そのような背景の中で，制御適合が日常場面での学業パフォーマンスに及ぼす影響について検討した数少ない研究に，Keller & Bless（2006）がある。

Keller & Bless（2006）は，空間認知能力に関する課題を制限時間内に解いた正答数を学業パフォーマンスの指標として，制御適合の効果を検討した。その結果，促進焦点の傾向が高い高校生は，「正答するごとに1点与えられるが，誤答しても点数は引かれない」という教示に加えて「良い点数をとるためには，

できるだけたくさんの問題に取り組む方略が良い」と言われた条件のほうが，「正答するごとに1点与えられるが，誤答したり無答したりすると1点引かれる」という教示に加えて「悪い点数をとらないためには，できるだけ間違わないように問題に取り組む方略が良い」と言われた条件よりもパフォーマンスが高かった。一方，防止焦点の傾向が高い高校生は，その逆であった。したがって，促進焦点の傾向が高い高校生は熱望方略を，防止焦点の傾向が高い高校生は警戒方略を用いた時にそれぞれ制御適合が生じ，その結果，高い学業パフォーマンスにつながったと考えられる。

　ところで，学業パフォーマンスに影響を及ぼす方略は，目前の試験問題や課題に取り組む際に用いる方略（e.g., 注意深く問題に取り組む方略，局所的な見方をする方略）だけではない。特に，学校での定期試験といった，より体系的な学業パフォーマンスにおいては，試験問題に取り組む方略よりもむしろ，普段の学習・勉強に取り組む方略（以下，学習方略）のほうが，学業パフォーマンスに影響を及ぼすものと考えられる。そこで研究7では，普段の学習・勉強に取り組む際に用いる学習方略を取りあげることにする。

　学習方略を測定する尺度にはさまざまなものがあるが（金子・大芦，2010），本研究では，熱望方略と警戒方略を扱っていると考えられる村山（2003a）の学習方略尺度を参考にすることにした。この尺度は，"マクロ理解方略（全体の流れに対する意味理解処理を重視する方略）"，"ミクロ理解方略（個々の用語や語句に対する意味理解処理を重視する方略）"，"拡散学習方略（学校の授業という場を越えた学習方略）"，"暗記方略（内容を理解せずそのまま処理する方略）"の下位尺度から構成されている。先行研究（Higgins, 2007; Scholer & Higgins, 2012）より，"マクロ理解方略"と"拡散学習方略"は熱望方略に，"ミクロ理解方略"は警戒方略にそれぞれ対応していると考えられる。"暗記方略"においては，探索的に取りあげることにした。研究7の仮説は以下の通りである。

<研究 7 の仮説>
仮説 1　促進焦点の傾向が高い人は，熱望方略に関連した学習方略（マクロ理解方略，拡散学習方略）を用いた場合に，高い学業成績を示す。

仮説 2　防止焦点の傾向が高い人は，警戒方略に関連した学習方略（ミクロ理解方略）を用いた場合に，高い学業成績を示す。

【研究 6-1】

Ｉ　目　的

パフォーマンスのタイプを考慮した上で，制御適合の種類別に，制御適合がパフォーマンスに及ぼす影響について検討する。制御焦点は，実験的に操作された状況としての制御焦点を用いる。パフォーマンスの指標としては，熱望方略に合致したパフォーマンスである"速さ"と，警戒方略に合致したパフォーマンスである"正確さ"の両者を検討することにした。

Ⅱ　方　法

1. 実験参加者

大学生 85 名（男子 34 名，女子 51 名，平均年齢 = 19.15 [SD = 1.38] 歳）であった。

2. 実験計画

本実験は，制御焦点（促進焦点，防止焦点）と課題方略（熱望方略，警戒方略）の 2 要因を独立変数とする実験参加者間計画であった。

図 5-1 用いた点つなぎ課題の例

注）実験の課題には本イメージよりも点の数が多く，複雑なものを使用した。

3. 実験課題

　実験課題は Förster et al.（2003）に準拠し，点つなぎ課題（connecting-the-dots task）を 4 題用いた。点つなぎ課題【図 5-1 を参照】は，予備実験[*1]（$n = 40$）で使用した 10 題の中から 4 題を選択した。点つなぎ課題は，数字の順（1, 2, 3, 4, 5…）に点から点へ線を引いて，ある形を完成させる課題である。課題は 1 題ごとに A4 用紙に印字され，各ページの右下に，最終的にすべての点をつないだ時にできる形（4 題とも生き物）の名前（e.g., カエル）が記述されてあった。予備実験に基づいて，完成させることが不可能な時間である 30 秒を制限時間として設定し，制限時間内にできるだけ正確に，できるだけ速く点をつなぐように教示した。"正確に"と"速く"のどちらを先に教示するのかは，カウンター

[*1] 制御焦点とパフォーマンスの関連を検討した結果，特性（$n = 20$）および状況（$n = 20$）ともに，促進焦点では速さのパフォーマンスが高く，防止焦点では正確さのパフォーマンスが高いという先行研究の結果（Förster et al., 2003）を再現した。

バランスをとった。なお，実験参加者には，著者らの研究グループで開発している幼児用知能検査の1つであると実験課題の説明を行った。

4. 制御焦点の操作

操作の方法は，研究5-2と同様であった。促進焦点条件が44名，防止焦点条件が41名であった。

5. 課題方略の提示

実験参加者は，熱望方略条件，警戒方略条件のいずれかにランダムに振り分けられた。課題を遂行する直前に，本課題では速さと正確さの両方が必要であることを再度教示した後に，熱望方略条件（$n = 41$）では，「今回はできるだけ速く遂行するように」，警戒方略条件（$n = 44$）では，「今回はできるだけ正確に遂行するように」と教示した。

6. 質問項目

課題方略の提示の操作チェックのために，"課題方略重視"の質問項目を使用した。課題遂行時に正確さと速さのどちらを重視したのかを1項目で尋ねた。9段階評定（-4～+4）で，得点が負でその値が大きいほど正確さを重視していたことを，得点が正でその値が大きいほど速さを重視していたことを示す。

7. 実験手続き

実験の流れを図5-2に示した。実験は1人ずつ実験室で行った。実験参加者に実験についての説明を十分に行い，同意書に署名してもらった後で，制御焦

図5-2　研究6-1の実験の流れ

注）研究6-2では，「制御焦点の操作」が「制御焦点の測定」となる。

点の操作を行った。続いて，実験課題のやり方を説明した後に，例題を遂行してもらった。その後，熱望方略条件では，「できるだけ速く」，警戒方略条件では，「できるだけ正確に」遂行するように教示した上で，実験課題を4題遂行してもらった。課題終了後，課題方略重視チェックに回答してもらった。実験終了後，デブリーフィングとして実験の目的を伝え，デブリーフィング後の同意書を記入してもらい，すべての実験を終了した。なお，研究の実施にあたっては，筑波大学人間系研究倫理委員の承認を得た。

III 結果と考察

実験参加者の人数の内訳は，「促進焦点＋熱望方略」条件が21名，「促進焦点＋警戒方略」条件が23名，「防止焦点＋熱望方略」条件が20名，そして「防止焦点＋警戒方略」条件が21名であった。

1. 操作チェック

課題方略の提示の操作が機能したかどうかを確認するために，熱望方略条件，警戒方略条件別に，課題方略重視項目の中央値（= 0）からの差の検定を行った。その結果，熱望方略条件では，得点が1.24（$SD = 1.77$）となり，中央値からの差が有意であった（$t = 4.50, p < .001, r = .58$）。警戒方略条件では，得点が-0.82（$SD = 2.03$）となり，同じく中央値からの差が有意であった（$t = 2.68, p = .003, r = .38$）。よって，熱望方略条件では速さを，警戒方略条件では正確さをそれぞれ重視しており，課題方略の提示の操作が機能していたことが示された。

2. 各条件におけるパフォーマンス得点

パフォーマンスとしては，速さと正確さを用いた。各課題において，制限時間内につなぐことができた最終到達点を得点として，各課題の得点を足し合わせた得点の平均値を“速さ得点（$\alpha = .94$）”とした。この得点が高いほど速いことを意味する。

正確さの指標としては，ミスの数を用いた。本実験では，Förster et

102 ▶ 第 5 章　制御適合がパフォーマンスに及ぼす影響

al.（2003）を参考に，点を通過せずに線を引いていた場合，順番通りに点を結ぶことができなかった（点をとばしたり，違う点を結んでいたりした）場合，線の途中で隙間ができていた場合をミスとしてカウントした。各課題のミスの数を足し合わせた得点の平均値を"ミス得点（$\alpha = .89$）"とした。この得点が低いほど正確であることを意味する。なお，速さならびに正確さの採点においては，2名の評定者が採点を行い，一致していないものに対しては協議の上，得点化した。速さ得点とミス得点の相関係数（本書で用いている相関係数はすべて Pearson の積率相関係数である）は，.73（$p < .001$）であった。

3. 制御焦点および課題方略がパフォーマンスに及ぼす影響

　制御焦点（促進，防止）と課題方略（熱望，警戒）を独立変数，パフォーマンス得点（速さ得点，ミス得点）を従属変数とする 2 要因分散分析を各々行った。速さ得点においては，交互作用のみが有意となった（$F(1, 81) = 5.26$, $p = .024$, $\eta_p^2 = .06$）。そこで，単純主効果検定を行った結果，課題方略の単純主効果は，促進焦点条件においてのみ有意で（$F(1, 81) = 6.52$, $p = .013$, $\eta_p^2 = .07$），防止焦点条件では有意とならなかった（$F(1, 81) = 0.52$, $p = .472$, $\eta_p^2 = .01$）。促進焦点条件では，熱望方略（$M = 49.90$, $SD = 9.84$）のほうが警戒方略（$M = 42.26$, $SD = 10.53$）よりも，速さ得点が高かった。制御焦点の単純主効果は，警戒方略（$F(1, 81) = 2.99$, $p = .087$, $\eta_p^2 = .04$）が有意傾向となり，熱望方略（$F(1, 81) = 2.30$, $p = .133$, $\eta_p^2 = .03$）は有意とならなかったが小さな効果量が見られた。熱望方略条件では，促進焦点（$M = 49.90$, $SD = 9.84$）のほうが防止焦点（$M = 45.20$, $SD = 9.72$）よりも速さ得点が高く，警戒方略条件では，防止焦点（$M = 47.44$, $SD = 9.45$）の方が促進焦点（$M = 42.26$, $SD = 10.53$）よりも速さ得点が高かった。結果を図 5-3（左）に示す。なお，「促進焦点＋熱望方略」条件と「防止焦点＋警戒方略」条件の速さ得点を比較したところ，小さな効果量（Cohen's $d = 0.26$）が見られた。よって，「促進焦点＋熱望方略」条件が速さのパフォーマンスが最も高いという仮説 1 が支持された。

　ミス得点においては，課題方略（$F(1, 81) = 10.00$, $p < .001$, $\eta_p^2 = .11$）の主効果が有意となり，制御焦点（$F(1, 81) = 0.75$, $p = .394$, $\eta_p^2 = .01$）の主効果は有意とならなかった。交互作用（$F(1, 81) = 2.49$, $p = .118$, $\eta_p^2 = .04$）は

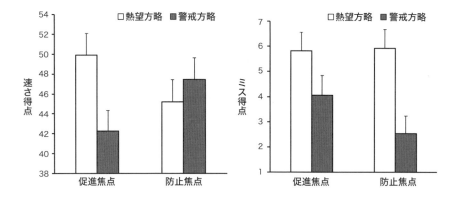

図 5-3　制御焦点と課題方略による速さ得点（左図）とミス得点（右図）（研究 6-1）

注 1）エラーバーは標準誤差を示す。
注 2）ミス得点は，得点が高いほどミスが多いことを示す。

有意とならなかったが，小さな効果量が見られた。そこで，単純主効果検定を行った結果，課題方略の単純主効果は，防止焦点条件で有意となり（$F(1, 81) = 8.35$, $p = .016$, $\eta_p^2 = .09$），警戒方略（$M = 2.54$, $SD = 3.01$）のほうが熱望方略（$M = 5.93$, $SD = 3.50$）よりも，ミス得点が低かった。促進焦点条件では有意とならなかった（$F(1, 81) = 2.43$, $p = .121$, $\eta_p^2 = .03$）が小さな効果量が見られ，同じく，警戒方略（$M = 4.05$, $SD = 3.85$）のほうが熱望方略（$M = 5.82$, $SD = 4.48$）よりも，ミス得点が低かった。制御焦点の単純主効果は，熱望方略（$F(1, 81) = 0.01$, $p = .930$, $\eta_p^2 < .001$）では有意とならなかった。警戒方略（$F(1, 81) = 1.80$, $p = .182$, $\eta_p^2 = .02$）でも有意とならなかったが小さな効果量が見られ，防止焦点条件（$M = 2.54$, $SD = 3.01$）のほうが促進焦点条件（$M = 4.05$, $SD = 3.85$）よりもミス得点が低かった。よって，「防止焦点＋警戒方略」条件が正確さのパフォーマンスが最も高いという仮説 2 が支持された。結果を図 5-3（右）に示す。

104 ▶ 第 5 章　制御適合がパフォーマンスに及ぼす影響

【研究 6-2】

Ⅰ　目　的

　研究 6-1 と同様であった。研究 6-2 では，個人差としての制御焦点を取りあげる。

Ⅱ　方　法

1．実験参加者

　大学生 90 名（男子 31 名，女子 59 名，平均年齢 = 19.62［$SD = 1.25$］歳）であった。

2．実験計画

　研究 6-1 と同様であった。

3．実験課題

　研究 6-1 と同様であった。

4．課題方略の提示

　実験参加者は，熱望方略条件（$n = 45$），警戒方略条件（$n = 45$）のいずれかにランダムに振り分けられた。課題方略の提示の方法は，研究 6-1 と同様であった。

5．質問項目

　研究 6-1 と同様の"課題方略重視"を使用した。また，研究 5-1 で使用した尾崎・唐沢（2011）の Promotion/Prevention Focus Scale 邦訳版を用いた。

6．実験手続き

　研究 6-1 とほぼ同様であった。異なった点は，研究 6-2 では制御焦点の操作

を行わず，制御焦点を測定する尺度（促進予防焦点尺度）に回答してもらった
ことである。

III　結果と考察

1．促進予防焦点尺度の基礎統計量ならびに群分け

　利得接近志向の Cronbach の α 係数（以下，同様）は .83 で，平均値は 38.20
（$SD = 7.24$）であった。損失回避志向の α 係数は .84 で，平均値は 34.50（SD
$= 7.94$）であった。相対的な制御焦点の傾向を測定するために，先行研究（e.g.,
Hazlett, Molden, & Sackett, 2011）の手続きに従い，利得接近志向（促進焦点）
得点から損失回避志向（防止焦点）得点を減算して，相対的制御焦点得点とし
た。この得点が高いほど相対的に促進焦点の傾向が高いことを，低いほど相対
的に防止焦点の傾向が高いことを示す。次に，この得点の平均値（3.70）に基
づいて，平均値より高い者を促進焦点群（$n = 41$，相対的制御焦点得点 $M =$
12.59, $SD = 6.83$），平均値より低いものを防止焦点群（$n = 49$，相対的制御焦
点得点 $M = -3.73, SD = 7.31$）と設定した。なお，促進焦点群と防止焦点群では，
相対的制御焦点得点に有意な差が見られた（$t = 10.86, p < .001, d = 2.30$）。

　実験参加者の人数の内訳は，「促進焦点＋熱望方略」条件が 22 名，「促進焦
点＋警戒方略」条件が 19 名，「防止焦点＋熱望方略」条件が 23 名，「防止焦点
＋警戒方略」条件が 26 名となった。

2．操作チェック

　熱望方略条件，警戒方略条件別に，課題方略重視目の中央値（$= 0$）からの
差の検定を行った。その結果，熱望方略条件では，得点が 2.09（$SD = 1.47$）
となり，中央値からの差が有意であった（$t = 9.50, p < .001, r = .82$）。警戒方
略条件では，得点が -1.80（$SD = 1.34$）となり，同じく中央値からの差が有意
であった（$t = 9.00, p < .001, r = .81$）。よって，課題方略の提示の操作が機能
していたことが示された。

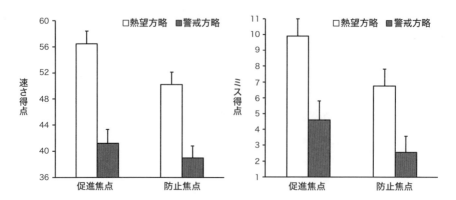

図 5-4 制御焦点と課題方略による速さ得点（左図）とミス得点（右図）（研究 6-2）

注1）エラーバーは標準誤差を示す。
注2）ミス得点は，得点が高いほどミスが多いことを示す。

3. 各条件におけるパフォーマンス得点

研究 6-1 と同様，実験課題の"速さ得点（$\alpha = .94$）"と"ミス得点（$\alpha = .93$）"を用いた。両者の相関係数は，.76（$p < .001$）であった。

4. 制御焦点および課題方略がパフォーマンスに及ぼす影響

制御焦点（促進，防止）と課題方略（熱望，警戒）を独立変数，パフォーマンス得点（速さ得点，ミス得点）を従属変数とする 2 要因分散分析を行った。速さ得点においては，制御焦点（$F(1, 86) = 4.70, p = .033, \eta_p^2 = .05$）と課題方略（$F(1, 86) = 45.69, p < .001, \eta_p^2 = .35$）の主効果が有意で，交互作用（$F(1, 86) = 1.06, p = .306, \eta_p^2 = .01$）は有意とならなかった。図 5-4（左）に示した通り，防止焦点よりも促進焦点の方が，また，警戒方略よりも熱望方略の方が速さ得点が高く，仮説 1 が支持された。

ミス得点においては，制御焦点（$F(1, 86) = 5.56, p = .021, \eta_p^2 = .06$）と課題方略（$F(1, 86) = 18.55, p < .001, \eta_p^2 = .18$）の主効果が有意で，交互作用（$F(1, 86) = 0.25, p = .615, \eta_p^2 = .00$）は有意とならなかった。図 5-4（右）に示した通り，促進焦点よりも防止焦点の方が，また，熱望方略よりも警戒方略の方がミス得点が低く，仮説 2 が支持された。

【研究7】

Ⅰ 目 的

　研究6と同様，パフォーマンスのタイプを考慮した上で，制御適合の種類別に，制御適合がパフォーマンスに及ぼす影響について検討する。研究7では，パフォーマンスの指標として学業成績を用いる。また，制御焦点は，個人差としての制御焦点を用いる。

Ⅱ 方 法

1．調査対象者

　大学生102名（男性50名，女性52名，平均年齢＝20.11［$SD = 0.89$］歳）を対象に実施した。これらの大学生は全員，「教育心理学」の授業を受講している大学生であった。

2．質問紙

　以下の尺度および質問項目を用いた。先行研究（Rosenzweig & Miele, 2016）より，制御適合の効果（高いパフォーマンス）は，学習時間や高い学業成績をとることに対する重要性の認知とは独立してみられることが考えられるため，以下の"学習時間"ならびに"学業成績の重要性"の質問項目は，統制変数として扱うために使用した。

（1）制御焦点尺度

　研究5-1で使用した尾崎・唐沢（2011）の Promotion/Prevention Focus Scale 邦訳版を用いた。

（2）学習方略尺度

　村山（2003a）の"マクロ理解方略"，"ミクロ理解方略"，"拡散学習方略"，"暗記方略"の下位尺度から成る学習方略尺度を参考に学習方略尺度（原案）を作成した【表5-2参照】。原尺度は，歴史に関する学習方略尺度であるため，本研究の目的に合うようにワーディングを修正した（e.g.,「歴史に関する本や雑誌

108 ▶ 第5章 制御適合がパフォーマンスに及ぼす影響

を読んだりした」を「授業でとりあげた内容に関する本や論文を読んだりした」に修正，「細かいことを覚えるより，大きな流れをつかもうとする」を「細かいこと（用語や語句など）を覚えるより，おおざっぱな内容をつかもうとした」に修正）。各々4項目の計16項目から成る。「『教育心理学』の学習・勉強について，以下のことをどれくらい行ったのか」という教示のもと，"全くそうしなかった（1点）"から"よくそうした（5点）"の5段階評定で回答を求めた。

(3) 学習時間

本授業科目に関して，授業外でどのくらい学習（テスト勉強も含む）をしたのか，"0分（1点）"から30分刻みの"4時間30分（10点）"および"5時間以上（11点）"の11段階評定で回答を求めた。

(4) 学業成績の重要性

本授業科目の試験で良い点数をとることがどれくらい重要であるのかを，"全く重要でない（1点）"から"非常に重要である（5点）"の5段階評定で回答を求めた。

3. 学業成績

学期末に実施された"教育心理学"のテストの点数を用いた。教育心理学は，10回の授業と1回の試験から構成されている科目である。体系的にまとめられた教科書を使用し，毎回の授業では教科書に沿って各章の内容を授業した。授業中には教科書を用いなかったが，予習・復習に教科書を使用するように第1回の授業のオリエンテーションの際に指示した。

テスト問題は，空所補充型テストと記述式テストから構成されたが，そのことをあらかじめ調査対象者に教示するとともに，テスト勉強には4つの方略（マクロ理解，ミクロ理解，拡散学習，暗記）のすべてが必要であることを同時に伝えた。[*2] 空所補充型テストでは，あるトピックが取りあげられ，それに関する説明文章があらかじめ記されていた。文章には1つの空所があり，調査協力者はそこに適切な語句（専門用語・人名など）を記入することが要求された。記述式テストでは，あるトピックが記されており，授業で習った範囲内の知識で

---

*2 このことを教示したのは，テスト形式の予期が学習方略に影響を及ぼすことが先行研究（村山, 2003c）で示されているからである。

そのトピックについて説明することが要求されるが,「○○が起こる現象（2回目の授業内容）を, ○○（4回目の授業内容）と○○（5回目の授業内容）の観点から説明しなさい」など, 学習内容間の関連や, 学習内容と既有知識との結びつきの理解といった, 空所補充型テストよりは深い理解が必要とされる問題から構成されていた。空所補充型テストは46点満点, 記述式テストは54点満点の合計100点満点であった。

4. 手続きと倫理的配慮

調査は, 学期末試験当日の試験直前に実施した。インフォームド・コンセントを行い, 本研究への協力に同意した者を調査対象者とした。また, 調査用紙の最後で, 本試験のテスト得点を研究に使用しても良い場合には, 学籍番号の記入を求めた。その際, 研究の目的やテスト得点の使用方法を伝えた上で, 回答は任意であり回答を拒否しても（あるいは回答しても）, そのことによる不利益は生じないこと, 調査対象者のプライバシーは守られること, データ入力後には質問への回答部分がシュレッダーによって粉砕破棄されることなどを紙面に明記し, 口頭でも伝えた。なお, 研究の実施にあたっては, 筑波大学人間系研究倫理委員の承認を得た。

III 結果と考察

テスト得点を研究に用いても良いとの同意が得られた100名（男性49名, 女性51名）を分析の対象にした。いずれの項目にも欠損値はなかった。

1. 学業成績の算出および基本統計量

テストは, 記述式テストにおいては, 授業担当者（テスト出題者）ではない2名の評定者が得点化を行った。採点の際は, 授業担当者が作成したテストのルーブリック（レベルの目安を数段に分けて記述して, 達成度を判断する基準を示すもの）を用いて行った。2名の採点が一致していないものに対しては2名で協議の上, 得点化し, それが独立して採点した授業担当者の得点と一致しているかどうかを確認した。その結果, すべての問題において一致した。空所

補充型テストにおいては，授業担当者（テスト出題者）が得点化した。

空所補充型テスト（0-46）の平均値は34.90（$SD = 7.60$），記述式テスト（0-54）の平均値は29.59（$SD = 7.42$）であった。空所補充型テストと記述式テストの点数の相関係数は.60（$p < .001$）であった。以降の分析では，空所補充型テストと記述式テストの点数をそれぞれ学業成績の指標として用いることにした。

2. 学習方略尺度（原案）の因子分析

学習方略尺度（原案）16項目について，最尤法による因子分析を行った。固有値の変化ならびに因子の解釈可能性から4因子構造が妥当であると判断した。そこで再び4因子を仮定して，最尤法，promax回転による因子分析を行った。その結果，どの因子にも.40以上の因子負荷量を示さなかった4項目を分析から除外し，再度最尤法，promax回転による因子分析を行った。項目内容および回転後の因子パターンを表5-2に示した。

因子Iは"マクロ理解方略"の項目が，因子IIは"ミクロ理解方略"の項目が，因子IIIは"暗記方略"の項目が，そして因子IVは"拡散学習方略"の項目がそれぞれ高い負荷量を示した。想定した構成概念の項目に相当していたことより，本尺度の構造的な側面の証拠（因子構造が仮説に合致しているかどうか；Messick, 1995）が確認されたといえる。なお，回転前の4因子12項目の全分散を説明する割合は，67.17%であった。

因子分析の結果に基づき，各因子に高い負荷量を示す項目（表5-2の枠で囲まれた項目）で下位尺度を構成した。尺度の内的一貫性を検討するため，それぞれCronbachのα係数を算出したところ，マクロ理解方略で.78，ミクロ理解方略で.76，暗記方略で.70，そして，拡散学習方略で.69であり，概ね満足し得る内的一貫性が認められた。なお，下位尺度間の相関係数を求めたところ，マクロ理解方略とミクロ理解方略との間には中程度の負の相関（$-.48, p < .001$）が，ミクロ理解方略と暗記方略との間に弱い正の相関（$.23, p = .030$）が認められた。学習方略尺度の基本統計量を表5-3に示した。

研究7 ◀ 111

表5-2 学習方略尺度の因子分析結果ならびに基礎統計量

	因　子				h^2	M	SD
	I	II	III	IV			
マクロ理解方略（α = .78）							
細かいこと（用語や語句など）を覚えるより，おおざっぱな内容をつかもうとした	**.81**	-.03	.07	-.09	.68	3.87	0.94
細かいこと（用語や語句など）は気にせず，まずは，おおざっぱな内容を把握しようとした	**.76**	-.10	.10	-.06	.67	3.88	0.95
まず，おおざっぱな内容をつかんでから，細かいこと（用語や語句など）を覚えようとした	**.71**	.19	-.17	.14	.46	3.92	0.99
ミクロ理解方略（α = .76）							
各トピックの全体像をつかむより，まずは，そこで使われている重要な用語や語句を覚えようとした	-.02	**.74**	.01	-.06	.58	2.51	1.06
重要な用語や語句を理解することを重視した	.15	**.73**	-.01	.08	.44	3.57	0.98
全体を理解する前に，重要な用語や語句を理解することから始めた	-.13	**.67**	.00	-.03	.56	2.77	1.12
暗記方略（α = .70）							
意味の分からない用語や語句が出てきても，まずとにかく覚えた	.05	-.17	**.92**	.10	.80	2.53	1.15
なぜそうなるのかはあまり深く考えずに暗記した	-.10	.21	**.50**	-.16	.44	1.99	0.95
重要そうな用語や語句はとりあえずまる覚えをした	-.01	.35	**.49**	.06	.45	2.77	1.11
拡散学習方略（α = .69）							
授業でとりあげた内容に関する本や論文を読んだりした	-.15	-.06	.01	**.70**	.50	2.09	1.24
授業で習って興味があることは，あとで自分で調べてみた	.08	.15	.01	**.62**	.39	3.28	1.08
テストに出なさそうなところも興味があったら調べてみた	.06	-.08	.06	**.48**	.24	2.64	1.13

		因子間相関	II	-.49		
			III	-.05	.26	
			IV	.01	-.05	-.12

112 ▶ 第 5 章 制御適合がパフォーマンスに及ぼす影響

表 5-3 各変数の記述統計量ならびに相対的制御焦点との相関係数

	M	SD	相関係数 相対的制御焦点
相対的制御焦点	1.78	11.50	—
学習方略			
マクロ理解方略	11.55	2.58	.22 *
ミクロ理解方略	9.18	3.06	-.14
拡散学習方略	11.83	3.23	.14
暗記方略	7.37	2.67	-.13
学業成績			
空所補充型テスト	34.90	7.60	.07
記述式テスト	29.59	7.42	.12
学業成績の重要性	3.81	0.92	-.06
学習時間	7.69	2.64	-.06

注) *p < .05

3. 促進予防焦点尺度の基本統計量

　利得接近志向（促進焦点）の Cronbach の α 係数（以下，同様）は .86 で，平均値は 38.43（$SD = 8.14$）であった。損失回避志向（防止焦点）の α 係数は .85 で，平均値は 36.64（$SD = 8.80$）であった。両者の相関係数は，.07（$p = .497$）であった。

　相対的な制御焦点の傾向を測定するために，研究 5-1 と同様に，利得接近志向（促進焦点）得点から損失回避志向（防止焦点）得点を減算して，相対的制御焦点得点（$M = 1.78, SD = 11.50$）とした。この得点が高いほど相対的に促進焦点の傾向が高いことを，低いほど相対的に防止焦点の傾向が高いことを示す。

　続いて，相対的制御焦点と他の変数（学習方略下位尺度，学業成績，学業成績の重要性，学習時間）との相関係数を求めたところ，マクロ理解方略との間に弱い正の相関（.22, $p = .030$）が認められた【表 5-3】。

4. 相対的制御焦点と学習方略が学業成績に及ぼす影響

　学習方略が学業成績に及ぼす影響において，制御焦点が調整変数となりうるのかどうかを検討するために，空所補充型テストと記述式テストの点数をそれぞれ目的変数とする階層的重回帰分析を行った。まず，Step 1 で学業成績の重要性と学習時間を統制変数として回帰式に投入した。続いて Step 2 で相対的制御焦点と学習方略の下位尺度（マクロ理解方略，ミクロ理解方略，拡散学習方略，暗記方略）を回帰式に投入した。最後に，Step 3 で相対的制御焦点と各学習方略の交互作用項を投入した。なお，多重共線性を回避するため，Aiken & West（1991）に従い，説明変数である相対的制御焦点と各学習尺度の測定値を各平均値からの偏差に変換し，この変換値を重回帰モデルに投入した。

(1) 空所補充型テスト

　Step 1 の回帰モデルが有意となり（$R^2 = .10$, $F(2, 99) = 5.51$, $p = .005$），学習時間が学業成績に影響を及ぼしていた（$b = 0.70$, $\beta = .29$, $p = .020$）。また，Step 2 の決定係数の増分が有意であり（$\Delta R^2 = .08$, $F(7, 99) = 3.01$, $p = .007$），ミクロ理解方略が学業成績に影響を及ぼしていた（$b = 0.66$, $\beta = .26$, $p = .021$）。さらに，Step 3 の決定係数の増分が有意であり（$\Delta R^2 = .10$, $F(11, 99) = 3.27$, $p = .001$），相対的制御焦点とミクロ理解方略の交互作用が学業成績に負の影響を及ぼしていた（$b = -.05$, $\beta = -.25$, $p = .022$）。

　この有意な交互作用の内容を調べるために，単純傾斜分析を行った。具体的には，相対的制御焦点の平均値 ± $1SD$ を用い（それぞれ，相対的制御焦点の平均値 +$1SD$ を"相対的促進焦点"，相対的制御焦点の平均値 -$1SD$ を"相対的防止焦点"と示す），学業成績に対するミクロ理解方略の回帰直線をそれぞれ求めた。

　単純傾斜分析の結果【図5-5の上図】，相対的に促進焦点の傾向が高い場合には，ミクロ理解方略が学業成績に影響を及ぼさないが（$b = 0.07$, $\beta = .03$, $p = .852$），相対的に防止焦点の傾向が高い場合には，ミクロ理解方略が学業成績に正の影響を及ぼしていた（$b = 1.28$, $\beta = .50$, $p < .001$）。

(2) 記述式テスト

　Step 1 の回帰モデルが有意となり（$R^2 = .07$, $F(2, 99) = 3.50$, $p = .034$），学

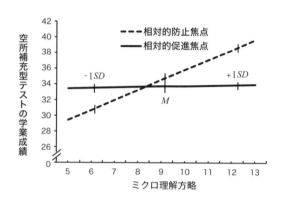

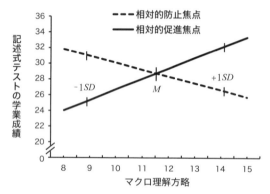

図 5-5　ミクロ理解方略（上図）ならびにマクロ理解方略（下図）と相対的制御焦点（相対的促進焦点 vs. 相対的防止焦点）が学業成績に及ぼす影響

注）相対的制御焦点の平均値 +1*SD* を"相対的促進焦点",相対的制御焦点の平均値 -1*SD* を"相対的防止焦点"として図示した。

習時間が学業成績に影響を及ぼしていた（$b = 0.71, \beta = .25, p = .017$）。また,Step 2 の決定係数の増分が有意であり（$\Delta R^2 = .10, F(7, 99) = 2.68, p = .014$）,ミクロ理解方略が学業成績に影響を及ぼしていた（$b = 0.61, \beta = .24, p = .032$）。さらに,Step 3 の決定係数の増分が有意であり（$\Delta R^2 = .14, F(11, 99) = 3.51, p < .001$）,相対的制御焦点とマクロ理解方略の交互作用が学業成績に正の影響を及ぼしていた（$b = .10, \beta = .33, p = .002$）。

　単純傾斜分析の結果【図5-5 の下図】,相対的に防止焦点の傾向が高い場合に

は，マクロ理解方略が学業成績に負の影響を及ぼすが（$b = -0.86, \beta = -.29, p = .039$），相対的に促進焦点の傾向が高い場合には，マクロ理解方略が学業成績に正の影響を及ぼしていた（$b = 1.34, \beta = .45, p = .021$）。

【第5章のまとめ】

　第5章の研究では，制御適合の種類によって，高まるパフォーマンスのタイプが異なることが考えられるため，パフォーマンスのタイプを考慮したうえで，制御適合の種類別に制御適合がパフォーマンスに及ぼす影響について検討することにした。

　その結果，研究6において，促進焦点（状況，特性）では熱望方略を使用すると制御適合が生じ，熱望方略に合致したパフォーマンス（本研究では，速さ）が高くなることが示された。一方で，防止焦点（状況，特性）では警戒方略を使用すると制御適合が生じ，警戒方略に合致したパフォーマンス（本研究では，正確さ）が高くなることが示された。研究6の結果より，仮説1，2ともに支持された。

　また，日常の学業パフォーマンスを対象にした研究7においても，同様の知見が得られ，制御適合の種類によって高まるパフォーマンスが異なることが明らかになった。促進焦点の傾向が高い人は，マクロ理解方略を多く使用した場合に，マクロ理解方略に合致したパフォーマンス（学習内容間の関連の理解といった全体的な理解が要求されるパフォーマンス）が高くなることが示された。一方で，防止焦点の傾向が高い人は，ミクロ理解方略を多く使用している場合に，ミクロ理解方略に合致したパフォーマンス（重要な用語や語句の理解が要求されるパフォーマンス）が高くなることが示された。研究7の結果より，仮説1，2が支持された。

　先行研究（Förster et al., 1998; Shah et al., 1998）では，主にアナグラム課題を用いて，制御適合の種類に関係なく，制御適合を経験するとパフォーマンスが高まると結論づけている。しかし，第5章の結果より，ひとえに制御適合と言ってもその効果は一様ではなく，制御適合の種類によって高まるパフォーマンス

のタイプが異なることが示され，今後，制御適合の効果を検討する際には，制御適合の種類とパフォーマンスのタイプを考慮に入れて検討する必要性が示唆された。

　日常場面の学業パフォーマンスにおいても制御適合の効果が確認されたことは教育的な意義が大きい。これまで，学習方略と学業成績との関連を検討した数多くの研究（e.g., Purdie & Hattie, 1999）で，有効な学習方略あるいは有効ではない学習方略が明らかにされてきた。しかし，研究7の結果より，学業パフォーマンスにおいて有効な学習方略は一様に同じではなく，個人の目標志向性（促進焦点か防止焦点か）やパフォーマンスのタイプによって異なることが示された。促進焦点の傾向が高い人にはマクロ理解方略が，防止焦点の傾向が高い人にはミクロ理解方略がそれぞれに合致した学業パフォーマンスにおいて有効な学習方略となりうる。促進焦点の傾向が高い人が，いくらミクロ理解方略を多用しても，ミクロ理解方略に合致した学業パフォーマンス（本研究では，空所補充型テストの学業成績）は高まらない。防止焦点の傾向が高い人に至っては，マクロ理解方略を多く使用すると，マクロ理解方略に合致した学業パフォーマンス（本研究では，記述式テストの学業成績）が低下するという制御不適合の効果も見られた。よって，学習者には目標志向性に合った学習方略の使用を提言する必要があるといえるだろう。

　最後に第5章の限界と今後の課題を示しておく。

　研究6では，研究6-1，研究6-2ともに仮説が支持されたが，研究6-1の結果の効果量は総じて小さかった。また，研究6-1においては，速さ，正確さのいずれを従属変数とした場合にも制御焦点の主効果が見られなかった。本研究で用いた制御焦点の活性化の手法は，先行研究（e.g., Higgins et al., 2003）で有効であることが示されているが，プライミングの効果が弱かったのかもしれない。今後は，制御焦点の活性化として別の操作（e.g., フレーミング）を用いて検討し，本研究と同様な結果が得られるのかどうかを確認する必要があるだろう。

　また，研究6-1と研究6-2では，多少，結果が異なっていた。本研究では「促進焦点＋熱望方略」が速さのパフォーマンスが最も高く，「防止焦点＋警戒方略」が正確さのパフォーマンスが最も高いという仮説を立てて検証しており，制御

焦点と課題方略の交互作用は必須の条件として仮定していなかった。本研究の結果より，研究 6-1 では制御焦点と課題方略の交互作用が認められ，研究 6-2 では両者の交互作用は有意とならなかった。この結果が，特性と状況といった本質的な違いによるものなのか，既述した制御焦点の活性化の手続きの問題であるのか，本研究の結果のみでは特定できない。今後，この点について詳細に検討する必要があるだろう。

　研究 7 では，拡散学習方略において仮説が支持されなかった。Higgins（2007）は，熱望方略の一例として"与えられた課題以上に自発的に勉強に取り組む手段"を指摘している。しかし，実証的な検討に至っては，獲得に接近できる判断方略（Crowe & Higgins, 1997）や大局的（全体的）な情報処理（Förster & Higgins, 2005），速さの重視（Förster et al., 2003）などが熱望方略として取りあげられているが，拡散学習方略を熱望方略として扱った実証的研究は著者らが知る限り見当たらない。また，本研究で用いた学業パフォーマンス（テスト問題）が拡散学習方略を反映していなかった可能性も考えられる。学習方略にはさまざまな種類や分類が提案されており（金子・大芦，2010），今後は，拡散学習方略を熱望方略としてみなして良いのかどうかも含めて，さまざまな学習方略を取りあげて検討するとともに，先に述べた通り，学業パフォーマンスのタイプを考慮した上で，それぞれの制御焦点がどのような学習方略を使用した際に，どのようなタイプのパフォーマンスが高まるのかを詳細に検討していく必要があるだろう。

　また，研究 7 では先行研究に則り，マクロ理解方略を熱望方略，ミクロ理解方略を警戒方略と対応づけて検討した。しかし，同じ方略が異なった目標を持つこともあるだろう（Förster et al., 2003）。たとえば，先に"速さの重視"は熱望方略として捉えられていることを述べたが，交通量が激しい危険な道路状況において早くブレーキを踏むのが，安全を確保するためだとするならば，それは警戒方略となりうるだろう。今後は，どのような目標をもってその方略を用いたのかを尋ねるなど，目標を統制してより詳細に検討する必要がある。

第6章

制御適合がエンゲージメントに及ぼす影響

　制御適合理論では，制御適合がパフォーマンスや価値創造に与える影響のメカニズムとして，エンゲージメントの強度（strength of engagement）の増加が強調されている（Higgins, 2008）。エンゲージメントは，第1章で説明した通り，"ある対象や行為に対して注意を向けたり，かかわりあったり，興味をもったりすること（Higgins, 2007）"と定義されており，動機づけと同義の概念である。制御適合によるエンゲージメントの強度の増加は"feeling right"として体験される（Higgins, 2005）。このような体験は目標追求の肯定的あるいは否定的な結果による快楽的体験と区別され，価値の生成やパフォーマンスに独自な影響を与えると考えられている（Higgins, 2005, 2008, 図6-1）。

　これまでの実証的研究では，制御適合が生じるとアナグラム課題における認知的持続性（Higgins, 2000），誘惑抵抗の課題における自己制御（Freitas et al., 2002）などさまざまな指標に関してエンゲージメントの強度が促進されること

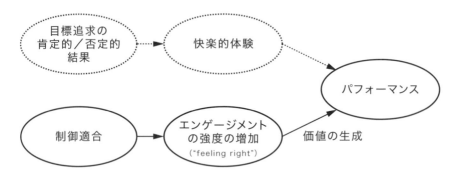

図6-1　制御適合が価値の生成やパフォーマンスに与える影響のメカニズム
Higgins. (2005, 2008) を参考に独自に作成

が示されている。第6章では，制御適合がエンゲージメントの強度，具体的には学習者エンゲージメント【研究8】と自己制御【研究9】に及ぼす影響に焦点を当てる。学習者エンゲージメント（student engagement）とは，日常の学習場面に特化した，より長期な視点からのエンゲージメントの概念である。また，自己制御（self-regulation）[*1]とは，自分にとって望ましい結果や目標に沿った行動をとるべく，自らの思考，感情，行動を調整しようとするプロセスである（Hong & Lee, 2008; Muraven, Tice, & Baumeister, 1998）。

　第1章で述べた通り，制御適合は，目標志向性と目標追求の手段に着目した概念である。これまでの制御適合の研究では，目標追求の仕方として，第5章で取りあげたような目標に直結する課題方略（熱望方略や警戒方略）に注目することが多い。しかし，第1章で説明したように，制御適合において重要なのは，用いる課題方略そのものではなく，制御焦点と用いる手段によって誘発される熱望さや警戒さの適合によって生じる"feeling right"である。従って，制御焦点と適合する目標追求の手段には，熱望さや警戒さを生起・維持させるような調整方略も含まれると考えられる（Scholer, Cornwell, & Higgins, 2019）。たとえば，熱望さを維持する手段として，成功をイメージすることや自己像をポジティブに捉える自己膨張，警戒さを維持する手段として，失敗をイメージすることや自己像をネガティブに捉える自己収縮が挙げられる（Scholer et al., 2014）。

　制御焦点と調整方略の適合の効果を直接検討した数少ない研究に，第1章で取りあげたScholer et al.（2014）がある。Scholer et al.（2014）では，自己評価によって熱望あるいは警戒の動機づけを調整する方略しか注目していなかったが，それ以外にも，さまざまな調整方略の存在が示されている（e.g., Ayduk & Kross, 2010; Wolters & Benzon, 2013）。

　そこで，本章では，さまざまな調整方略と制御焦点の適合に注目することにした。研究8では，普段の学習場面における動機づけ調整方略と制御焦点（特性）の適合が学習者エンゲージメントに及ぼす影響，研究9では，実験室の課

＊1　自己制御に類似した概念として自己統制（self-control）があるが，この2つの用語を同義として扱うか否かは研究者の立場によって異なる（後藤，2020；沓澤・尾崎，2019）。本章では，自己制御の方がより広義であり，その下位概念の1つとして自己統制を位置づけるという立場（Hofmann, Schmeichel, & Baddeley, 2012）に則り，自己制御の下位側面として自己統制を扱うため，両者を同義として扱うこととした。

題場面における self-distancing という調整方略と制御焦点（状況）の適合が自己制御に及ぼす影響について検討する。

【研究 8】

Ⅰ　問題と目的

　研究 8 では，日常の学習場面における制御適合の効果に注目する。第 1 章で述べたように，制御適合に関する先行研究は，実験室の環境で特定の課題への取り組みにおける制御適合の効果を検討しているものが多いが，日常場面での学習への取り組みにおいても，同様の効果が見られるかどうかを検討した研究は少ない。学習への取り組みは，学業成果を直接的に規定する要因であり（鹿毛，2017），学習への取り組みにおける制御適合を示すことは，教育実践的意義が大きいと考えられる。

　学習への取り組みや関与のあり方を示す概念として，近年，"学習者のエンゲージメント（以下，エンゲージメントとする；Christenson, Reschly, & Wylie, 2012)"が注目されている。エンゲージメントは多次元的な概念であり，先行研究では主に 3 つの側面から捉えることが多い（Christenson et al., 2012, 表 6-1)。

　そのうち，"認知的エンゲージメント"の定義は，研究者によって異なるが（レビューとして，Fredricks & McColskey, 2012)，先行研究では，動機づけ調

表 6-1　エンゲージメントの 3 側面

概念の側面	定義
行動的エンゲージメント	特定の学習場面や学習課題における関与，努力や持続性，忍耐
感情的エンゲージメント	学習に取り組む際の興味や楽しさ，退屈や不安といった学習者の感情的反応
認知的エンゲージメント	学校教育の重要性や価値に対する信念，学習目標や願望 深い処理方略（精緻化や構造化など）の使用 メタ認知方略（プランニングやモニタリングなど）の使用

整方略の使用が深い処理方略の使用に影響を及ぼすことが示されている（梅本，2013；Wolters, 1999）ことから，本研究では，認知的エンゲージメントとして，深い処理方略に注目することにした。

これまでの研究では，動機づけが低下した際に用いられる動機づけ調整方略とエンゲージメントの関連について検討されてきた（梅本，2013；梅本他，2016）。動機づけ調整は，特定の活動を開始，達成する意欲を始発，維持，あるいは補充する行為と定義されている（赤間，2015）。

これまでの研究では，動機づけが低下した際に学習者がさまざまな動機づけ調整方略を用いることが示されてきた（湯・外山，2019；梅本・田中，2012；Wolters, 1999; Wolters & Benzon, 2013）。たとえば，学習に楽しみや興味体験を作り出す"興味高揚方略"，学習の内容の実用性や重要性の認知を調整する"価値づけ方略"，自分に賞罰を与える"自己帰結方略"などがある。

さまざまな動機づけ調整方略間の相関が高いことから，いくつかの方略をまとめて上位カテゴリとする研究もある。それらの研究では，動機づけ研究における内発・外発的な視点から，動機づけ調整方略が分類されていることが多い（梅本・田中，2012；Wolters, 1998）。一方で，Miele & Scholer（2017）は，内発・外発的な視点にとどまらず，動機づけの質に言及した主な動機づけ理論，すなわち，自己決定理論（Deci & Ryan, 2000），期待－価値理論（Wigfield, Tonks, & Klauda, 2016），制御焦点理論（Higgins, 1997）を基に，質的に異なる動機づけ（内発的価値，自己関連価値，外発的価値，促進的価値，防止的価値，自己効力感）を調整する方略を整理した。

Miele & Scholer（2017）による動機づけ方略のカテゴリ化に基づき，湯・外山（2019）では，日本の大学生を対象として動機づけ調整方略尺度を作成し，5つの下位尺度が見出されている【表6-2】。そのうち，"自己報酬方略"と"自己効力感高揚方略"は，目指す目標の達成に焦点を当てるため，熱望を高め，理想や成長，ポジティブな結果の在・不在を重視する促進焦点に適合することが考えられる（Higgins, 2008; Scholer & Higgins, 2012）。一方で，"遂行回避目標セルフトーク方略"と"義務強調方略"は，果たすべきことの未達成に焦点を当てるため，警戒を維持し，責任や義務，ネガティブな結果の在・不在を重視する防止焦点に適合すると考えられる（Higgins, 2008; Scholer & Higgins,

表 6-2　動機づけ調整方略尺度（湯・外山，2019）の下位尺度と本研究の仮説

熱望さを生起・維持させる方略		警戒さを生起・維持させる方略	
方略	定義	方略	定義
"自己報酬方略"	目標完成後の楽しみを考えることで自分を動機づける	"義務強調方略"	目標を責任や義務として捉えることで自分を動機づける
"自己効力感高揚方略"	目標達成に向けて自分を励ます	"遂行回避目標セルフトーク方略"	失敗したくないと自分に言い聞かせることで自分を動機づける

注）湯・外山（2019）の尺度では，学習を面白くすることで自分を動機づける "興味高揚方略" という下位尺度も含む。

2012）。研究 8 では，促進焦点，防止焦点のそれぞれに適合すると予想される上記 4 つの方略を取りあげ，制御適合の効果が見られるかどうかについて検討する。なお，"興味高揚方略" については，その性質上，制御焦点理論の枠組みに基づいて解釈することが困難であり，したがって熱望と警戒のいずれを高めるのかを予測しがたい。そこで仮説には含めず，探索的に検討することにした。

以上より，研究 8 では，制御適合の観点から，制御焦点とエンゲージメント（感情・認知・行動の 3 側面）との関連を検討する。仮説は以下の通りである。

＜研究 8 の仮説＞

仮説 1　防止焦点の傾向が高い人に比べ，促進焦点の傾向が高い人において，自己報酬方略，自己効力感高揚方略とエンゲージメントの関連が強い。

仮説 2　促進焦点の傾向が高い人に比べ，防止焦点の傾向が高い人において，遂行回避目標セルフトーク方略，義務強調方略とエンゲージメントの関連が強い。

Ⅱ 方　法

1. 調査参加者

　質問紙による調査を行った。国立大学2校, 私立大学4校の大学生計304名（男性118名, 女性182名, 不明4名, 平均年齢 = 19.19［SD = 1.14］歳）が調査に参加した。[*2] 学年別の内訳については, 1年生が184名, 2年生が94名, 3・4年生が10名, 学年不明が16名であった。

2. 質問紙

（1）制御焦点尺度

　研究5-1と同様に, 尾崎・唐沢（2011）のPromotion/Prevention Focus Scale邦訳版を使用した。

（2）動機づけ調整方略

　湯・外山（2019）が作成した「動機づけ理論に基づく動機づけ調整方略尺度」を使用した。"自己報酬方略（「終わった後の自分へのご褒美を考える」などの3項目）", "自己効力感高揚方略（「学習をやり遂げた自分を想像する」などの4項目）", "遂行回避目標セルフトーク方略（「留年したくないと自分に言い聞かせる」などの4項目）", "義務強調方略（「やらなければいけないという責任感を持つようにする」などの3項目）", "興味高揚方略（「学習内容を自分の興味関心に結びつけて考える」などの4項目）"の5つの下位尺度からなる。教示は「専攻している分野の学習において, 難しいと感じ, その分野の学習に関することに取り組むやる気が出ない時に, あなたはどのようにしてやる気を出し, 学習を継続しますか」であり, "全くしない（1点）"から"いつもする（7点）"の7段階評定で回答を求めた。

（3）エンゲージメント

　"感情的エンゲージメント"については, Skinner et al.（2009）のEmotional engagementを日本語に訳した梅本他（2016）の5項目（e.g.,「専攻分野の学習

＊2　質問紙には, 専攻分野に対する学習興味に関する項目も含まれていた。また, 一部の調査回答者に対して, 2時点目の調査も行った。これらの測定は, 別の研究目的を検討するために測定したが, 本研究の目的と異なるため, 分析対象とはしない。

に取り組むとき，気分が良い」）を用いた。"認知的エンゲージメント"については，梅本（2013）の深い処理方略を測定する 6 項目（e.g.,「前に習ったことを思い出しながら，専攻分野の学習を進める」）を使用した。"行動的エンゲージメント"については，Skinner et al.（2009）の Behavioral engagement を日本語に訳した梅本・田中（2012）の 4 項目（e.g.,「私は，集中して専攻分野に関する授業を受けたり課題に取り組んだりしている」）を用いた。すべての項目は，専攻分野の学習状況に適用できるように表現を修正して用いた。教示は「現在，あなたが専攻している分野の学習に取り組むときの様子についてお尋ねします」とし，"全く当てはまらない（1 点）"から"非常に当てはまる（7 点）"の 7 段階評定で回答を求めた。

3. 手続きおよび倫理的配慮

　調査は講義を担当する教員に調査の実施を依頼し，講義ごとに調査参加者を募集する，または個人に依頼する形で行った。本研究は筑波大学人間系研究倫理委員会の承認を受けて実施された。

Ⅲ　結　果

1. 尺度の構成と相関係数

　まず制御焦点尺度の各下位尺度の内的整合性を確認するために，Cronbach の α 係数を算出したところ，"利得接近志向（促進焦点）"が .84，"損失回避志向（防止焦点）"が .86 であった。両下位尺度の相関係数を算出したところ，.29（$p < .001$）であった。続いて，相対的な制御焦点の傾向を測定する得点を算出した。具体的には，研究 5-1 に倣い，"利得接近志向"（$M = 4.64$, $SD = 1.00$）の得点から"損失回避志向"（$M = 4.57$, $SD = 1.11$）の得点を引いた差得点を相対的制御焦点得点とした。この得点が高いほど相対的促進焦点の傾向が強いことを，低いほど相対的防止焦点の傾向が強いことを示す。

　動機づけ調整方略とエンゲージメント尺度の各下位尺度の Cronbach の α 係数を算出したところ，.71 から .92 の値であった。概ね高い内的整合性が確認されたことより，各下位尺度の項目平均得点を尺度得点とした。

相対的制御焦点と各動機づけ調整方略の相関係数を算出したところ，相対的制御焦点は，自己効力感高揚方略（$r = .22, p < .001$）との間に弱い正の相関，遂行回避目標セルフトーク方略（$r = -.28, p < .001$），義務強調方略（$r = -.13, p = .032$）との間に弱い負の関連が示されたが，自己報酬方略（$r = .00, p = .956$）との間に有意な関連はなかった。

2. 相対的制御焦点，動機づけ調整方略とエンゲージメントとの関連

　相対的制御焦点，動機づけ調整方略とエンゲージメントとの関連を検討するために，エンゲージメントの各下位尺度を従属変数とする階層的重回帰分析を行った。Step 1 で相対的制御焦点と動機づけ調整方略の各下位尺度を回帰式に投入した。Step 2 で相対的制御焦点と各動機づけ調整方略の交互作用項を投入した。なお，説明変数である相対的制御焦点と動機づけ調整方略の得点は，実現値から平均値を引いたもの（中心化得点）を使用した。分析の結果を表 6-3 に示す。[*3]

（1）感情的エンゲージメント

　階層的重回帰分析の結果，Step 2 の決定係数の増分は有意ではなかった（$\Delta R^2 = .02, F(4, 269) = 2.26, p = .061$）。ただし，自己効力感高揚方略と相対的制御焦点の交互作用が有意であった（$b = .11, \beta = .16, p = .006$）。Step 2 の決定係数の増分は有意ではなかったが，情報量基準の観点（小西・北川, 2004）から，AIC は Step 2 のモデル（AIC $= 804.997$）が Step 1 のモデル（AIC $= 806.31$）より優れていたため，有意になった交互作用について単純傾斜分析を実施した。具体的には，Aiken & West（1991）の手法に従い，相対的制御焦点の平均値 $+1SD$（相対的促進焦点を示す）および平均値 $-1SD$（相対的防止焦点を示す）を用い，感情的エンゲージメントに対する自己効力感高揚方略の回帰直線をそれぞれ求めた。その結果，相対的制御焦点（相対的促進焦点，相対的防止焦点）

＊3　興味高揚方略および興味高揚方略と相対的制御焦点の交互作用項を含めた階層的重回帰分析の結果，行動的エンゲージメントにおいてのみ，Step 2 の決定係数の増分が有意となったが，有意な交互作用は見られなかった。ただし，エンゲージメントの各側面において，Step 1 の"興味高揚方略"の効果が有意となった。この結果について，制御適合の効果は，興味体験を深めるという点において"興味高揚方略"と類似していることが指摘されている（Thoman, Sansone, & Geerling, 2017）ことから，エンゲージメントにおける制御適合の効果は，必ずしも"興味高揚方略"の効果から独立していないことが考えられる。

126 ▶ 第6章 制御適合がエンゲージメントに及ぼす影響

表6-3 階層的重回帰分析の結果（標準化回帰係数）

説明変数	感情的エンゲージメント		認知的エンゲージメント		行動的エンゲージメント	
	step 1	step 2	step 1	step 2	step 1	step 2
相対的制御焦点	.04	.05	.10†	.10†	.06	.09
自己報酬方略	.19**	.21**	.11†	.12†	.07	.07
自己効力感高揚方略	.40***	.41***	.43***	.43***	.39***	.42***
遂行回避目標セルフトーク方略	-.37***	-.34***	-.21**	-.19**	-.14*	-.11†
義務強調方略	.08	.08	.12*	.12*	.09	.09
相対的制御焦点＊自己報酬方略		-.10		-.07		-.05
相対的制御焦点＊自己効力感高揚方略		.16**		.11†		.21**
相対的制御焦点＊遂行回避目標セルフトーク方略		-.04		.01		.05
相対的制御焦点＊義務強調方略		.02		-.06		-.10
ΔR^2	.32***	.02†	.30***	.01	.21***	.03*

***$p < .001$ **$p < .01$ *$p < .05$ †$p < .10$

にかかわらず，自己効力感高揚の方略と感情的エンゲージメントとの間に正の関連が示されたが，相対的防止焦点の傾向が高い場合（$b = .30, \beta = .28, p < .001$）よりも，相対的促進焦点の傾向が高い場合（$b = .57, \beta = .54, p < .001$）において関連が強かった。

(2) 認知的エンゲージメント

階層的重回帰分析の結果，Step 2 の決定係数の増分は有意ではなかった（$\Delta R^2 = .01, F(4, 269) = 1.15, p = .332$）。

(3) 行動的エンゲージメント

階層的重回帰分析の結果，Step 2 の決定係数の増分は有意であり（$\Delta R^2 = .03, F(4, 268) = 3.04, p = .018$），自己効力感高揚方略と相対的制御焦点の交互作用（$b = .13, \beta = .21, p = .001$）が有意であった。

この交互作用の内容を調べるために，前述と同様な方法で，単純傾斜分析を行った。その結果【図6-2】，相対的制御焦点にかかわらず，自己効力感高揚の方略と行動的エンゲージメントとの間に正の関連が示されたが，相対的防止焦点の傾向が高い場合（$b = .25, \beta = .25, p < .001$）よりも，相対的促進焦点の傾向が高い場合（$b = .58, \beta = .58, p < .001$）において関連が強かった。

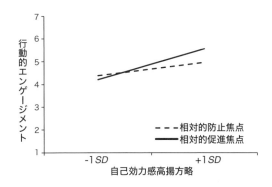

図 6-2 自己効力感高揚方略，相対的制御焦点（相対的防止焦点 vs. 相対的促進焦点）と行動的エンゲージメントとの関連

注) 相対的制御焦点の平均値 +1SD を"相対的促進焦点"，相対的制御焦点の平均値 −1SD を"相対的防止焦点"として図式した。

Ⅳ 考察

　研究 8 の結果より，促進焦点の傾向が高い個人は，自己効力感高揚方略を多く使用する場合，感情的・行動的エンゲージメントが高かった。制御適合の先行研究と同様に，促進焦点は理想や成長，ポジティブな結果の在・不在を重視する志向性を支える方略を使用した時に，制御適合が生じ，エンゲージメントが高まった。その理由として，制御適合を経験すると，取り組みに対する正しさの感覚を持ち，活動への積極的な取り組みにつながることが考えられる。

　ただし，防止焦点の傾向が高い個人においても，自己効力感高揚方略と感情的・行動的エンゲージメントとの間に弱い正の関連が示された。この関連は，制御適合の効果とは独立した自己効力感高揚方略の本来の効果であると考えられる。成功への期待が低いといった難しい状況においては，自己効力感を調整する方略が特に有効であると指摘されている (Miele & Scholer, 2017)。そのため，防止焦点の傾向が高い個人においても，自己効力感高揚方略の効果が一定程度見られたと考えられる。

　認知的エンゲージメントに関して，相対的制御焦点と自己効力感高揚方略の

交互作用は有意ではなかったが，感情的・行動的エンゲージメントの場合と同様な方向性が見られた。認知的エンゲージメントに影響を及ぼす要因は，制御適合のほか，学習観，メタ認知，学習方略に対するコストや有効性認知などが挙げられるが（赤松，2017），これらの変数を統制していないことが有意な結果が得られなかった理由として考えられる。

　一方で，自己報酬方略，義務強調方略，遂行回避目標セルフトーク方略に関する仮説は支持されなかった。この3つの方略は，課題価値を調整する方略と考えられている（Miele & Scholer, 2017；湯・外山，2019）。本研究で設定しているような成功への期待が低い場面では，たとえ外的報酬や責任・義務などの課題価値を増やしても動機づけの効果が限られていることが考えられるため，適合の効果が見られなかった可能性がある。また，自己決定理論（Deci & Ryan, 2000）の観点から，この3つの方略は自律性の低い動機づけを調整する方略であると考えられる。エンゲージメントにおける自律性の低い動機づけの調整効果が限られているため（梅本他，2016），適合の効果が見られなかった可能性がある。さらに，先行研究では，自律性の低い動機づけが警戒方略と適合することが示されている（Lalot, Quiamzade, & Zerhouni, 2019）。本研究において，"自己報酬方略"と相対的制御焦点との間に有意な関連が見られなかったのは，"自己報酬方略"は熱望方略の性質を持つと同時に，警戒方略の性質もあることに起因する可能性がある。今後，動機づけ調整方略と制御焦点との適合を考える上では，動機づけ調整方略が自律性の高い／低い動機づけを調整しているかどうかという視点も必要かもしれない。

【研究9】

Ⅰ　問題と目的

　研究9では，自己制御における制御適合の効果に注目する。自己制御は，学業成績，自尊感情，良好な人間関係や対人スキル，愛着，最適な感情反応などを予測することが示されており，人がより良い生活を送るために重要な要因の1つである（Tangney, Baumeister, & Boone, 2004）。そのため，自己制御を高め

るにはどうすれば良いのかという観点からさまざまな研究が行われており，課題への動機づけを高めること（Vohs, Baumeister, & Schmeichel, 2012）や，トレーニングを積むこと（沓澤・尾崎，2019）によって自己制御課題の成績が向上することが示されている。さらに，方略に着目した研究もいくつか行われており，その中でも近年，実施の容易性および効果の有用性から self-distancing という方略が注目されている。

Self-distancing とは，解釈レベル理論[*4]（construal level theory: Trope & Liberman, 2003, 2010）を基盤とした方略であり，「自己を観察する際に，観察する立場の自己と観察される対象である自己との心理的距離を遠ざける過程」である（Ayduk & Kross, 2010; Kross & Ayduk, 2017; Kross et al., 2014; Park, Ayduk, & Kross, 2016）。この方略を用いると，自己中心的な視点（egocentric viewpoint）を超えて「一歩退いた（take a step back）」視点を取得することができる。その結果，自己の客観視が可能になることで，自己の感情や体験についての非適応的な反すうが低減し，建設的な思考や再解釈が促進されるため，self-distancing はネガティブ感情の制御に適していることが示されている（Kross & Ayduk, 2017）。

近年の研究では，self-distancing を容易に行うための方法として，セルフトーク（以下，ST とする）を用いた言語による操作が注目されている。ST とは，自己への語りかけによって行動・情動の変容を促す方法であり，学業，スポーツ，仕事といったさまざまな領域において，パフォーマンスとの関連が示されている（e.g., Sánchez, Carvajal, & Saggiomo, 2016）。Kross et al.（2014）は ST の主語に着目し，「私」という言葉を使った 1 人称 ST 条件と，「あなた」や「自分の名前」といった言葉を使った非 1 人称 ST 条件を設定したうえで 6 つの研究を行い，ST における人称の違いによる self-distancing の効果を検討した。研究 1 では，非 1 人称 ST を用いると，self-distancing が促進されることが示された。

＊4 解釈レベル理論では，対象に対する解釈レベルを高次か低次かのどちらかで表す。高次の解釈レベルは，活動の望ましさ，つまり「なぜその活動を行うのか」（Why の情報）に焦点が置かれており，抽象的，本質的，脱文脈的である。一方，低次の解釈レベルは，活動の実現可能性，つまり「どのようにその活動を行うのか」（How の情報）に焦点が置かれており，具体的，副次的，文脈的である。一般的に，低次より高次の解釈をした方が自己制御の成功につながりやすいことが示されている（e.g., Fujita, Trope, Liberman, & Levin-Sagi, 2006）。

研究2以降では，非1人称STによるself-distancingの具体的な効果を検討した。研究の結果，1人称ST条件よりも非1人称ST条件の方が，より課題に挑戦的になる（例：課題を上手く行えると思う）ことで，不安や緊張が軽減したり，自信や課題のパフォーマンスが高くなったりするといった，さまざまな自己制御の向上を示した。

　このself-distancingという方略は，従来唱えられてきた解釈レベル理論における心理的距離の概念に対して，新たな位置づけに坐する可能性があることが，近年議論され始めている【表6-4】。解釈レベル理論における心理的距離との概念の違いから，self-distancingが必ずしも従来の心理的距離と同様に機能するとは限らず，従来の心理的距離の次元との質的差異を想定した検討をしていく必要性が指摘されている（Gainsburg & Kross, 2020）。そのため，本研究では，従来の心理的距離が扱われていた文脈におけるself-distancingの効果を検証することとする。

　先行研究の中には，制御焦点と心理的距離の関連および制御焦点の調整効果についての示唆を与えるものがある。Lee, Keller, & Sternthal（2010）は，制御焦点と解釈レベルの関係に着目した検討を行った。抽象的で高次の解釈レベル（心理的距離の遠さ）は，活動の望ましさや，なぜそれを行うのかといった本質的な情報に目を向けさせるため，目標達成に向けた複数の方法を検討することにつながる。そのため，高次の解釈は，理想や希望を追求しようとする促進

表6-4　self-distancingと解釈レベル理論における心理的距離の概念的比較

self-distancing	解釈レベル理論における4つの次元の心理的距離		関連研究
観察者の視点に立ち，個人的な考えや感情を知っている「今ここ」の自己からの距離	時間的距離	時間的にどれだけ離れているか	Bruehlman-Senecal, Ayduk, & John (2016)
	空間的距離	物理的にどれだけ離れているか	Soderberg, Callahan, Kochersberger, Amit, & Ledgerwood (2015)
	社会的距離	情報を同程度に知ることができない他者からの距離	Gainsburg & Kross (2020); Kross et al. (2014)
	仮説的距離	確率・可能性の高さ	Soderberg et al. (2015)

焦点には適している反面，情報の細部に目を向け，過ちを可能な限り避けようとする防止焦点には適していないという想定がされたうえで，実験が行われた。まず，実験参加者の制御焦点を状況的に活性化させ，その後ある商品の広告を提示したうえで，その商品への好意度を評価してもらった。商品の広告は，高次の情報（例：なぜ運動するのか）または低次の情報（例：どのように運動するのか）のどちらかによって構成されており，広告の提示によって実験参加者の解釈レベルが操作された。[*5] その結果，促進焦点条件では，低次よりも高次の情報を提示された方が，動機づけが向上する，情報処理が容易になる，情報に対する好意度が高まる，後続に行ったアナグラム課題のパフォーマンスが向上するといった，さまざまなポジティブな効果を示した。一方，防止焦点条件では，高次の解釈によるポジティブな効果は示されなかった。これは，高次の解釈をすることによる自己制御へのポジティブな効果は促進焦点においてみられやすいが，防止焦点においてはみられにくいという可能性を示しており，解釈レベルの影響において制御焦点が調整効果を持つことが示唆された。

　ここまでの知見を統合すると，高次の解釈（心理的距離の遠さ）は一般的に自己制御に適していることが示されており（Fujita et al., 2006），self-distancingは，自己との心理的距離を遠ざけることで（Kross et al., 2014），目の前で生じているネガティブな感情への即時的な反応性を抑え，本質的な目標への認知およびそれを達成するための手段の追求を促進する。この特徴は，理想や希望を達成することと関連しており，促進焦点には適したものであるが，防止焦点には適していないものであると考えられる（Lee et al., 2010）。そのため，self-distancingによる自己制御パフォーマンスへのポジティブな影響は，促進焦点では受けやすいが，防止焦点では受けにくいと推測される。

　上記の点を踏まえて，本研究では，self-distancing が自己制御パフォーマン

＊5　解釈レベル理論における従来の4つの次元の心理的距離は，ある1つの次元の心理的距離が変化すれば，他次元の心理的距離にも影響を及ぼすとされ，複数の次元の心理的距離が同時に変化する場合も存在する（Trope & Liberman, 2010）。また，従来の4つの次元の心理的距離全体に対して，高次の解釈は遠ざける効果，低次の解釈は近づける効果を持つとされる（Trope & Liberman, 2010）。そのため，Lee et al.（2010）ではどの次元の心理的距離を扱うのか直接的には明言されていないものの，高次（低次）の広告の提示によって高次（低次）の解釈を誘発することで，従来の4つの次元の心理的距離全体が遠ざかる（近づく）ように影響したと考えられる。

スに及ぼすポジティブな影響において，制御焦点が調整変数となり得るのかどうかを実験的に検討することを目的とし，以下の仮説を立てた。

＜研究9の仮説＞

仮説1 促進焦点では，1人称STよりも非1人称STを用いた方がより高い自己制御パフォーマンスを示す。

仮説2 防止焦点では，STの種類による自己制御パフォーマンスに差はない。

また，self-distancing が促進焦点により適した方略であるならば，非1人称ST条件において，防止焦点よりも促進焦点の方が高い自己制御パフォーマンスを示す可能性がある。そのため，この点についても探索的に検討することにした。

本研究では，self-distancing を行うための方法として，日常場面での使いやすさの観点から言語による操作に着目したため，Kross et al.（2014）と同様にST を用いることとした。自己制御パフォーマンスの指標には，ハンドグリップ課題（Hong & Lee, 2008）を用いる。この課題では，身体的に不快な状態に耐えてできるだけ長い時間ハンドグリップを握り続けることが求められる。ハンドグリップ課題は，ハンドグリップを握っている最中にST を行うことで，課題中に生じたネガティブ感情（例：辛い）に対するST による self-distancing の直接的な効果を測定することができるため，より現実場面に近い状況であると考えられる。[*6]

＊6　ハンドグリップ課題は，身体的要素を含む運動課題としての側面もある。一般に，ST は運動遂行中に行われることも多いため（e.g., 有冨・外山, 2019；有冨他, 2013），運動要素を含むハンドグリップ課題は，課題中にST を用いるうえで適していると考えられる。一方，他の自己制御課題では，課題中のST の実施が難しいものが多い。たとえば，自己制御課題の1つであるストループ課題では，提示された単語の意味ではなく色を答えようとする際に，同時にST を遂行するのは困難であると考えられる。このような理由から，本研究では，実験デザイン上ハンドグリップ課題を用いることが適していると判断した。

II 方法

1. 実験参加者

本実験には，大学生86名（男性43名，女性43名，平均年齢 = 20.06［$SD = 1.26$］歳）が参加した。また，課題のパフォーマンスに影響を及ぼさないように，実験名を「筋力維持機能と言語使用の関係についての心理学的研究」としたうえで実験参加者を募集した。

2. 実験計画

本実験は，状況としての制御焦点（促進焦点，防止焦点）とST（1人称，非1人称）の2要因を独立変数とする実験参加者間計画であった。

3. ハンドグリップ課題

Hong & Lee（2008）に準拠し，ハンドグリップを握って下端に紙片を挟んだ状態で，紙片を落とさないようにできるだけ長い時間ハンドグリップを握り続けてもらい【図6-3】，ハンドグリップを握ることができなくなって紙片が地面に落ちるまでの時間（ハンドグリップ維持時間）を計測した。ハンドグリップの負荷はBray, Ginis, Hicks, & Woodgate（2008）を参考に最大握力の50%に設定し，最大握力の測定と同じ姿勢で課題を行うように伝えた。

図6-3　ハンドグリップ課題

4. 制御焦点の操作

制御焦点の操作は，研究1と同様の方法を用いた。

5. STの操作

STの操作は，Kross et al.（2014）を参考に行った。実験参加者を1人称ST

条件（$n = 41$）と非 1 人称 ST 条件（$n = 45$）のいずれかに割り振った後，これ
からハンドグリップ課題を発話しながら行ってもらうことを伝えたうえで，1
人称 ST 条件には「私」，「俺」，「僕」といった 1 人称の言葉，非 1 人称 ST 条
件には「あなた」，「○○（自分の名前）」，「君」，「お前」といった 2 人称や 3
人称の言葉をできるだけ使って課題中に発話するように教示した。その際，実
験参加者の日常生活で用いる 1 人称が自分の名前ではないかどうかを確認し，
1 人称が自分の名前であった場合は，本研究においても 1 人称という扱いにし
た。ST の教示後に実験者による発話のデモンストレーションを 20 秒間行った
うえで，発話例（例：私ならまだ頑張れる）が載っている用紙を提示しながら
発話の練習時間を 30 秒間設けた。

6. 操作チェック

　課題中に行った発話および 1 人称（2 人称または 3 人称）の使用の程度を確
認するため，2 つの質問内容を独自作成した。「発話することができましたか？
（質問 1）」，「1 人称（2 人称または 3 人称）を使うことができましたか？（質
問 2）」という質問に対して，"全くできなかった（1 点）"から"非常にできた（5
点）"の 5 段階評定で回答を求めた。本研究では，多くの先行研究（e.g., Kross
& Ayduk, 2017; Kross et al., 2014）を踏まえて「非 1 人称の言葉を用いる」こと
で self-distancing が促進されるという前提に立っており，なおかつ基本的に ST
は内言か外言かに問わず同様に機能する（Bahari, Shojaei, Mokhtari, 2012）と想
定している。そのため，「発話ができたのか」，「1 人称（非 1 人称）を用いる
ことができたのか」を操作チェックによって確認することで，self-distancing
が実際に行えていたのかを確かめることができると考えた。

7. 実験手続き

　実験の流れを図 6-4 に示した。実験は 1 人ずつ実験室で行った。まず，実験
参加者に実験についての説明を十分に行ったうえで同意書へ署名を求めた後，
年齢・性別・所属・運動習慣の有無・運動頻度から構成されるフェイスシート
に記入してもらった。

　次に，実験参加者の利き手の最大握力を測定した。立位で利き手の肘を 90

度に曲げ，握力計を地面に垂直な角度で持ってもらったうえで，指の第2関節が握力計の持ち手と水平な位置になるように，握力計のグリップの大きさを調整した。その後，実験参加者に握力計を3秒間全力で握ってもらい，その時の最大値を最大握力とした。なお，本実験における時間計測は全てストップウォッチを用いて行った。

続けて，1回目のハンドグリップ課題（Time 0）の説明を行った。その後，制御焦点の操作を行った。制御焦点の操作後，課題中に言葉を発さないこと，腕の位置を変えないことの2点を注意点として伝えたうえで，Time 0 でのハンドグリップ課題を行った。本研究では，Time 0 でのハンドグリップ課題成績（ハンドグリップ維持時間［単位は秒とする］）を共変量としてのベースラインとして測定した。

続いて，2回目のハンドグリップ課題（Time 1）の説明を行った。その後，STの操作を行った。発話の練習後，制御焦点の操作時に行った教示（課題成績と報酬の増減についての説明）を再度行ったうえで，Time 1 でのハンドグリップ課題を行った。本研究では，Time 1 でのハンドグリップ維持時間を self-distancing の効果を確認するための指標として測定した。Time 1 のハンドグリップ課題終了後に，課題中に ST を用いることができたかどうかを確認するため，操作チェック項目（1回目）を測定した。[*7]

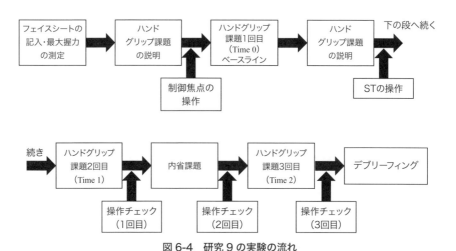

図6-4　研究9の実験の流れ

136 ▶ 第6章 制御適合がエンゲージメントに及ぼす影響

　続いて，STの効果を重ねることを目的に，Kross et al.（2014）を参考にした内省課題を行った。実験参加者に，これから先程と同じハンドグリップ課題を再び行う（Time 2）ことを伝えたうえで，「Time 1での課題やTime 2での課題についてあなたが今感じていることを，可能な限り1人称（2人称や3人称）を使って60秒間声に出して話してください」と教示した。課題内容と発話例が載っている用紙を提示しながら課題の説明を行い，実験者がデモンストレーションとして30秒間内省課題を行った後，実際に内省課題を行ってもらった。その後，内省課題中のSTの操作チェック項目（2回目）を測定した。

　そして，次の課題が最後になることを伝えたうえで，3回目のハンドグリップ課題（Time 2）を行った。課題前に，Time 1と同様に制御焦点の操作時に行った教示を再度行ったうえで，Time 2でのハンドグリップ課題を行った。Time 2の終了後に，課題中のSTの操作チェック項目（3回目）を測定した。

　全ての手続きが終了した後にデブリーフィングを行い，本実験の真の目的を丁寧に説明したうえで，改めて同意書への署名を求めた。最後に実験の感想を聞き取り，謝礼を支払ったうえで全ての実験を終了した。なお，本研究の実施にあたっては，筑波大学人間系研究倫理委員会の承認を得た。

Ⅲ　結　果

1．分析対象者

　実験参加者86名のうち，実験後の聞き取りの結果，報酬の増減に疑いを持っていた8名（例：報酬が減らされるはずがない），目標への動機づけが弱かった4名（例：上位30%に入ることは不可能だと感じたため，基準について特に考えていなかった），ハンドグリップ課題で紙片が手に直接あたって落ちなくなっていた2名の計14名を除いた72名（男性33名，女性39名，平均年齢＝20.08［$SD = 1.38$］歳）を分析対象者とした。また，各条件の分析対象者数は18名ずつであった。

＊7　実際は，他にもエンゲージメントおよび疲労度を測定していたが，本研究の目的と関連しないため割愛する。

2. 操作チェック

ST の操作が上手く行えていたのかどうかを確認するために，全 3 回（Time 1，Time 2，内省課題の実施直後）の操作チェックの質問 1，2 についての各平均値（順に，$M = 4.12, SD = 0.52: M = 4.16, SD = 0.57$）と，理論的中央値 3 との差について，Bonferroni の方法を用いて全体の有意水準を 0.05 に調整したうえで t 検定を行った。その結果，質問 1（$t(71) = 18.39, p < .001, r = .91$），質問 2（$t(71) = 17.11, p < .001, r = .90$）ともに理論的中央値 3 より有意に高かった。以上の結果より，本研究では ST の操作が上手く行えたと判断した。なお，制御焦点（促進，防止）と ST（1 人称，非 1 人称）を実験参加者間要因の独立変数，操作チェック得点を従属変数とする 2 要因分散分析を行ったが，有意な主効果，交互作用はみられなかった。

3. 制御焦点と ST がハンドグリップ課題成績に及ぼす影響

まず，Time 1 および Time 2 でのハンドグリップ維持時間の平均値を算出し，Kolmogorov-Smirnov の正規性検定を行ったところ有意ではなかった（$p = .200$）ため，ハンドグリップ維持時間の正規性が満たされたと判断した。[*8]

仮説を検証するために，制御焦点（促進，防止）と ST（1 人称，非 1 人称）を実験参加者間要因の独立変数，Time（Time 1, Time 2）を実験参加者内要因の独立変数，Time 1 および Time 2 でのハンドグリップ維持時間を従属変数，Time 0 でのハンドグリップ維持時間を共変量とする 3 要因混合共分散分析を行った。

その結果，Time の主効果（$F(1, 67) = 0.17, p = .680, \eta_p^2 < .001$），制御焦点の主効果（$F(1, 67) = 0.09, p = .77, \eta_p^2 < .001$），ST の主効果（$F(1, 67) = 0.23, p = .630, \eta_p^2 = .00$）はいずれも有意ではなかった。

1 次の交互作用については，Time と制御焦点（$F(1, 67) = 0.68, p = .414, \eta_p^2$

---

*8　Time 1 および Time 2 でのハンドグリップ維持時間について Kolmogorov-Smirnov の正規性検定をそれぞれ行った結果，Time 1 でのハンドグリップ維持時間は有意であり（$p = .013$），Time 2 でのハンドグリップ維持時間（$p = .200$）は有意ではなかった。Time 1 においては正規性が満たされなかったものの，Time 1 および Time 2 でのハンドグリップ維持時間の平均値は正規性を満たしていたため，ハンドグリップ維持時間を従属変数として以降の分析を行うことは問題ないと判断した。

= .01), Time と ST（$F(1, 67) = 0.57, p = .452, \eta_p^2 = .01$），制御焦点と ST（$F(1, 67) = 3.87, p = .053, \eta_p^2 = .05$）のいずれも有意ではなかった。

また，制御焦点と ST と Time の 2 次の交互作用（$F(1, 67) = 3.68, p = .059, \eta_p^2 = .05$）が有意ではなかったものの，中程度の効果量がみられたため，下位検定を行った。制御焦点と ST の単純交互作用は，Time 2（$F(1, 67) = 0.11, p = .738, \eta_p^2 = .00$）において有意ではなかったが，Time 1 において有意であった（$F(1, 67) = 7.00, p = .010, \eta_p^2 = .09$）。そこで，単純・単純主効果検定を行った結果【図6-5】，Time 1 における制御焦点と ST の単純交互作用は，防止焦点条件（$F(1, 67) = 1.71, p = .196, \eta_p^2 = .03$）において有意ではなかったが，促進焦点条件において有意であり（$F(1, 67) = 6.01, p = .017, \eta_p^2 = .08$），非 1 人称 ST 条件（$M = 57.08, SE = 5.60$）の方が 1 人称 ST 条件（$M = 37.52, SE = 5.63$）よりもハンドグリップ維持時間が長かった。また，Time 1 における制御焦点と ST の単純交互作用は，1 人称 ST 条件において有意ではなかったものの，小さな効果量がみられ（$F(1, 67) = 2.82, p = .098, \eta_p^2 = .04$），防止焦点条件（$M = 50.93, SE = 5.60$）の方が促進焦点条件（$M = 37.52, SE = 5.63$）よりもハンドグリップ維持時間が

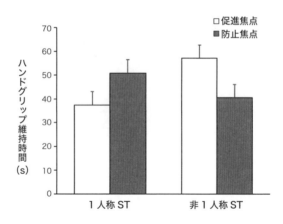

図 6-5　Time1 におけるハンドグリップの維持時間

注1）ハンドグリップ維持時間は Time0 におけるパフォーマンスを共変量とした際の推定値を記載。
注2）エラーバーは標準誤差を示す。

長かった。さらに，非1人称ST条件においても，Time 1における制御焦点とSTの単純交互作用が有意であり（$F(1, 67) = 4.34, p = .041, \eta_p^2 = .06$），促進焦点条件（$M = 57.08, SE = 5.60$）の方が防止焦点条件（$M = 40.57, SE = 5.59$）よりもハンドグリップ維持時間が長かった。

Ⅳ 考　察

　本研究の結果より，仮説は支持され，self-distancing の効果は一様ではなく，制御焦点（促進焦点か防止焦点か）によって異なることが示された。さらに本研究では，非1人称STを用いた時に，防止焦点条件よりも促進焦点条件の方が高いパフォーマンスを示した。これは，非1人称STを用いて self-distancing を行う時に，防止焦点よりも促進焦点を活性化させた方がより高い自己制御パフォーマンスを発揮するということを示しており，仮説で示唆された self-distancing が促進焦点に適した方略であるという知見を裏づける結果となっている。

　ただし，本研究の仮説は Time 1 でのみ支持され，Time 2 では支持されなかった。これは，自己制御を連続して求められる状況において，self-distancing を複数回連続で使用しても効果が持続しない可能性を示している。先行研究では，self-distancing の効果が短期的（直後，1日後など），中長期的（1ヶ月後，6ヶ月後など）に持続することは示されている（e.g., Kross et al., 2014; Park et al., 2016）ものの，本研究のように連続した自己制御場面で複数回使用しても効果が持続するかどうかの知見は蓄積されていない。しかし，日常生活においては，自己制御を発揮する場面は一度で終わらず，複数回にわたることも多いと考えられる（例：煙草好きな人が禁煙をしながら，退屈な仕事に怠けず従事する）。そのため，今後は，self-distancing を連続して使用した場合にも効果を持続させるためにはどうすれば良いのか，という観点からも研究を行っていく必要があるだろう。

　また，1人称STを用いた時，促進焦点条件よりも防止焦点条件の方が高いパフォーマンスを示した（ただし，小さな効果量）。この理由として，1人称STの効果と防止焦点の性質が関与している可能性がある。Kross et al.（2014）

によると，1人称STを用いれば自分自身に没入した状態である自己没入状態（self-immersed）になるとされるが，この状態はself-distancingを行った時と比べると相対的に自己との心理的距離が近いと考えられる。Lee et al.（2010）は，防止焦点は対象との心理的距離が近いとポジティブな効果が得られることを示唆しており，自己没入状態が防止焦点には適していたことで，「防止焦点×1人称ST」条件が高いパフォーマンスを示したのかもしれない。これまでのself-distancing研究では，自己没入状態のネガティブな側面（例：反すうが高まる）に焦点を当てることが多かった（e.g., Ayduk & Kross, 2010; Kross & Ayduk, 2008; Kross & Ayduk, 2017）が，本研究の結果から，自己没入状態は防止焦点であれば適応的に機能する可能性が示され，1人称STの方略としての有用性が示唆された。しかし，これは推論の域に留まっており，促進焦点に非1人称STが適しているという知見のように，防止焦点に1人称STが適しているという知見を提起するまでには至らない。そのため，今後は統制群を設けたうえで具体的な心理的距離を測定することで，実際に1人称STが防止焦点に適した方略であるのかどうかを詳細に検討する必要がある。

【第6章のまとめ】

　第6章の研究では，動機づけ調整方略と制御焦点の適合がエンゲージメント・自己制御に及ぼす影響について検討した。具体的には，研究8では，難しいと感じた学習場面において，動機づけ調整方略と制御焦点（特性）の適合が学習者エンゲージメントに，研究9では，self-distancingという調整方略と制御焦点（状況）の適合が自己制御に及ぼす影響について検討した。

　研究8の結果より，難しいと感じた学習場面において，促進焦点の傾向が高い個人においては，自己効力感高揚方略を多く使用すると，制御適合が生じやすく，感情的・行動的エンゲージメントが高かったということが示された。一方で，防止焦点の傾向が高い個人においては，自己効力感高揚方略の使用とエンゲージメントとの関連が弱かった。

　研究9の結果より，促進焦点が活性された場合，非1人称STを用いると，

制御適合が生じ，高い自己制御パフォーマンスを示した。一方で，防止焦点が活性化された場合，自己制御パフォーマンスにおける非 1 人称 ST のポジティブな効果が見られなかった。

これまでの制御適合の研究では，目標追求の仕方として，目標に直結する熱望方略や警戒方略に注目することが多いが，本章の研究より，熱望の動機づけ状態を生起・維持させるような調整方略と促進の焦点の適合効果が新たに示された。また，これまで調整方略とエンゲージメントや自己統制との関連が検討されてきたが（e.g., 梅本他，2016 ; Grenell et al., 2019），本章の研究結果より，調整方略の効果は，個人の目標志向性によって異なることが示された。

第 6 章の研究結果によって，学習者のエンゲージメントや自己制御を向上させるための効果的な介入方法を学習者や教育者に提言することができると考えられる。たとえば，動機づけが低下した時に，促進焦点の学習者に熱望を維持させるような動機づけ調整方略を教えて使用させることで，エンゲージメントが高められるかもしれない。また，定期試験や模試で過度に緊張してしまい，自分の実力を発揮できない傾向がある児童・生徒には，教育者が児童・生徒に促進焦点的な目標を持たせたうえで（例：テストで学年の上位 30% に入る），非 1 人称 ST を行わせれば（例：君なら大丈夫），緊張や不安を制御して試験で高いパフォーマンスを発揮しやすくなる，といったような介入が可能であると考えられる。さらに，ST はスポーツ分野においても活用されることの多い技法である（e.g., 有冨・外山, 2019 ; 有冨・外山・沢宮, 2013 ; Hardy, Oliver, & Tod, 2009）ため，研究 9 の知見は体育の授業（体育教育）や運動部活動などへの介入にも活かしやすいと考えられる。

第 6 章の研究の限界および今後の課題を 2 点述べる。1 つ目は，防止焦点に適合する調整方略はまだ明らかになっていないことである。今後異なる状況設定や調整方略についての検討が必要であろう。2 つ目は，学習動機づけや自己統制の指標はさまざまあり，今後異なる指標を用いて，本章の研究と同様の知見が得られるか検証していくべきである。

第 **7** 章

制御適合が
価値に及ぼす影響

　第5章および第6章で述べた通り，制御適合の効果はパフォーマンスや動機
づけの向上に影響する。制御適合によるそうした効果の核となるのは，価値
の付与である。制御適合理論によると，目標達成過程において個人の目標志
向性と合致した方略の使用や情報の処理を行うことで，正しいと感じ（feeling
right），その感覚が対象に付与されることで価値を感じるとされている（Higgins,
Idson, Freitas, Spiegel, & Molden, 2003）。ここでの価値とは，物事に対する評
価や意思決定の基となるものであり，ある対象に価値が帰属されることによ
り，その対象に関する動機づけや行動が生起すると説明されている（Higgins,
2005）。制御適合による効果の多くは，この価値付与によってもたらされるも
のだと指摘されており（Higgins, 2005），制御適合における価値付与の役割は
非常に大きいといえる。

　一方で，これまでの先行研究では，制御適合の効果において元々の制御焦点
による影響があまり考慮されていない。促進焦点と防止焦点ではさまざまな違
いがあり【第1章参照】，制御適合の文脈でもそれらの違いが影響することが示
されている。たとえば第5章の研究6，研究7では，促進焦点の制御適合か防
止焦点の制御適合かによって，向上しやすいパフォーマンスの側面が異なるこ
とが示されている。これは，促進焦点は速さ重視のパフォーマンスが優れてお
り，防止焦点は正確さ重視のパフォーマンスが優れているという違いを反映し
たものである。同様に対人関係における制御焦点の適合について検討を行った
Righetti et al.（2011）では，促進焦点の個人は同じ促進焦点のパートナーを好
意的に評価することを示した一方で，防止焦点の個人においてはそのような結
果がみられなかった。この結果は，対人間の情報処理における促進焦点と防止
焦点の差を反映したものであると考えられる。

表 7-1　制御焦点による説得や情報処理に関する特徴

促進焦点	防止焦点
ポジティブな情報を重視する	ネガティブな情報を重視する
獲得や増進に関する情報を好む	安全性や維持に関する情報を好む
両面的な情報を好む	一面的な情報を好む
未知の情報に対して寛容	未知の情報に対して警戒する
複数の情報の共通点に注意が向く	複数の情報の非共通点に注意が向く

　上記を踏まえると，制御適合が価値を創出する過程においても，本来の制御焦点の特徴が影響する可能性が考えられる。実際に，価値評価に関連する説得・態度研究の文脈や情報処理の文脈において，促進焦点と防止焦点で異なる特徴を持つことが分かっている【表 7-1 を参照】。

　そこで本章では，制御適合が価値に影響を及ぼす過程において，本来の制御焦点の特徴がどのような効果を持つかについて，3 つの研究【研究 10, 11, 12】から検討を行う。

【研究 10】

I　問題と目的

　まず研究 10 では，制御適合の効果が対象の感情価（ポジティブ－ネガティブ）に対する評価によって調整されるかを検討する。Jain, Lindsey, Agarwal, & Maheswaran（2007）は対象の感情価に着目した検討を行い，促進焦点は評価対象のポジティブな側面に着目しやすく，一方で防止焦点は評価対象のネガティブな側面に着目しやすいことを明らかにした。また，この研究を発展させた Florack, Ineichen, & Bieri（2009）は，促進焦点は両面的情報提示（対象の長所と短所の両方を提示）と，防止焦点は一面的情報提示（対象の長所のみ提示）と適合するという仮説を立てて実験を行い，仮説を支持する結果を示した。こ

れらの知見は，対象の感情価に対する評価における制御焦点の嗜好の違いが，価値の評価に影響することを示している。

　先行研究では，制御適合が価値の向上につながる要因として"feeling right"がしばしば取りあげられる。一方で Cesario, Grant, & Higgins（2004）によると，"feeling right"による価値付与は価値の誤帰属によって生じるものであるとされることから，"feeling right"によって生じる価値は不安定なものであるといえる。そのため，対象の感情価が情報として提示されている状況においては，促進焦点と防止焦点がそれぞれ持つ本来の傾向が表れやすく，それによって制御適合した場合の効果が変わる可能性がある。

　そこで研究 10 は，"feeling right"による制御適合の効果が，対象の感情価（両面的情報提示，一面的情報提示）に対する制御焦点の嗜好性によって調整されるかどうか検討することを目的とする。この際，"feeling right"による制御適合の効果が強く，対象の感情価による影響を受けない可能性も考えられたため，以下の 2 つの対立仮説を立てて検討を行うこととした。

＜研究 10 の仮説＞

仮説 1　対象の感情価にかかわらず，促進焦点は熱望方略を用いた時に，防止焦点は警戒方略を用いた時に，対象の価値が高まる。

仮説 2　用いた方略にかかわらず，促進焦点は両面的情報提示の場合に，防止焦点は一面的情報提示の場合に，対象の価値が高まる。

Ⅱ　方　法

1．実験参加者

　大学生 81 名（男性 32 名，女性 46 名，性別不明 3 名，平均年齢 = 19.55 [SD = 1.31] 歳）が実験に参加した。

2．実験計画

　本実験は，制御焦点（促進焦点，防止焦点），方略（熱望方略，警戒方略），

情報提示条件（両面的，一面的）を実験参加者間要因とする 3 要因参加者間計画であった。

3．制御焦点の操作

研究 5-2 と同様の方法を用いて，制御焦点の操作を行った。促進焦点条件の人数は 40 人，防止焦点条件の人数は 41 人であった。

4．実験課題

研究 6-1，6-2 と同様に，Förster et al.（2003）で使用されたものと同様の点つなぎ課題（点をつないである形を完成させる課題）を用いた。

5．報酬の選択

Higgins et al.（2003）に倣い，実験参加後の謝礼として望ましい報酬と望ましくない報酬を提示し，いずれかを選択させる手続きをとった。具体的には，好ましい報酬として USB メモリを，好ましくない報酬として消しゴムを用いた。報酬の選定は予備調査を基に行い，本実験においては，ほとんどの参加者が USB メモリを選択するという前提であった。

実験参加者は報酬選択の際，4 つの条件にランダムに割り当てられた。まず情報提示条件として，参加者は一面的情報提示条件か両面的情報提示条件のいずれかに割り当てられた。一面的情報提示条件（$n = 39$）では，「（USB メモリに対し）壊れにくいです。（消しゴムに対し）消しやすいです」と教示した。両面的情報提示条件（$n = 42$）では，「（USB メモリに対し）壊れにくいですが，ノーブランドです。（消しゴムに対し）消しやすいですが，減りが早いです」と教示した。USB メモリと消しゴムのどちらを先に説明するかに関しては，カウンターバランスをとった。

続いて，報酬を選択する際の方略として，参加者は熱望方略条件か警戒方略条件へランダムに割り当てられた。熱望方略条件（$n = 38$）では，「その報酬を選択することで得られる利益」について，警戒方略条件（$n = 43$）では，「その報酬を選択しないことによる損失」について考えるよう求めた。

6. 報酬の価値

実験参加者に報酬を選択させた後，選んだ報酬をどの程度好ましく思うかについて，"全く好ましくない（1点）"から"非常に好ましい（9点）"の9段階評定で回答を求めた。

7. 実験手続き

実験の流れを図7-1に示した。実験は1人ずつ実験室にて行った。まず状態的な制御焦点を操作するためのプライミング手続きを6分間行い，続いてフィラー課題として点つなぎ課題を4題行うよう求めた。次に，実験への謝礼としてUSBメモリと消しゴムを提示し，いずれかの条件で情報提示を行い，加えて方略の提示も行った。その後，参加者に報酬を選択させ，選んだ報酬についての評価を求めた。最後にデブリーフィングとして実験の目的を伝え，実験参加者に質問がないことを確認して実験を終了した。なお，研究の実施にあたっては，筑波大学人間系研究倫理委員会の承認を得た。

図7-1　研究10の実験の流れ

III 結　果

1. 分析対象者

実験参加者のうち17名は報酬として消しゴムを選んだため分析から除外した。また，報酬の評価（9段階評定）として"5：どちらともいえない"未満の回答をした4名も，報酬（USBメモリ）を望ましいと認知していなかったことが考えられたため，Higgins et al.（2003）に倣い，分析から除外した。最終的な分析対象者は，大学生60名（男性29名，女性28名，性別不明3名，

平均年齢 = 19.53 [SD = 1.36] 歳) であった。

2. 選択した報酬 (USBメモリ) の評価

制御焦点 (促進焦点, 防止焦点), 方略 (熱望方略, 警戒方略), 情報提示 (一面的情報提示, 両面的情報提示) を独立変数, 報酬の価値を従属変数とする3要因分散分析を行った。

分析の結果, 主効果はいずれも有意ではなかったが, 制御焦点と情報提示の交互作用が有意であった ($F(1, 52) = 5.31, p = .025, \eta_p^2 = .09$) ため, 単純主効果の検定を行った【図7-2】。

まず促進焦点 ($n = 29$) における情報提示条件の単純主効果が有意傾向 ($F(1, 52) = 3.00, p = .089, \eta_p^2 = .06$) であり, 両面的情報提示の得点 ($M = 8.00, SD = 0.93$) が一面的情報提示の得点 ($M = 7.21, SD = 1.37$) よりも高かった。防止焦点 ($n = 31$) における情報提示条件の単純主効果は有意ではなかったが, 小から中程度の効果量がみられた ($F(1, 52) = 2.32, p = .134, \eta_p^2 = .04$)。

また, 両面的情報提示 ($n = 31$) における制御焦点の単純主効果が有意傾向 ($F(1, 52) = 2.90, p = .095, \eta_p^2 = .05$) であり, 促進焦点群の得点 ($M = 8.00$,

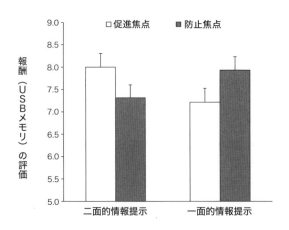

図7-2 制御焦点と情報提示条件が報酬 (USBメモリ) の評価に及ぼす影響

注) エラーバーは標準誤差を示す。

$SD = 0.93$) が防止焦点群の得点（$M = 7.31$, $SD = 1.30$）よりも高かった。一面的情報提示（$n = 29$）における情報提示条件の単純主効果は有意ではなかったが，小から中程度の効果量がみられた（$F(1, 52) = 2.43$, $p = .125$, $\eta_p^2 = .05$）。結果を図 7-2 に示す。なお，制御焦点と方略の交互作用，方略と情報提示の交互作用および 2 次の交互作用はいずれも有意ではなかった。

【研究 11-1】

Ⅰ　問題と目的

　冒頭で示した Florack et al.（2009）の結果もまた，各制御焦点が持つ特徴によって調整される可能性がある。この点について，Florack et al.（2009）の結果は熟知性（familiarity）を考慮していないという問題がある。熟知性とは，ある対象に関して「どの程度見覚えがあるか」という指標であり，熟知性の高さが対象の評価に影響することが示されている（Coates, Butler, & Berry, 2006）。Florack et al.（2009）での評価対象は日常的な物品（たとえばジュース）であり，長所（たとえば無添加である）や短所（たとえば高価である）も非常に単純なものであった。熟知性が高い場合は刺激に関する情報を受容しやすいことが示されており（Garcia-Marques & Mackie, 2001），Florack et al.（2009）では評価対象や情報提示の内容に関して参加者の熟知性が高く，設定した長所や短所もそれと認識されやすかった可能性がある。

　一方で，熟知性が低い対象の場合には Florack et al.（2009）の結果が，促進焦点と防止焦点で異なるかもしれない。熟知性の低い情報について，促進焦点の個人は開放的で取り入れやすいが，防止焦点の個人は保守的で取り入れにくいことが示されており（Righetti et al., 2011），熟知性が低い対象への価値に対する制御適合（制御焦点と情報提示条件との適合）の効果は，促進焦点と防止焦点で異なる可能性がある。具体的には，防止焦点の個人では設定した情報が受容されにくく，一面的情報提示と両面的情報提示の間に感情価の違いを認知しにくいことで評価に違いがみられない一方，促進焦点の個人では設定した情報を積極的に受容するため，一面的情報提示と両面的情報提示の間における情

報量の違いを認知しやすい可能性が考えられる。

そこで研究 11-1 では，熟知性の低い刺激に対する評価における制御焦点と情報提示条件の適合について検討を行うことを目的とする。なお，本研究ではメッセージを刺激として扱うこととする。上記を踏まえた研究 11-1 の仮説は以下の通りである。

＜研究 11-1 の仮説＞
熟知性の低い対象に対する価値において，促進焦点では Florack et al.（2009）と同様，両面的情報提示において一面的情報提示よりも対象を高く評価するが，防止焦点では両面的情報提示と一面的情報提示で対象の評価に差がみられない。

Ⅱ　方　法

1．実験参加者
大学生 92 名（男性 33 名，女性 59 名，平均年齢 = 19.68［$SD = 1.31$］歳）を対象とした。質問紙の回答に欠測がみられた参加者はいなかった。

2．制御焦点の測定
研究 5-1 と同様に，尾崎・唐沢（2011）の PPFS 邦訳版を用いた。

3．メッセージ刺激
本研究では Cesario et al.（2004）を参考に，大学生において熟知性が低いと考えられるアクティブ・ラーニングを推進するメッセージ刺激を独自に作成した。メッセージは 2 つのパラグラフに分かれていた。第 1 パラグラフは全参加者に対して共通であり，アクティブ・ラーニングの長所について言及した。第 2 パラグラフでは情報提示条件によって内容が異なっていた。一面的情報提示条件（$n = 46$）では，アクティブ・ラーニングの長所（たとえば，授業体系が自由である，児童・生徒の能動的な学習につながる，主体性を育てることに秀

でる）について更なる言及を行い，両面的情報提示条件（$n = 46$）ではアクティブ・ラーニングの短所（たとえば，教師への負担が大きい，体系的な知識が得られにくい，学力の測定が難しい）について言及した。いずれの条件においても文章の表現や文字数がなるべく均一になるように配慮した。

4. メッセージへの評価

　Cesario et al.（2004）などを参考に，メッセージへの評価を測定する項目を独自に作成した。項目は全3項目（「このメッセージの内容は信頼できる」，「これは良いメッセージだと思う」，「このメッセージは説得力があると思う」）であり，それぞれ7件法で尋ねた。

5. 実験手続き

　実験の流れを図7-3に示した。実験は1人ずつ，実験室にて行った。初めに，PPFS邦訳版への回答を求めた。その後でアクティブ・ラーニングについて知っているかどうかを尋ねた後[*1]，一面的情報提示条件か両面的情報提示条件のいずれかへランダムに割り当て，条件ごとにメッセージを提示した。実験参加者がメッセージを読み終わった後でメッセージについて評価するよう求め，最後にデブリーフィングとして実験の目的を伝えた。デブリーフィング後，実験参加者に質問がないことを確認したうえで謝礼を渡し，実験を終了した。なお，研究の実施にあたっては，筑波大学人間系研究倫理委員会の承認を得た。

図7-3　研究11-1の実験の流れ

[*1]　本研究において，アクティブ・ラーニングの内容を知っていると答えた参加者はいなかった。そのため，参加者においてアクティブ・ラーニングは熟知性が低いと判断した。

III 結　果

1．制御焦点間の相関

　促進焦点得点と防止焦点得点の相関係数を算出したところ，有意な相関はみられなかった（$r = .00, p = .957$）。

2．メッセージの評価

　まず，先行研究（Higgins et al., 2001）を参考に，促進焦点得点から防止焦点得点を引いた差得点を算出した。この差得点は，値が大きければ促進焦点的であることを，値が小さければ防止焦点的であることを示している。その後，メッセージの評価（$\alpha = .74$）を従属変数，制御焦点の差得点と情報提示条件（両面的情報提示＝ 1，一面的情報提示＝ 0），およびその交互作用を独立変数とした階層的重回帰分析を行った。分析を行う際，制御焦点の差得点に関してはセンタリングを行ったうえで，Step 1 では主効果の項を投入し，Step 2 では交互作用項を投入した。

　分析の結果，Step 1 は有意ではなかった（$R^2 = .03, F(2, 89) = 1.52, p = .225$）が，Step 2 が有意であった（$\Delta R^2 = .10, F(3, 88) = 4.59, p = .002$）ため，単純傾斜分析を行った。Aiken & West（1991）の手続きに順じ，制御焦点の差得点に

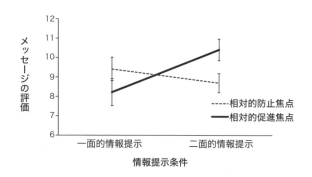

図 7-4　制御焦点と情報提示条件がメッセージの評価に及ぼす影響（研究 11-1）

注）エラーバーは標準誤差を示す。

152 ▶ 第7章 制御適合が価値に及ぼす影響

関して±1SDの値を代入して情報提示条件の単純主効果を求めたところ，制御焦点の差得点が高い（+1SD）場合（相対的促進焦点）には情報提示条件の単純傾斜が有意であった（$B = .49, p = .001$）が，制御焦点の差得点が低い（-1SD）場合（相対的防止焦点）には情報提示条件の単純傾斜は有意ではなかった（$B = -.16, p = .257$）。結果を図7-4に示す。

　分析の結果，仮説が支持され，促進焦点は両面的情報提示の際に一面的情報提示よりもメッセージの評価を高く評価すること，および防止焦点は情報提示条件間でメッセージの評価に差がみられないことが示された。

【研究 11-2】

I　問題と目的

　研究11-1では仮説が支持されたものの，いくつかの課題が考えられる。まず，今回は「どの程度良いメッセージだと思うか」という直接的な項目に加え，先行研究（Cesario et al., 2004）に倣いメッセージの評価を「どの程度説得的か」という観点によって測定した。しかし，制御適合研究においては「その対象をどの程度重要だと感じるか」という重要性の指標が価値を強く表すものとして扱われることが多い（Aaker & Lee, 2001; Keller, 2006）。そのため，メッセージをどの程度重要と感じたかという評価の観点でも検討を行う必要がある。

　また，今回は長所と短所を実験者側で設定したが，今回の結果が長所と短所の具体的な内容によるものである可能性は否定できない。制御適合に関する先行研究では，実験者側が用意した刺激による条件操作と実験参加者の自発的な思考による条件操作の両者で同一の結果が得られることをもって知見の頑健性を示している（Higgins et al., 2003）。そのため，長所と短所を自発的に考えさせた場合に同様の結果が得られるかも検討する必要があるだろう。[*2]

＊2　この方法は，長所（と短所）に関する情報を実験参加者自らが生成するため，厳密には情報提示とは異なるものである。しかし一面的（両面的）な情報を処理するという点では同一であることと，および情報提示に関する枠組みを実験者側で提示していることから，本研究ではこの方法も情報提示と呼称することとした。

加えて，本研究では提示したメッセージの題材（アクティブ・ラーニング）について知っているか否かを尋ねるという形式をとった。この形式は，題材に対する熟知性を二極的にしか捉えられないという点で非常に簡便なチェック形式であり，問題があると考えられる。したがって，リッカート法などを用いて熟知性を量的に測定し，より精緻な操作チェックを行う必要がある。

さらに，本研究ではアクティブ・ラーニングを題材としたメッセージを作成した。しかしアクティブ・ラーニングは中央教育審議会によって推進されている学校教育上の重要なテーマであり（中央教育審議会, 2012），参加者が学校教育に対しどの程度関心があるか（現在，教職志望である）という要因が回答の仕方に影響を及ぼした可能性がある。したがってこの要因を統制し，制御焦点と情報提示の適合が価値に及ぼす影響をより精緻に確認するべきであるだろう。

研究 11-2 では，これら 4 つの課題を踏まえたうえで，研究 11-1 の結果が再現されるか検討を行うこととする。

Ⅱ　方　法

1. 実験参加者

大学生 57 名が実験に参加したが，うち 1 名は質問紙の回答に欠測がみられたため分析から除外した。したがって，分析対象者は 56 名（男性 24 名，女性 32 名，平均年齢 = 19.38 [SD = 1.09] 歳）であった。

2. 制御焦点の測定

研究 11-1 と同様，尾崎・唐沢（2011）の PPFS 邦訳版を用いた。

3. メッセージ刺激

小中一貫教育が近年推進されているという内容のオンライン記事（ベネッセ教育情報サイト, 2012）を刺激として用いた。全参加者に対し同一の刺激を提示したが，メッセージを読んだ後，2 つの条件に分けたうえで小中一貫教育について考えるよう求めた。一面的情報提示条件（n = 28）では，小中一貫教育

154 ▶ 第7章　制御適合が価値に及ぼす影響

の長所について，両面的情報提示条件（$n = 28$）では小中一貫教育の長所と短所について考えるよう求めた。いずれの条件においても考えた内容を箇条書きで記述するよう求めた。記述の時間は予備調査を基に，5分間と設定した。なお，記述内容に関して著者が確認した結果，すべての参加者が教示通りに長所（および短所）について言及を行っていた。

4. メッセージへの評価

　研究11-1においてメッセージに対する評価を直接的に表現していると考えられる項目「このメッセージは良いメッセージだと思う」に加え，「このメッセージの内容は重要である」を新たに独自作成した。この2項目について[*3]，それぞれ7段階評定で尋ねた。

5. 熟知性のチェック項目および学校教育への関心への項目

　熟知性をチェックする項目として，小中一貫教育に対する熟知性を反映していると考えられる1項目「以前から，小中一貫教育について詳しく知っていた」について尋ねた（7段階評定）。また，共変量として，学校教育への関心を反映していると考えられる1項目「将来，教育関係の職に就きたいと思っている」について尋ねた（7段階評定）。

6. 実験手続き

　実験の流れを図7-5に示した。PPFS邦訳版に関する質問紙は実験参加者募集の段階で渡し，実験当日に持参するよう求めた。参加者から質問紙を受け取った後，小中一貫教育に関するメッセージ刺激を提示し，それを読むよう求めた。続いて，条件ごとにメッセージについて5分間考えるよう求めた。制限時間に達した後，メッセージの評価について回答を求め，その後デブリーフィングとして実験の目的を伝えた。そのうえで実験参加者に質問がないことを確認し，謝礼を渡して実験を終了した。

---

*3　本研究では補足的にメッセージの評価以外の指標（e.g., 対象の評価，評価に対する自信）も測定していた。しかし，それらの指標とメッセージの評価との相関係数が低かったことから，本研究ではメッセージの評価のみを従属変数として扱うこととした。

図 7-5　研究 11-2 の実験の流れ

Ⅲ　結　果

1．制御焦点間の相関

研究 11-1 と同様，促進焦点と防止焦点の相関係数を算出したところ，有意な相関はみられなかった（$r = .06, p = .651$）。

2．熟知性のチェック

小中一貫教育という題材が，設定した通り熟知性の低いものであるかチェックするために，「以前から，小中一貫教育について詳しく知っていた」という項目について理論的中央値（4）を基準とした 1 サンプルの t 検定を行った。その結果，参加者の得点（$M = 3.02, SD = 1.59$）は理論的中央値よりも有意に低かった（$t(55) = 4.62, p < .001, r = .53$）。しかし，度数分布を確認した結果，理論的中央値以上の値を回答した参加者が何人かみられたため，以降は「1：全くそう思わない－3：あまりそう思わない」という否定的回答を示した参加者（$n = 36$）のみを分析の対象とした。

3．メッセージの評価

研究 11-1 と同様，促進焦点得点から防止焦点得点を引いた差得点（相対的制御焦点）を算出した。その後，同様にメッセージの評価（$r = .35, p = .038$）を従属変数，制御焦点の差得点と情報提示条件（両面的情報提示＝ 1，一面的情報提示＝ 0），その交互作用を独立変数，学校教育への関心についての項目を共変量とした階層的重回帰分析を行った。分析の結果，Step 1 は有意傾向で

あり（$R^2 = .21$, $F(3, 32) = 2.86$, $p = .052$），学校教育への関心のパスが有意であった（$B = .44$, $p = .016$）が，主効果の項に関しては有意なパスがみられなかった。また，Step 2 が有意であった（$\Delta R^2 = .11$, $F(4, 31) = 3.61$, $p = .016$）ため，単純傾斜分析を行った。研究 11-1 と同様，制御焦点の差得点に関して $\pm 1SD$ の値を代入して情報提示条件の単純主効果を求めたところ，制御焦点の差得点が高い（$+1SD$）場合（相対的促進焦点）には情報提示条件の単純傾斜が有意であった（$B = .54$, $p = .013$）が，制御焦点の差得点が低い（$-1SD$）場合（相対的防止焦点）には情報提示条件の単純傾斜は有意ではなかった（$B = -.11$, $p = .627$）。結果を図 7-6 に示す。

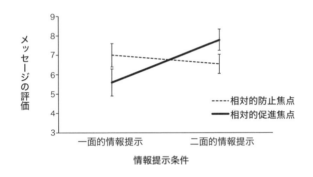

図 7-6　制御焦点と情報提示条件がメッセージの評価に及ぼす影響（研究 11-2）

注）エラーバーは標準誤差を示す。

【研究 12】

I　問題と目的

　Florack et al.（2009）で用いられた情報提示条件は従来，説得における重要な要因の 1 つとして度々挙げられるものであった。制御適合は説得におけるメッセージへの価値創出とも関連するとされる（Cesario et al., 2004）ため，情報提示条件以外の要因もまた，説得の文脈において制御焦点との適合を生じさ

せるかもしれない。

　説得の効果に影響を与える要因の1つに，メッセージの提示順序効果がある（Haugtvedt & Wegener, 1994）。これは，複数のメッセージがある時，それを提示する順序が説得の効果に影響を与えるという現象である。提示順序効果は単一のトピックに関する複数のメッセージを扱うものが多かったが，異なる複数のメッセージに関する順序提示効果を検討した研究として Tormala & Clarkson（2007）がある。Tormala & Clarkson（2007）は，専門性（メッセージの著者や内容が，どれだけ専門的か）に着目し提示順序効果の検討を行った。ここでは，社会的比較（Mussweiler, 2001）における同化（対象と自己を類似した存在として捉える）と対比（対象と自己を異なる存在として捉える）を説得の文脈に適用し，プライム刺激の専門性がターゲット刺激への評価に及ぼす際のプロセスを2つの研究から捉えた。具体的には，対象間の非類似性に着目する非類似マインドセットをプライミングされた場合，人々は一般的にプライム刺激の専門性が高い（低い）場合に，ターゲット刺激への態度が否定的（肯定的）になるという対比による効果が生じることを示した。一方で，対象間の類似性に着目する類似マインドセットをプライミングされた参加者では逆の傾向がみられ，同化による効果が生じることを示した。

　Tormala & Clarkson（2007）によって実証された，提示順序効果における同化と対比はそれぞれ，促進焦点，防止焦点と適合する可能性がある。たとえば上述したように Righetti et al.（2011）は，促進焦点の個人が対象間の類似性に着目しやすく，防止焦点の個人が対象間の非類似性に着目しやすいことを示唆した。また，第8章の研究15で示すように，優れた他者との上方比較が生じる文脈において，促進焦点の個人が同化の効果を，防止焦点の個人が対比の効果を受けやすいことが示唆されている。

　そこで研究12では，提示順序効果における同化と対比が各制御焦点と適合するかどうかを検討する。以上を踏まえた研究12の具体的な仮説は，以下の通りである。

<研究 12 の仮説>

仮説 1 促進焦点の個人では，プライム刺激の専門性が高い場合に，専門性が低い場合と比べてターゲット刺激の専門性の評価が高い。

仮説 2 防止焦点の個人では，プライム刺激の専門性が低い場合に，専門性が高い場合と比べてターゲット刺激の専門性の評価が高い。

仮説 3 促進焦点の個人では，プライム刺激の専門性が高い場合に，専門性が低い場合と比べてターゲット刺激の態度の評価が高い。

仮説 4 防止焦点の個人では，プライム刺激の専門性が低い場合に，専門性が高い場合と比べてターゲット刺激の態度の評価が高い。

II 方　法

1．実験参加者

　大学生 64 名が実験に参加したが，そのうち 3 名は過去に同様の実験に参加していたか，実験の目的に気づいていたため分析から除外した。最終的な分析対象者は，61 名（男性 17 名，女性 44 名，平均年齢 = 19.66［SD = 1.39］歳）であった。

2．制御焦点の測定

　研究 11-1, 11-2 と同様に，尾崎・唐沢（2011）の PPFS 邦訳版を用いた。

3．プライム刺激およびターゲット刺激

　プライム刺激の専門性に関しては，専門性高条件と低条件を設け，参加者をランダムにいずれかへ割り当てることで実験的な操作を行うこととした。操作にあたり，Tormala & Clarkson（2007）を参考として大学教育に関する説得メッセージを題材としたプライム刺激およびターゲット刺激を作成した。メッセージの内容自体は Tormala & Clarkson（2007）と同様であった（プライム刺激では，学内でのボランティア活動を卒業のための必須条件とするという主張のメッ

セージ，ターゲット刺激では，卒業するために専門分野に関する試験に合格することを必須条件とする主張のメッセージ）。その際，参加者が実験内容に疑義を持つことを回避するため，Tormala & Clarkson（2007）とは異なり，メッセージの内容は参加者が所属する大学での実際の検討事項（と信じ込ませるもの）ではなく，大学教育全般に対する一般的な提言であるとし，そのため，メディアからの引用という形をとった。

　一方で，プライム刺激およびターゲット刺激のメッセージの著者の設定はTormala & Clarkson（2007）から変更した。理由は，Tormala & Clarkson（2007）における刺激は著者の名前や所属先がすべてアメリカのものであり，日本の参加者にとって馴染みが薄く，実験の操作が上手くいかない可能性が考えられたためである。変更にあたり，日本人大学生・大学院生29名を対象とした予備調査を行ったうえで，刺激に用いる著者の設定を決定した。その結果，専門性高条件の著者としては「大学教育を専門とし，当該領域の権威である難関国立大学の教授」，専門性中程度の著者としては「大学教育を専門とする地方国立大学の修士（博士前期）課程の2年生」，専門性低条件の著者としては「教育学系の大学院への進学を考えている都内私立大学の1年生」が選定された。

　実験の際は，専門性高条件と専門性低条件のいずれかの著者の情報とその著者が書いたとするメッセージをプライム刺激として提示し，専門性中程度の著者の情報とその著者が書いたとするメッセージをターゲット刺激として提示した。メッセージの著者名には架空人物の名前を使い，専門性高条件と低条件に関してはTormala & Clarkson（2007）に倣い同一の名前を使った。なお，専門性高条件と低条件は著者の情報が異なるだけであり，メッセージの内容は同一であった。

4．刺激への評価

　プライム刺激およびターゲット刺激の両者に共通する評価として，メッセージおよび著者の専門性への評価を測定する項目（専門性）および，メッセージの質への評価を測定する項目（知覚された説得力；以下，説得力とする。）を用いた。[4・5・6] 専門性の項目（プライム刺激，ターゲット刺激の順に，αs ＝ .75，.85）は，Tormala & Clarkson（2007）を参考に3項目を独自作成した（「このメッ

セージの内容は，専門性が高い」，「メッセージの著者は，この分野に詳しい人物であると思う」，「メッセージの著者は，大学教育の専門家であると思う」）。これらの項目は操作チェックとしても用いた。説得力の項目（プライム刺激，ターゲット刺激の順に，$rs = .69, .68, ps < .001$）は，制御焦点と説得メッセージの関連を検討した研究 11-1 で使われた指標のうち，態度を反映した「これは良いメッセージだと思う」を除いた 2 項目，「このメッセージの内容は信頼できる」，「このメッセージは説得力があると思う」を採用した。プライム刺激，ターゲット刺激の双方について，"全くそう思わない（1 点）"から"非常にそう思う（7 点）"の 7 段階評定で回答を求めた。

　さらに，ターゲット刺激にのみ，Tormala & Clarkson（2007），Haugtvedt & Wegener（1994）などを参考に，態度（$\alpha = .86$）を測定する 4 項目（「私はこのメッセージの内容に賛同する」，「これは良いメッセージだと思う」，「このメッセージの内容は，利益があると思う」，「このメッセージの内容は推奨されるべきだと思う」）も尋ねた。専門性や説得力と同様，"全くそう思わない（1 点）"から"非常にそう思う（7 点）"の 7 段階評定で回答を求めた。

＊4　Tormala & Clarkson（2007）では，ターゲット刺激への評価を 3 つの観点（態度，思考の好ましさ，専門性）から捉えていた。思考の好ましさは態度と同様に，対象への好ましさを反映した概念であるが（Tormala & Clarkson, 2007），態度の方向性を決定するものである（中村・三浦，2019）という点で副次的な指標であり，態度との関連もメッセージや文脈の要因による影響を受けるものである（Chaiken & Maheswaran, 1994; Petty & Cacioppo, 1986）。Tormala & Clarkson（2007）では，態度に関連するという前提で思考の好ましさを測定していたが，本研究では Tormala & Clarkson（2007）とは刺激の設定や内容を変更しており，態度と思考の好ましさに関連がみられるかどうかが不明瞭であった。これらのことから，思考の好ましさは態度と比べて重要度が低く，また結果の想定や解釈がしにくい可能性が考えられた。本研究はあくまで，説得文脈における同化と対比の効果に対する制御焦点の影響を基礎的な観点から検討することが目的であったため，思考の好ましさは本研究では扱わないこととし，態度と専門性のみ測定することとした。

＊5　Tormala & Clarkson（2007）ではターゲット刺激の評価のみ測定していたが，本研究では，条件によって専門性の高さに違いがあるかどうかを確認する（操作チェックを行う）必要があると考えたため，プライム刺激についても同様に専門性を測定した。

＊6　知覚された説得力（perceived persuasiveness）は，メッセージの質を評価するものであり（Cesario et al., 2004），態度を予測する重要な要因であることがメタ分析によって示されている（Dillard, Weber, & Vali, 2007）。本研究では，専門性の高さがメッセージの質の評価に影響する（Fragale & Heath, 2004）という指摘を踏まえ，態度と専門性との関連を説明することが可能であり，結果の解釈を手助けしてくれる指標として，知覚された説得力を補足的に測定することとした。

5. 実験手続き

実験の流れを図 7-7 に示した。実験は 1 人ずつ，実験室にて個別に行った。参加者には事前に質問紙（PPFS 邦訳版）を渡しており，回答済みの質問紙を実験参加時に持参してもらうよう依頼していた。質問紙の持参を忘れた参加者については，同意書への記入後に回答を求めた。質問紙を受け取った後，続けてプライム刺激を提示し，読むように教示した。この時，参加者は専門性高条件（$n = 29$）か専門性低条件（$n = 32$）へランダムに分けられた。プライム刺激を読み終わった後，プライム刺激への評価を測定する質問紙へ回答を求め，続けてターゲット刺激を提示した。ターゲット刺激を読み終わった後，同様にターゲット刺激への評価を測定する質問紙へ回答を求め，最後にデブリーフィングを行って実験の真の目的を伝えた。その後，実験参加者に疑問や質問がないことを確認し謝礼を渡して実験を終了した。なお，研究の実施にあたっては，筑波大学人間系研究倫理委員会の承認を得た。

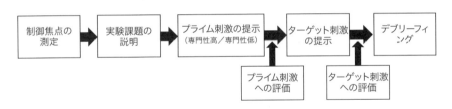

図 7-7　研究 12 の実験の流れ

III 結果

1. プライム刺激への評価

専門性高条件と低条件で専門性および説得力に差があったかどうか検討するため，条件を独立変数，それぞれの評価得点を従属変数とした t 検定を行った。その結果，専門性得点に関しては条件間差が有意であり（$t(59) = 3.55, p < .001, d = 0.91$），専門性高条件の得点（$M = 10.31, SD = 2.97$）が専門性低条件（$M = 7.78, SD = 2.60$）よりも高かった。したがって，専門性の操作は成功したと判断された。一方で，説得力得点に関しては条件間差が有意でなかった（$t(59)$

162 ▶ 第7章 制御適合が価値に及ぼす影響

$= 0.05, p = .963, d = 0.01)$。[*7]

2. 相対的制御焦点

促進焦点（$M = 38.78, SD = 6.62, \alpha = .79$）と防止焦点（$M = 36.62, SD = 8.70,$ $\alpha = .85$）の相関係数を算出したところ，有意な相関はみられなかった（$r = .20,$ $p = .129$）。そのため，促進焦点の値から防止焦点の値を減算して相対的制御焦点の得点を算出した（$M = 2.16, SD = 9.84$）。この得点が高いと相対的に促進焦点の傾向が強く，低いと相対的に防止焦点の傾向が強いことを意味する。

3. ターゲット刺激への評価

仮説を検証するため，プライム刺激の条件（1＝専門性高条件，0＝専門性低条件）と相対的制御焦点を独立変数，ターゲット刺激への評価得点（専門性，説得力，態度）を従属変数とした階層的重回帰分析を行った。Step 1 では主効果の項を投入し，Step 2 で交互作用項を投入した。その際，相対的制御焦点については中心化を行った。

まず，ターゲット刺激への専門性得点を従属変数とした結果について述べる。分析の結果，Step 1 のモデルは有意ではなかった（$R^2 = .01, F(2, 58) = 0.43,$ $p = .651$）が，Step 2 のモデルが有意であった（$\Delta R^2 = .09, F(1, 57) = 5.44, \beta = .39,$ $p = .023$）。そのため，単純傾斜分析を行った。Aiken & West（1991）の手続きに則り，相対的制御焦点について ± $1SD$ の値を代入して条件の単純傾斜を求めたところ，相対的制御焦点の値が高い（+$1SD$）場合（相対的促進焦点）には条件の単純傾斜が有意ではなかった（$\beta = .20, p = .266$）が，相対的制御焦点の値が低い（-$1SD$）場合（相対的防止焦点）には条件の単純傾斜が有意であった（$\beta = -.40, p = .031$）。結果を図 7-8 に示す。

＊7 これらの結果が，相対的制御焦点（後述）によって影響されるかどうかを検討するため，Step 1 に条件（専門性高＝1，専門性低＝0）と相対的制御焦点，Step 2 に両者の交互作用項を投入した階層的重回帰分析を行った。その結果，専門性得点では，Step 1 のモデルが有意（$R^2 = .19,$ $F(2, 58) = 6.83, p = .002$）であり，専門性の主効果のみ有意であった（$\beta = 2.43, p = .001$）が，Step 2 のモデルは有意ではなかった（$\Delta R^2 = .02, F(1, 57) = 1.45, p = .234$）。知覚された専門性に関しては，Step 1, Step 2 のいずれのモデルにおいても有意ではなかった（順に，$R^2 = 07, F(2, 58) = 2.26, p = .113; \Delta R^2 = .04, F(1, 57) = 2.75, p = .103$）。したがって，プライム刺激に関する結果は相対的制御焦点によって影響を受けないと判断された。

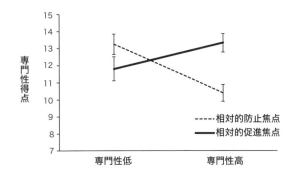

図 7-8　制御焦点とプライム刺激の専門性がターゲット指摘の専門性得点に及ぼす影響

注）エラーバーは標準誤差を示す。

次に，ターゲット刺激への説得力得点を従属変数とした結果について述べる。分析の結果，Step 1 のモデルは有意傾向であり（R^2 = .08, $F(2, 58)$ = 2.54, p = .088），相対的制御焦点の標準化回帰係数が有意傾向であった（β = .24, p = .062）が，条件の標準化回帰係数は有意ではなかった（β = -.12, p = .353）。また，Step 2 のモデルは有意ではなかった（ΔR^2 = .02, $F(1, 57)$ = 1.24, β = .19, p = .271）。

最後に，ターゲット刺激への態度得点を従属変数とした結果について述べる。分析の結果，Step 1 のモデルと Step 2 のモデルのいずれも有意ではなかった（順に，R^2 = .00, $F(2, 58)$ = 0.08, p = .928; ΔR^2 = .01, $F(1, 57)$ = 0.14, β = .09, p = .599）。

【第 7 章のまとめ】

第 7 章の研究では，制御適合による価値創出の効果が，元々の制御焦点が持つ特徴の差異によって調整されるかどうかを検討すること，および価値創出と関連する説得の領域における新たな制御適合の検討を行うため，計 4 つの研究を行った。

その結果，まず研究 10 では，制御焦点と方略との適合は，対象の情報価に

164 ▶ 第7章 制御適合が価値に及ぼす影響

よる影響を受けることが分かった。具体的には，使用する方略にかかわらず，促進焦点は両面的情報の場合に一面的情報よりも対象の価値を高く見積もることが明らかになった。また，有意ではなかったものの，防止焦点では一面的情報の場合に両面的情報よりも対象の価値を高く見積もる傾向にあることが明らかになった。この点において，研究10では仮説2が部分的に支持された。したがって，対象の情報価という明確な観点が存在する場合は，"feeling right"が生じるような制御焦点と方略との適合は生じず，むしろ制御焦点と対象の情報価との適合が生じることが明らかになったといえる。これは，制御適合が価値を創出するという過程において，促進焦点および防止焦点がそれぞれどのような情報を好むかという特徴による影響を受けるということを示唆するものだといえよう。

　また，研究11では2つの実験から，促進焦点は両面的情報と，防止焦点は一面的情報と適合するという制御適合の効果が，対象の熟知性が低い場合には再現されないことが示された。そのため，いずれの実験においても仮説が支持された。具体的には，評価対象の熟知性が低い場合，促進焦点と両面的情報の適合はみられるが，防止焦点と一面的情報の適合はみられないという結果であった。これは，熟知性が低い情報に対する寛容性が促進焦点と防止焦点で異なるためであると考えられ，価値創出過程においても促進焦点の適合と防止焦点の適合でその効果に違いがみられることが示唆された。

　この2つの研究結果から，制御適合が価値創出に及ぼす検討を行う際には，それぞれの制御焦点が元来有している特徴を加味しなければならないということが主張できるだろう。そのため，制御適合と価値の関連を検討していく際には，対象となる刺激の特徴や内容，状況の設定などにおいて，元々の制御焦点の特徴に違いがないかどうかを考慮していく必要がある。

　最後の研究12では，まず防止焦点に関しては対比による効果がみられ，プライム刺激の専門性が低い場合に，高い場合よりもターゲット刺激の専門性得点が高くなっていた。したがって，仮説2は支持された。他方，促進焦点に関してはプライム刺激の専門性によるターゲット刺激の専門性に有意な差がみられなかった。Tormala & Clarkson（2007）でも示されたように，2つの連続するメッセージが存在する時，一般的に人は対比を行いやすい。そのため，防止焦

点と比べて促進焦点では結果が出にくかった可能性がある。しかし，有意ではなかったが促進焦点におけるプライム刺激の専門性の標準化回帰係数は正の値（$\beta = .20$）であり，数値もある程度大きかったことも踏まえると促進焦点においても相対的には同化が行われていたと考えられる。したがって，仮説1に関しては部分的に支持されたといえるだろう。

　これらの結果から，説得場面における提示順序効果（同化と対比）は，制御焦点と適合し，価値創出につながることが示唆されたといえる。情報提示条件に関する研究結果（Florack et al., 2009；本章研究11）も併せて考えると，説得研究における他の要因もまた，制御焦点と適合し価値創出の効果を有する可能性がある。そのため以降は，説得領域における制御適合の研究をより発展させていくことが望まれる。

　最後に第7章の限界と今後の課題を示しておく。

　まず研究10では，全体的に効果量が小さかったことが原因として挙げられる。この原因の1つとして，望ましくない報酬として設定した消しゴムを選択した参加者が多く，分析対象となるサンプルが減ってしまい検定力が下がったことが挙げられる。今後は，予備調査をより入念に行ったうえで，望ましい報酬と望ましくない報酬をより明瞭な形で設定したうえで実験を行う必要があるだろう。

　続いて研究11では，メッセージの評価における項目間の相関が低いという課題がある。本研究では研究11-1においてα係数が.74, 研究11-2において（2項目であるため）相関係数が.35という値であり，特に研究11-2において値が低かった。制御適合研究において，価値はさまざまな側面から捉えられるものである（Cesario et al., 2004）が，結果の信頼性を高めるという点で，項目間の相関はある程度高いことが求められるであろう。今後は，メッセージの評価という概念を精査したうえで，より項目間の関連が強い指標を用いた検討を行う必要がある。また，研究11は特定の活動を推奨するというメッセージ文章を刺激として扱ったため，メッセージの評価を従属変数として扱ったのも課題である。文章による刺激であっても，特定の物品を喧伝し購入を煽るような内容の広告刺激の場合には，従属変数としてメッセージでなく広告されている対象の評価を扱うこともある。今後は，結果が対象の評価などメッセージの評価

以外でも再現されるか，検討の余地があるだろう。

　最後に研究 12 では，仮説 3 および仮説 4 が支持されなかったのが大きな課題である。説得力は態度に先行する（Dillard et al., 2007）ことから，プライム刺激の専門性がターゲット刺激の説得力への評価に影響しなかった結果，ターゲット刺激の態度への効果もみられにくかったのだと推測される。実際に，プライム刺激への説得力の評価に関しても条件間で差がみられなかった。この理由としては，情報処理の精緻化が考えられる。メッセージに対する情報処理が精緻化された場合には，専門性といった周辺的な情報によって説得されにくいことが精緻化見込みモデルなどの説得モデルにおいて示されている（Petty & Cacioppo, 1986）。精緻化見込みモデルにおいては，情報処理に対する動機づけや能力が高い場合に精緻化された処理が行われるとされており，本研究におけるサンプルはそうした動機づけや能力が高かったために，説得力や態度に対する専門性の効果が小さかったのかもしれない。今後は，メッセージの情報処理にかかわる動機づけや能力を統制したうえで，説得力や態度においても専門性と同様の結果がみられるかどうかを検討していくことが望まれる。

第8章

対人的な制御適合①
― 他者の存在 ―

第1章で述べたように，制御焦点との適合は方略だけではなく他者との関係においても検討がなされている。そして，個人の目標志向性に適合した方略を用いた際には，優れた動機づけやパフォーマンスにつながる。この傾向は，方略だけではなく対人関係においても同様である【表8-1参照】。具体的には，促進焦点と防止焦点の個人は，表8-1に示したような特徴がある。よって，他者とのかかわりの中でも，これらの特徴に合った情報や支援を与えてくれる他者の存在によって，望ましい成果につながることが想定される。

表8-1　制御焦点の違いによる対人関係にかかわる特徴

	促進焦点	防止焦点
対人関係で関心のある情報 (Higgins & Tykocinski, 1992)	成功追求 夢や希望を叶えること	失敗回避 義務や責任を果たすこと
対人関係の中で重要な感情 (Hui et al., 2013)	幸福や楽しさ 落胆や悲しみ	平穏や安心 不安や脅威
対人関係の中での自己観 (Markus & Kitayama,1991; 高田，2011)	個人は他者から分離しており自律的で独立している	個人は他者と互いに結びついており個別的ではない

たとえば，Lockwood et al.（2002）は役割モデルと制御焦点が動機づけに与える影響について検証している。この研究では，促進焦点の個人は成功している人物など理想的で望ましいような役割モデル（ポジティブ役割モデル）を参照することで動機づけが向上することが示されている。ポジティブ役割モデルが提示されたことで，実験参加者は望ましい状態を追い求めることに目が向き，

成功による利益を思い描いたことが想定できる。このことが，促進焦点の志向性と合っていたため，促進焦点の個人の動機づけが高まったと考えられる。一方で防止焦点の個人は失敗している人物などこのようになりたくないと思うような回避すべき役割モデル（ネガティブ役割モデル）を参照することで動機づけが高まることが示されている。ネガティブ役割モデルが提示されたことで，実験参加者は望ましくない結果を回避することに目が向き，失敗による損失を思い描いたことが想定できる。このことが，損失の存在の回避を目指す志向性と合っていたため，防止焦点の個人の動機づけが高まったと考えられる。このような役割モデルと制御焦点の関連は Lockwood, Sadler, Fyman, & Tuck（2004）や Schokker et al.（2010）などの研究でも糖尿病患者の治療や健康面に関する動機づけにおいて同様の結果が得られている。

　しかしながら，本邦では必ずしもこの結果は支持されていない（及川・櫻井，2006）。及川・桜井（2006）は，役割モデルと制御焦点が内発的動機づけに与える影響を検討した。その結果，ネガティブ役割モデルを参照した条件では，防止焦点の個人は有能さへの欲求が高まることを示した。一方で，ポジティブ役割モデルを参照した条件では，促進焦点の個人の動機づけの向上はみられず，Lockwood et al.（2002）の結果は支持されなかった。この理由として，比較相手をどのように認知するのかという点が関連している可能性がある。そこで，研究 13 では社会的比較（Festinger, 1954）の観点から，比較の相手をどのように認知するのかという点について，同化（相手を同じカテゴリーに属しているとみなす）と対比（相手を異なるカテゴリーに属しているとみなす）といった比較の過程【第7章参照】に注目して検討することとする。さらに，制御焦点の研究は教育の文脈ではまだ十分には注目されておらず（Rosenzweig & Miele, 2016），制御焦点との適合が学業パフォーマンスに与える影響を検討することは，教育的な意義が大きい【第5章参照】ため，研究 14 では役割モデルと制御焦点の関連について，実際の学業場面に着目して検証する。

　また，他者の存在が与える影響における制御焦点の調整効果は，役割モデルだけではなくライバルやチームメイトといった競争場面における他者との関係の中でも生じると考えられる。たとえば，Converse & Reinhard（2016）はライバル関係を意識することで状況的な促進焦点が活性化することなどを示した。

ライバル関係は長期的な目標を志向し，自らの能力を向上させることで競争することを目指す動機づけを生じさせるものであると考えられ，促進焦点により適した存在であると考えられる。なお，Converse & Reinhard（2016）は制御焦点の個人差によってライバル関係による影響が異なるという点についても言及しているものの，ライバル関係と制御焦点の適合を示したものではない。そこで，研究 15-1 および 15-2 では特性的な促進焦点とライバル関係の適合について検証する。また，Converse & Reinhard（2016）は促進焦点とライバルとの関係性についてしか検討していないが，促進焦点にとってのライバルのように，競争場面において防止焦点により適した存在もいると考えられる。ここでは，そうした存在になり得る他者としてチームメイトを想定する。チームメイトは互いに協力し，助け合い，努力する関係であり，その存在は安心，安全をもたらすものである。そのため，チームメイトの存在は安心にかかわる感情や他者とのつながりを重視する防止焦点の個人（Lee et al., 2000）に適合する可能性が考えられる。そこで研究 15-3 では特性的な防止焦点とチームメイトとの適合について明らかにする。

　なお，ライバルやチームメイトとの関係はさまざまな分野で存在するが，スポーツ領域は特にそれらの関係が顕著にみられやすいと考えられ，これまでもスポーツ領域を対象とした研究が多く行われている（e.g., Kilduff, Elfenbein, & Staw, 2010; Pike, Kilduff, & Galinsky, 2018）。そのため，本研究においても，スポーツ競技者を対象として検討を行うこととする。

【研究 13】

I 目 的

　本研究では Lockwood et al.（2002）や及川・櫻井（2006）に倣い，特性としての制御焦点に着目し，制御焦点と自分より優れた他者との比較の関連を検討する。その際に，比較相手の情報を操作し，同化または対比による比較の過程の効果に着目する。高田（2011）によれば，私たちは自分の情報と他者の情報を処理する際に，カテゴリー化を行っていると考えられている。同じカテ

ゴリーに属しているものは互いに類似していると認知し（同化），異なるカテ
ゴリーに属しているものについては違いが強調される（対比）と言われてい
る。同化が生じた際には，比較相手が自分と同じカテゴリーとして認識される
ため，比較相手の優れた成績が自分にも獲得可能であると認識することが考え
られる。Lockwood & Kunda（1997）は，優れた他者の成績が，自分にも獲得
可能であると感じた時に，より自己評価が高まることを示している。同化が生
じて，獲得可能だと感じることが，優れた他者がポジティブ役割モデルとし
て機能するために重要な点であると考えられる。この場合には，Lockwood et
al.（2002）の結果の通り，促進焦点の個人の動機づけが高まることが予想され
る。一方で，対比が生じた際には，違いを過大視して自己評価が低下する。す
ると，優れた他者の成績が獲得可能であるとは認識できず，ポジティブ役割モ
デルとして機能しない可能性がある。この場合には，自己評価が脅威にさらさ
れるため，この不快な状態を回避するために，防止焦点の個人の動機づけが高
まることが予想される。

　従属変数としては，動機づけやパフォーマンスの指標に加え，比較後の感情
の違いも扱う。Smith（2000）は上方比較を行った後の感情について，同化が
生じると鼓舞感情，憧憬感情，楽観感情などが喚起され，対比が生じると憤慨
感情，卑下感情，妬み感情などが喚起されると指摘している。感情は，人の環
境に対する反応に影響を及ぼし，適応的な自己制御を促す役割を果たしている
（尾崎，2011）と指摘されているように，ここで生じる感情が促進焦点と防止
焦点のそれぞれの個人の動機づけやパフォーマンスに与える影響が異なる可能
性が考えられる。たとえば，促進焦点の個人は自己に快をもたらすポジティブ
な感情（e.g., 憧憬感情）に動機づけられ，防止焦点の個人は自己の脅威となる
ネガティブな感情（e.g., 卑下感情）に動機づけられることが考えられる。

　上記の点より，優れた他者の情報が提示され，その他者に対して上方比較を
行った際に同化が生じれば，憧憬感情などのポジティブな感情が生じ，促進焦
点の個人において動機づけやパフォーマンスの向上がみられることが予想され
る。一方で，上方比較を行った際に対比が生じれば，卑下感情などのネガティ
ブな感情が生じ，防止焦点の個人において動機づけやパフォーマンスの向上が
みられることが予想される。

172 ▶ 第 8 章 対人的な制御適合①─他者の存在─

＜研究 13 の仮説＞

仮説 1 自分より優れた他者の情報を提示された際に，同化が生じた場合には，促進焦点の個人の動機づけやパフォーマンスが向上する。

仮説 2 自分より優れた他者の情報を提示された際に，対比が生じた場合には，防止焦点の個人の動機づけやパフォーマンスが向上する。

仮説 3 仮説 1 のプロセスには，同化により喚起されるポジティブな感情が関連する。

仮説 4 仮説 2 のプロセスには，対比により喚起されるネガティブな感情が関連する。

Ⅱ　方　法

1．実験参加者

　大学生 85 名（男性 40 名，女性 45 名，平均年齢 = 20.26［$SD = 1.96$］歳）が実験に参加した。

2．実験計画

　本実験は，制御焦点（促進焦点，防止焦点）と比較の過程（同化，対比）の 2 要因を独立変数とする実験参加者間計画であった。

3．実験課題

　研究 6-1 と同じ点つなぎ課題 4 題に加え，新たな 4 題の計 8 題を用いた。

4．質問項目

（1）制御焦点

　学業領域における制御焦点尺度（外山他，2016：第 2 章参照）を使用した。

この尺度は，学業領域に関する制御焦点を測定するものであり，"促進焦点" 7 項目（項目例「良い成績を取れるように頑張りたい」）および "防止焦点" 7 項目（項目例「悪い成績をとってしまうことが心配である」）の計 14 項目で構成されている。"まったくあてはまらない（1 点）" から "非常にあてはまる（7 点）" までの 7 段階評定で回答を求めた。

(2) 比較後の感情

社会的比較感情尺度（外山，2006）を使用した。この尺度は，社会的比較に伴う広範な感情を測定するものであり，"憤慨感情" 5 項目（項目例「A がにくらしい」），"卑下感情" 5 項目（項目例「みじめだ」），"憧憬感情" 4 項目（項目例「A にあこがれる」），"意欲感情" 4 項目（項目例「A に負けたくない」）の計 18 項目で構成されている。"あてはまらない（1 点）" から "あてはまる（5 点）" までの 5 段階評定で回答を求めた。

(3) 動機づけ

大谷・中谷（2011）を参考にして作成した。課題への "動機づけ" 5 項目（項目例「またこの課題をやりたいと思う」）について，"あてはまらない（1 点）" から "あてはまる（5 点）" までの 5 段階評定で回答を求めた。

5. 条件の操作

同化および対比のいずれが生じるかは，Cash, Cash, & Butters（1983）および Brown, Novick, Load, & Richards（1992）の実験より，実験参加者が比較相手と特殊な情報を共有しているかがかかわっていると考えられ，特殊な情報を共有した場合には同化が，共有しない場合には対比が生じることが想定される。そこで，本研究では性格や性別といった情報を共有する条件と共有しない条件をつくることで，条件の操作を行った。

情報の共有は，亀田（1983）を参考に，比較相手の情報の類似度を操作したものを提示した。具体的には，TIPI-J（小塩・阿部・カトローニ，2012）の 10 項目を使用し，各項目に当てはまるか否かを〇，×で評定を求め，実験参加者の性格プロフィールを作成した。そして，実験参加者の性格プロフィールを参考に，一致率を操作した比較相手（以下 A）の性格プロフィールを作成した。1 回目の点つなぎ課題終了後，得点のフィードバックとともに，A の性格プロ

フィールを提示した。なお，一致（不一致）させる項目は参加者ごとにランダムに決定した。手続きの詳細は以下の通りであった。

同化条件　同化条件では，Ａの性格プロフィールとして，実験参加者と性別が一致，回答が80%一致したものを提示し「あなたとＡの性格で似ていると思われるところについて考えてください。そして，思いついた点をできるだけたくさん挙げてください」と教示して，5分間Ａとの類似点について記述を求めた。この操作により，Ａと性格や性別の一致という情報を共有させた。

対比条件　対比条件では，Ａの性格プロフィールとして，性別が不一致，回答が20%一致したものを提示し「Ａの性格プロフィールを見て，あなたはどのような性格か考えてください。そして，思いついた点をできるだけたくさん挙げてください」と教示して，5分間自分はどのような性格かについて記述を求めた。この操作により，Ａとの違いを強調させた。

　その後，操作チェックとして「Ａと似ていると思う」という項目について6段階評定で回答を求めた。操作が妥当であった場合，同化条件の方が対比条件よりも類似度を高く評価することが予想される。

6. 上方比較の操作

　実験参加者の点つなぎ課題の得点をフィードバックする際に参加者よりも優れたＡの得点も提示した。Ａの得点は実験参加者の得点+9点[*1]の得点に設定し，「あなたの得点は〇点でした。ちなみに先ほどのＡの得点は△点（実験参加者の得点+9点）でした」と教示した。

　また，操作チェックとして「Ａと性格を比べた」，「Ａと成績を比べた」という項目について6段階評定で回答を求めた。

7. 実験の手続き

　実施にあたっては「性格特性と課題パフォーマンスとの関連の検討」を目的

＊1　この9点は予備調査により算出した点つなぎ課題の得点の1標準偏差である。

とするというカバーストーリーのもと，実験参加者の募集および説明を行った。実験の流れは以下の通りであった【図8-1参照】。

まず，実験参加者に性格プロフィールに記入を求めた。次に，学業領域における制御焦点尺度の回答を求めた。実験参加者が制御焦点尺度の回答を行っている間に，実験者は同室内のパーテーションで区切られた場所で，実験参加者の回答を基にAの性格プロフィールを作成した。そして，回答が終了した後，点つなぎ課題（1回目）を実施した。

点つなぎ課題（1回目）が終了した後，条件の操作として，Aの性格プロフィールを参考に同化あるいは対比の条件の操作を行った。実験参加者が条件の操作の回答を行っている間に，実験者は同室内のパーテーションで区切られた場所で点つなぎ課題（1回目）を採点し，得点を算出した。条件の操作が終了した後，実験参加者に本人の得点をフィードバックするとともに，Aの得点を提示した。その後，社会的比較感情，動機づけの回答を求めた。さらに，5分間の休憩をとった後に，点つなぎ課題（2回目）を実施した。

その後，デブリーフィングを行い，実験の目的を理解し納得した上で，実験で得られるデータを提供することに同意できる場合のみ，同意書に署名を求めた。その結果，すべての実験参加者より同意を得ることができた。

なお，研究の実施にあたっては，筑波大学人間系研究倫理委員会の承認を得た。

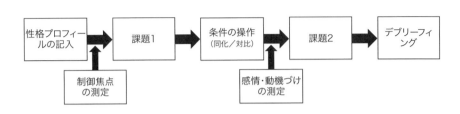

図 8-1 実験の流れ

Ⅲ 結 果

1. 参加者の割り振り

制御焦点の群分けは，Lockwood et al.（2002）を参考に，制御焦点の差の中央値を基準に行った。まず，学業領域における制御焦点尺度の促進焦点の得点から防止焦点の得点を引き，差得点を算出した。次に差得点の中央値を算出した結果，$Me = 0.57$ であった。差得点が中央値よりも大きい群を「促進焦点群（$n = 43, M = 1.35, SD = 0.67$）」，小さい群を「防止焦点群（$n = 42, M = -0.25, SD = 0.59$）」とした。両群の差の平均には，有意な差および大きな効果量が認められた（$t(83) = 11.74, p < .001, d = 2.55$）。

最終的な各条件の内訳は，「促進焦点／同化」条件が 22 名，「促進焦点／対比」条件が 21 名，「防止焦点／同化」条件が 20 名，「防止焦点／対比」条件が 22 名であった。

2. 操作チェック

同化，対比のそれぞれの条件の操作が妥当であったか検討するために，「Aと似ていると思う」という項目について t 検定を行い，得点を比較した。その結果，同化条件（$M = 3.71, SD = 0.86$）の方が対比条件（$M = 1.95, SD = 0.69$）よりも有意に得点が高かった（$t(83) = 10.38, p < .001, d = 2.26$）。よって，類似度の操作は妥当であったと考えられる。

続いて，Aとの比較を行っていたかを検討するために，「Aと性格を比べた」「Aと成績を比べた」という項目について検定値を理論的中央値（3.5）とする1サンプルの t 検定を行った。その結果，性格（$t(84) = 7.20, p < .001, r = .62$），成績（$t(84) = 2.69, p = .009, r = .28$）ともに理論的中央値よりも有意に高く評価していた。よって，比較の操作は妥当であったと考えられる。

3. 尺度の構造の確認

動機づけの項目に関しては，尺度の構造を確認するために主成分分析を行った。その結果，すべての項目において，第1主成分に .50 以上の負荷量（.52 〜 .90）を示した。そこで，動機づけの5項目の得点を合計し，平均点を算出した。

次に，各尺度の内的一貫性を検討するために，Cronbach の α を算出した。その結果 .78 から .90 であった。いずれにおいても，十分な値を示した。

4．2要因共分散分析の結果

比較後の感情　社会的比較感情，動機づけ，上方比較後のパフォーマンスの得点に差があるのかを検討するために，各変数の得点を従属変数，制御焦点（促進焦点群／防止焦点群）および条件（同化，対比）を独立変数とする 2 要因共分散分析を行った。分析の際には，共変量として，1 回目のパフォーマンス得点を投入した。その結果，社会的比較感情に関しては，いずれにおいても有意な主効果および交互作用はみられなかった【表 8-2】。

表 8-2　社会的比較感情における制御焦点 × 条件の 2 要因共分散分析の結果

| | 平均値（標準偏差） | | | | F 値および効果量 | | | | | |
| | 促進焦点 | | 防止焦点 | | 主効果 | | | | 交互作用 | |
	同化 ($n = 22$)	対比 ($n = 21$)	同化 ($n = 20$)	対比 ($n = 22$)	制御焦点	η_p^2	条件	η_p^2	制御焦点 ×条件	η_p^2
憤慨感情	1.31 (0.69)	1.37 (0.58)	1.38 (0.55)	1.34 (0.57)	0.02	.00	0.01	.00	0.17	.00
卑下感情	2.03 (0.96)	1.96 (1.16)	2.08 (1.07)	2.07 (0.93)	0.05	.00	0.01	.00	0.01	.00
憧憬感情	2.32 (0.72)	2.24 (0.96)	2.45 (1.09)	2.44 (0.88)	0.72	.01	0.05	.00	0.04	.00
意欲感情	2.92 (1.14)	2.88 (1.25)	2.74 (1.07)	3.02 (1.03)	0.12	.00	0.44	.01	0.33	.00

動機づけ　動機づけに関しては，制御焦点の主効果（$F(1, 80) = 4.74, p = .032, \eta_p^2 = .06$）および交互作用（$F(1, 80) = 5.50, p = .021, \eta_p^2 = .06$）が有意であった。単純主効果の検定を行った結果，同化条件において促進焦点群の方が防止焦点よりも高いこと（$p = .002, \eta_p^2 = .11$）が示された。また，促進焦点群において同化条件の方が対比条件よりも高い傾向にあること（$p = .094, \eta_p^2 = .04$）が示された【図 8-2】。

パフォーマンス　パフォーマンスに関しては，制御焦点の主効果（$F(1, 80) = $

第 8 章 対人的な制御適合①―他者の存在―

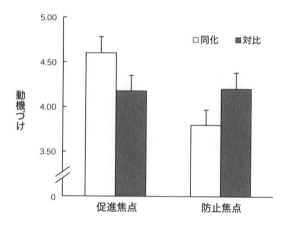

図 8-2　上方比較後の動機づけ

注1）得点はパフォーマンス（1回目）を共変量とした際の推定値を記載。
注2）エラーバーは標準誤差を示す。

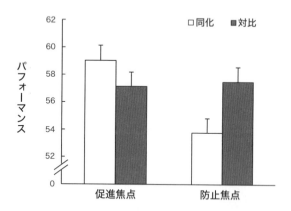

図 8-3　上方比較後のパフォーマンス

注1）得点はパフォーマンス（1回目）を共変量とした際の推定値を記載。
注2）エラーバーは標準誤差を示す。

$4.50, p = .036, \eta_p^2 = .05$）および交互作用（$F(1, 80) = 6.25, p = .011, \eta_p^2 = .07$）
が有意であった。単純主効果の検定を行った結果，同化条件において促進焦点
群の方が防止焦点群よりも高いこと（$p < .001, \eta_p^2 = .12$）が示された。また，
防止焦点群において対比条件の方が同化条件よりも高いこと（$p = .017, \eta_p^2$
$= .07$）が示された【図8-3】。

IV 考 察

　本研究の結果，比較後の感情に関しては差が見られず，仮説3と仮説4は支
持されなかった。本研究では，扱った憤慨感情や卑下感情は「A（比較相手）
に腹が立つ」や「みじめだ」のような項目から構成されるが，本実験の課題は
参加者にとって重要性が低く，比較相手も既知の存在ではないため，上記のよ
うな感情が喚起されにくかったと考えられる。

　動機づけやパフォーマンスに関しては差が見られ，仮説1，仮説2は部分的
に支持された。同化条件の実験参加者は比較相手との類似度を高く評価してお
り，自己評価をするために参照可能であったと考えられる。そこで，比較相手
の成績をもとに自己評価をしたため，相手の優れた成績に焦点が当てられたこ
とが想定される。さらに，同化が生じ優れた他者が自分と同じカテゴリーに
属すると判断し，自分にも獲得可能であると思うことで，比較相手の存在が目
指すべきポジティブ役割モデルとして機能した可能性がある。この場合，比較
相手が目指すべき目標を追求させるためのリマインダーのような機能を果たし
（Lockwood et al., 2002），望ましい状態を追い求めることに目を向けさせ，防止
焦点の個人よりも動機づけやパフォーマンスが高くなったことが考えられる。

　一方で，対比条件の実験参加者は比較相手との類似度を低く評価しており，
自己評価をするために参照する対象としては十分ではなかったことが考えられ
る。このことに加え，実験の操作の中で"自分の性格"についての記述を求め
た。そのために，自己に注意が向き，他者と比較した相対的な自己評価ではな
く，自分の得点の低さに焦点が当てられた可能性がある。そして，失敗による
損失を思い描いたため，自分の悪い点数を回避しようとして課題に積極的に取
り組もうとしたことが考えられる。そのため，促進焦点の個人よりも防止焦点

の個人のパフォーマンスが高くなったことが考えられる。

　また，防止焦点と対比条件では，動機づけに関しては有意な差はみられなかった。本研究で扱った動機づけは，課題に対する興味などを含んだものであったため，義務を果たすために動機づけられる防止焦点の個人では，動機づけの向上がみられなかったことが考えられる。先行研究では，動機づけの指標として直接的にどの程度動機づけられたかを尋ねたり（e.g., Idson, Liberman, & Higgins, 2004），「テストに向けてより勉強を頑張るつもりである」のような学業行動の実行の意図を尋ねたり（Lockwood et al., 2002）することで，動機づけを測定している。促進焦点，防止焦点それぞれにおいて，どのような動機づけを高めるのかという点については，今後更なる検討が必要であろう。

【研究 14】

Ｉ　目　的

　本研究の目的は他者とのかかわりの中で学ぶ機会の多い英語学習に着目し，特性的な制御焦点と役割モデルが動機づけや学業パフォーマンスに与える影響について検討することである。心理的な距離が近い他者の遂行が自己評価に関連することや（Tesser, Campbell, & Smith, 1984），先行研究（Lockwood et al., 2002）においても同じ学位プログラムを卒業した他者が想定されていることを考慮し，役割モデルとしては身近な他者を想定した。

　動機づけにかかわる指標としてはエンゲージメントに着目した。制御焦点と目標に対する手段との適合によって活動への価値が高まり，その結果としてエンゲージメントが向上することが多くの研究で示されている【第6章参照】。また，パフォーマンスの指標としては客観的なテストとして TOEIC の最高得点を使用した。本研究における日常的な学習場面における他者との適合においてもエンゲージメントの向上がみられ，結果として優れたパフォーマンスにつながることが想定される。

<研究 14 の仮説>

仮説 1 ポジティブな役割モデルの存在により，促進焦点の個人の動機づけやパフォーマンスが向上する。

仮説 2 ネガティブな役割モデルの存在により，防止焦点の個人の動機づけやパフォーマンスが向上する。

Ⅱ 方 法

1. 調査協力者

関西地方の外国語を専攻する大学生 172 名（男性 52 名，女性 120 名，平均年齢 = 20.08［SD = 1.36］歳）であった。

2. 質問項目

(1) 制御焦点尺度

研究 5-1 と同様に，尾崎・唐沢（2011）の PPFS 邦訳版を用いた。

(2) ポジティブ役割モデル

「英語を学ぶにあたりこの人のようになりたいと思う人はいますか」という教示のもと，「いる」または「いない」で回答を求めた。「いる」と回答した場合，"その人との関係"および，"身近な程度"（「その人は私にとって身近な存在である」），"操作チェックの項目"（「その人のようになりたいと思う」）について尋ねた。いずれも，"まったくあてはまらない（1 点）"から"とてもあてはまる（5 点）"までの 5 段階評定で回答を求めた。

(3) ネガティブ役割モデル

「英語を学ぶにあたりこの人のようになりたくないと思う人はいますか」という教示のもと，ポジティブ役割モデルと同様の内容について尋ねた。

(4) エンゲージメント

梅本・田中（2012）や梅本他（2016）の項目を英語学習場面に合うように修正したものを使用した。"行動エンゲージメント" 4 項目（項目例「私は頑張っ

て英語を勉強している」），"感情エンゲージメント" 4 項目（項目例「英語の勉強をしているとき，興味を感じる」）の計 8 項目で構成されている。"まったくあてはまらない（1 点）"から"非常に当てはまる"の 5 段階評定で回答を求めた。

(5) 英語パフォーマンス

これまでの TOEIC の最高得点を用いた。なお，TOEIC の点数については，研究での使用を了承した 80 名の点数を分析に用いた。TOEIC の点数については大学で得点が管理されていたため，研究での使用を了承したものに関しては学籍番号の記載を求め，大学の事務を通して点数の報告を受けた。なお，大学に報告をしていない TOEIC のテストについては，質問紙に具体的な点数の記載を求めた。

なお，研究の実施にあたっては関西外国語大学研究倫理委員会の承認を得た。

III　結　果

1．身近な役割モデルの有無の群分け

ポジティブ役割モデルに関しては 95 名がいると回答し，77 名がいないと回答した。ネガティブ役割モデルに関しては 47 名がいると回答し，125 名がいないと回答した。Lockwood et al.（2002）では参加者と同じ学位プログラムを卒業した役割モデルの情報が提示されており，役割モデルは参加者にとってある程度身近な他者であることを想定している。自己評価維持モデル（Tesser et al., 1984）においても，心理的な距離が近い他者の遂行が自己評価に関連することが述べられているように，他者との距離は役割モデルが与える影響にかかわることが考えられる。そこで相手との距離を考慮した。身近な程度については，5 段階評定で尋ねていたため，理論的中央値の 3 よりも大きい値であることを基準に，役割モデルが「いる」と回答した者の中で身近な程度が 4 以上であった者を「身近な役割モデル有り」とした（1 にコード化）。また，役割モデルが「いない」と回答または身近な程度が 3 以下であった者を「身近な役割モデル無し」とした（0 にコード化）。ポジティブ役割モデルでは有りが 47 名，無しが 125 名であった。ネガティブ役割モデルでは有りが 18 名，無しが 154

名であった。

2. 操作チェック

操作チェックの「その人のようになりたいと思う」という質問について，ポジティブ役割モデルは得点が高く，ネガティブ役割モデルは得点が低いと予想された。結果は想定通りであり，ポジティブ役割モデル（$M = 4.24, SD = 0.99$）は理論的中央値（3）よりも高く（$t(93) = 12.18, p < .001, d = 1.26$），ネガティブ役割モデル（$M = 1.65, SD = 1.16$）は理論的中央値よりも低かった（$t(45) = 7.89, p < .001, d = 1.16$）。

3. 身近な役割モデルの有無および制御焦点と英語学習の関連

各変数の平均値や α 係数，相関係数を表 8-3 に示した。Cronbach の α は .84 から .89 であり十分な値を示した。

表 8-3　記述統計と相関

	α	range	M	SD	1	2	3	4	5
1　促進焦点	.84	1 - 7	4.79	0.95	—				
2　防止焦点	.86	1 - 7	4.31	1.12	.28**	—			
3　行動エンゲージメント	.84	1 - 5	3.47	0.84	.42**	.21**	—		
4　感情エンゲージメント	.89	1 - 5	3.79	0.83	.28**	.12	.73**	—	
5　TOEIC	—	—	631.56	157.75	.05	.06	.43**	.33**	—
6　相対的制御焦点	—	—	0.46	1.25	.55**	-.68**	.13	.12	.07

注）**$p < .01$

身近な役割モデルの有無および相対的制御焦点と英語学習の関連をみるため，階層的重回帰分析を行った【表 8-4】。Step 1 では年齢，制御焦点，ポジティブ／ネガティブ役割モデルの有無を，Step 2 では上記に加え相対的制御焦点と役割モデルの有無の交互作用項を投入した。その結果，エンゲージメントを従属変数にした際には Step 2 における交互作用は有意ではなかった。TOEIC を従属変数とした際には，決定係数の増加分（$\Delta R^2 = .07$）の p 値は .051 であり，効果量も一定の値が得られた。また，制御焦点とポジティブ役割モデルの交互

表 8-4 制御焦点および身近な役割モデルの有無とエンゲージメント，TOEIC の関連

	行動エンゲージメント		感情エンゲージメント		TOEIC	
	β	95% CI	β	95% CI	β	95% CI
Step 1						
年齢	-.27 **	[-.41 , -.13]	-.17 *	[-.32 , -.02]	.40 **	[.19 , .61]
相対的制御焦点	.10	[-.04 , .25]	.11	[-.04 , .26]	-.05	[-.26 , .16]
ポジティブ役割モデル	.31 **	[.17 , .45]	.19 *	[.04 , .34]	.09	[-.12 , .31]
ネガティブ役割モデル	.08	[-.06 , .23]	.01	[-.14 , .16]	.13	[-.09 , .34]
Step 2						
年齢	-.27 **	[-.41 , -.13]	-.17 *	[-.32 , -.02]	.36 **	[.14 , .57]
相対的制御焦点	.10	[-.05 , .24]	.10	[-.06 , .26]	-.05	[-.27 , .16]
ポジティブ役割モデル	.30 **	[.16 , .45]	.18 *	[.03 , .34]	.06	[-.15 , .27]
ネガティブ役割モデル	.09	[-.06 , .23]	.01	[-.14 , .17]	.16	[-.05 , .37]
相対的制御焦点×ポジ	.03	[-.12 , .17]	.07	[-.09 , .22]	.22 *	[.01 , .44]
相対的制御焦点×ネガ	-.02	[-.16 , .13]	-.01	[-.17 , .15]	-.14	[-.36 , .07]
R^2 (Step 1)	.19 **		.08 *		.19 **	
R^2 (Step 2)	.19 **	ΔR^2 .00	.08 *	ΔR^2 .00	.25 **	ΔR^2 .07 †

注 1 ）** $p < .01$
注 2 ）ポジはポジティブ役割モデル（1. 有り，0. 無し）を，ネガはネガティブ役割モデル（1. 有り，0. 無し）を表す。

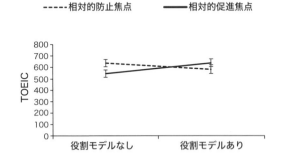

図 8-4 制御焦点，ポジティブ役割モデル，TOEIC の関連

注）エラーバーは標準誤差を示す。

作用が有意であった（β = .23, p = .039）。制御焦点理論に基づく研究では，制御焦点と適した手段を用いることで動機づけやパフォーマンスの向上がみられている（Higgins, 2008）。そのため，制御焦点の違いによって役割モデルの効果が異なることは，理論的な整合性があると考えられる。このことを考慮して，仮説を検証するために下位検定を行った【図 8-4】。その結果，相対的促進焦点（M +1SD）において傾きが有意であり，ポジティブ役割モデルがいる場合に TOEIC の得点が高かった（β = .31, p = .039）。一方で，相対的防止焦点（M -1SD）においては傾きが有意ではなかった（β = -.18, p = .283）。

Ⅳ 考　察

　TOEIC では促進焦点の個人は身近なポジティブ役割モデルがいることで点数が高いことが示され，パフォーマンスの仮説が一部支持された。一方で，エンゲージメントでは仮説が支持されなかった。その理由として，役割モデルがいることにより自己評価の変化も起きていた可能性が考えられる。自己評価維持モデル（Tesser et al., 1984）では，関与度の高い領域における，心理的な距離の近い他者の優れた遂行は自己評価の低下につながることや，優れていない遂行は，自己評価の向上につながることが考えられている。本研究では外国語専攻者を対象に関与度の高い英語に関する調査を行った。そのため，促進焦点の個人は優れた遂行を示すポジティブ役割モデルの存在により望ましい点に目を向けるとともに自己評価の低下にもつながり動機づけは向上しなかったと考えられる。一方で防止焦点の個人はネガティブ役割モデルの存在により回避すべき点に目を向けるとともに自己評価の向上にもつながり，良くない状態を回避しようという動機づけが生じなかった可能性が考えられる。

　パフォーマンスにおいてのみ効果がみられた理由として，対人関係における制御焦点の研究では（Righetti et al., 2011），防止焦点の個人とは異なり，促進焦点の個人は自分の目標志向性に合った他者から制御焦点に合ったアドバイスを受けることで動機づけの向上などがみられると考えられている。上述の自己評価にかかわる理由から動機づけの向上にはつながらなかったと考えられるが，他者との交流の中で的確なアドバイスを受けることができたり，効果的な

学習方略を選択できたりして，促進焦点の個人ではパフォーマンスの向上につ
ながったのかもしれない。

　最後に本研究の限界を述べる。本研究結果において，TOEIC の階層的重回
帰分析における決定係数の増加分は 5% 水準では有意ではなかった。そのため，
解釈には注意が必要である。また，研究 13 で検討したような比較の過程に関
しても言及できていない。今後は本結果の再現性や妥当性を確認したりする必
要があることに加え，パフォーマンスが向上した理由や防止焦点とネガティブ
役割モデルとの関連についても検討の余地がある。

【研究 15】

I　問題と目的

　本研究の目的は，スポーツ場面におけるライバル【研究 15-1, 15-2】やチーム
メイト【研究 15-3】との関係と制御焦点との適合の効果について検証すること
であった。促進焦点の個人はライバル関係によって，防止焦点の個人はチーム
メイトとの関係によって，それぞれ恩恵を受けやすいことが予想される。

　ライバル関係による影響の検証に関しては，理想自己と鼓舞的動機づけに着
目する。理想自己は自身がこうありたい，こうなりたいというような理想の
姿である（Higgins, 1987）。心理的に近い存在であるライバルと自身とを比較
し，その競争関係を意識することは，より望ましい自己への成長を意識させ
る。そのため，ライバル関係は理想自己を顕在化させる可能性が指摘されてい
る（Converse & Reinhard, 2016）。また，ライバルとの競争経験や比較は，相手
に勝ちたいという気持ちや，もっと上達したいという鼓舞的動機づけにつなが
る（Kilduff, 2014; Kilduff et al., 2010; Pike et al., 2018）。こうした，勝つことや
上達への動機づけは，ライバル関係が持つ影響の中でも特に重要なものである
（Converse & Reinhard, 2016）。以上を踏まえると，ライバル関係によって理想
自己の顕在化および鼓舞的動機づけの生起が生じやすく，さらにそれらは促進
焦点の個人においてよりみられやすいと考えられる。また，ライバルが促進焦
点により適した存在であるならば，促進焦点の個人は防止焦点の個人よりもラ

イバル関係を形成しやすい（ライバルがいる割合が多い）可能性があるため，制御焦点とライバルの有無や数との関連についても補足的に検討を行う。

　加えて本研究では，制御焦点の違いがライバル関係による影響を介して主観的なパフォーマンスへ影響するかどうかも検討する。パフォーマンスについては，「パフォーマンスに関して，実際の競技でのパフォーマンスは競技種目による差が大きくなる」という指摘（上野・小塩，2016）や，「スポーツにおける競技パフォーマンスの高さとは競技場面における心理状態をベストに持っていくことである」という指摘（橋本・徳永，2000）などを踏まえ，本研究ではライバル関係に関する研究でも用いられている（e.g., Kilduff, 2014）主観的なパフォーマンスを指標にすることとした。

　チームメイトとの関係による影響に関しては，安心感，義務自己の顕在化，社会的つながりに着目する。防止焦点の個人はポジティブ感情の中でも安堵や安心感のような感情を重視しやすく（e.g., Idson et al., 2000; Molden et al., 2008），チームとして目標を追求するにあたって安心感を経験しやすいとされる（Beersma, Homan, Van Kleef, & De Dreu, 2013）。このことから，防止焦点の個人は，共に取り組むチームメイトがいることによって安心感が生起しやすいと考えられる。また，制御焦点理論によると，促進焦点は理想自己と関連し，防止焦点は義務自己と関連するとされている（Higgins, 1987, 1997）。防止焦点の個人は対人関係や集団内の関係における規範や責任に敏感である（Neubert, Kacmar, Carlson, & Chonko, 2008; Zhang, Higgins, & Chen, 2011）という知見を踏まえると，防止焦点の個人はチームメイトとの関係を意識することでチームに対する義務や責任を感じやすくなり，義務自己が顕在化しやすい可能性がある。さらに，防止焦点の個人は相互協調的な自己観を有しており，他者とのつながりを重要視する（Lee et al., 2000）という知見を踏まえると，特性として防止焦点の個人は，チームメイトとの関係の中で他者との情緒的なつながりや絆である社会的つながり（Baumeister & Leary, 1995; Lee et al., 2008）を認知しやすい可能性がある。以上を踏まえると，チームメイトとの関係によって安心感の生起，義務自己の顕在化および社会つながりの生起が生じやすく，さらにそれらは防止焦点の個人においてよりみられやすいと考えられる。

　また，今回は制御焦点の違いがチームメイトとの関係による影響を介して集

団としてのパフォーマンスにかかわる指標に影響するかを検討する。これは，防止焦点の個人は促進焦点の個人よりも，個人ではなく集団としての達成を重視すること（Beersma et al., 2013），および他者との協調や関係性の規範を重視すること（Lee et al., 2000; Zhang et al., 2011）が示されているからである。集団としてのパフォーマンスにかかわる具体的な指標としては，チームメイトへのコミットメント（e.g., Aubé et al., 2014）および集団的動機づけ（e.g., Chen & Kanfer, 2006）を取りあげる。

【研究 15-1】

Ⅰ　目　的

特性的な制御焦点の違いによってライバル関係による影響（理想自己の顕在化，鼓舞的動機づけの生起）に違いがみられるのかを検討すること，および特性的な制御焦点の違いがライバル関係による影響を介して主観的なパフォーマンスに影響するかどうか検討することを目的とする。

なお，ライバルがいることによってモチベーションやエンゲージメントが高まることで，パフォーマンスの向上がみられる（Kilduff, 2014; Kilduff et al., 2010; Pike et al., 2018）ことが考えられ，促進焦点と防止焦点は基本的なパフォーマンスについては差がないとも言われている（Molden et al., 2008）。したがって制御焦点がライバル関係による影響を介して高いパフォーマンスにつながるかどうかについては，探索的に検討を行うこととする。

＜研究 15-1 の仮説＞

仮説 1-1　促進焦点の個人は防止焦点の個人よりもライバル関係による理想自己の顕在化や鼓舞的動機づけの生起が生じやすい。

II 方 法

1. 調査対象者

体育を専門とした学部に所属する関東圏内の国立大学生 188 名（男性 142 名，女性 44 名，不明 2 名，平均年齢 = 18.97［SD = 0.52］歳）を対象とした。

2. 質問項目

下記の質問項目を使用した。

（1）制御焦点

研究 5-1 と同様に，尾崎・唐沢（2011）の PPFS 邦訳版を用いた。

（2）競技経験および競技レベル

江田・伊藤・杉江（2009）の項目を使用した。競技経験については，"ふだんのスポーツとのかかわり方"について「1. 日常的にスポーツを行ってはいない」，「2. サークルに所属してスポーツを楽しんでいる」，「3. 部活に所属し競技力の向上を主な目的とし，競技者としてスポーツを行っている」，「4. どこかに所属せず，スポーツを自主的に楽しんでいる」，「5. その他」の 5 つから選ぶように求めた。"競技レベル"については，「1. 世界選手権・オリンピック等日本代表」，「2. 日本選手権・インカレ決勝・準決勝出場」，「3. 日本選手権・インカレ出場」，「4. 地方大会出場」，「5. その他」の 5 つから選ぶように求めた。

（3）専門競技および所属人数

専門競技を記述させたうえで，調査対象者が所属している団体のおおよその人数を記述するよう求めた。

（4）ライバル関係に関する項目

「以下の質問では，あなたの専門競技におけるライバルについてお聞きします」と教示し，3 つの質問を提示した。なおこの際，Converse & Reinhard（2016）に倣い，ライバルは個人でもチームでもよい旨を伝えた。1 つ目の質問は，"ライバルだと思うチーム（個人）の数"についてであった。いない場合には 0 と回答し，以下の 2 つの質問およびライバル関係による影響への回答はスキップするように求めた。2 つ目の質問では，"最もライバルだと思うチーム（個人）の名前（難しい場合にはイニシャル）"を書くよう求めた。これは，ライバル

の存在をより具体的に想像しやすくするための手続きであった。3つ目の質問は，"2つ目の質問で答えたチーム（個人）をなぜライバルだと思うか"についてであり，自由記述で回答を求めた。なお3つ目の質問は本研究の目的と直接関連しないため，結果については省略する。

(5) ライバル関係による影響

　ライバル関係による理想自己の顕在化およびライバル関係による鼓舞的動機づけの生起について測定するために，先行研究（e.g., Higgins, 1987, 1997; Kilduff, 2014; Kilduff et al., 2010; Molden et al., 2008）を参考にそれぞれ独自に作成した。"理想自己"4項目（項目例「自分の理想の姿が浮かんでくる」），"鼓舞的動機づけ"4項目（項目例「意気揚々とした気持ちが湧きあがってくる」）の計8項目で構成されている。「先ほどのページで答えてもらったライバルがいることは，あなたにどのような影響を与えますか。あなたの考えに最もあてはまる数字に○をつけてください」という教示のもと，"全くあてはまらない（1点）"から"非常によくあてはまる（7点）"までの7段階評定で回答を求めた。

(6) 競技パフォーマンス

　競技パフォーマンスの指標として，荒井・大場・岡（2006）の心理的パフォーマンスに対するセルフ・エフィカシー（self-efficacy；以下，SE）尺度を用いた。この尺度は"パフォーマンスへのSE"10項目（項目例「最後まであきらめずにがんばることができる」）で構成されている。本来は11段階評定であるが，調査回答者への負担を考慮し，原著者に許可を得たうえで，7段階評定で回答を求めた。この尺度への回答を求める際の教示文は荒井他（2006）に準じた。

　なお研究の実施にあたっては，筑波大学人間系研究倫理委員会の承認を得た。

Ⅲ　結　果

1. 分析対象者

　調査回答者の中で，競技経験について「3. 部活に所属し競技力の向上を主な目的とし，競技者としてスポーツを行っている」と答えた者が183名（97.3%）であった。特定の競技団体に所属していたり，競技者として専門的にスポーツに取り組んでいたりすることはライバル関係が生起しやすいとされているが

（Converse & Reinhard, 2016; Kilduff et al., 2010），ほとんどの調査回答者がその条件に該当する選択肢を選んでいた。そこで，本研究でも競技経験について「3」と回答した 183 名（男性 138 名，女性 43 名，不明 2 名，平均年齢 = 18.97［SD = 0.53］歳）を分析対象とした。

2．基礎統計量

　使用した尺度の基礎統計量を表 8-5 に示した。相対的制御焦点は，PPFS 邦訳版（尾崎・唐沢，2011）のうち利得接近志向性の得点から損失回避志向性の得点を引いたものである。[*2] 鼓舞的動機づけについては，α 係数を著しく下げる項目（「自分はすごい競技者（プレイヤー）だと思えてくる」）があったため，当該項目を除いた 3 項目の値を用いた。

表 8-5　各変数の基礎統計量

	α	項目数	range	M	SD
促進焦点	.84	8	8 - 56	40.41	6.47
防止焦点	.84	8	8 - 56	33.91	7.63
相対的制御焦点	—	—	—	6.46	8.63
ライバルの数	—	—	—	5.27	19.36
理想自己	.82	4	4 - 28	22.18	3.65
鼓舞的動機づけ	.82	3	3 - 21	17.10	2.65
パフォーマンスへの SE	.89	10	10 - 70	54.84	7.79

　また，分析対象者の中でライバルだと思うチーム（個人）の数が 1 以上であり，ライバルがいた者は 127 名（70.9% ; 回答が空欄であった 3 名および数値化できない回答［同じ競技をしている人全員］をした 1 名を除いた割合）であった。ライバルの有無については，ライバルがいる（1 人以上）と答えた者を 1，いない（0 人）と答えた者を 0 とコーディングした。また，ライバルの数は素の値を使用し，変換は行わなかった。競技レベルに関しては，「1. 世界

＊2　促進焦点と防止焦点の相関係数およびチーム人数と競技レベルを統制変数とした場合の偏相関係数は，それぞれ .26, .25（$ps < .01$）であった。

192 ▶ 第8章 対人的な制御適合①―他者の存在―

選手権・オリンピック等日本代表」が8名（4.4%；無回答だった2名を除いた割合。以下，同様），「2. 日本選手権・インカレ決勝・準決勝出場」が14名（7.7%），「3. 日本選手権・インカレ出場」が47名（26.0%），「4. 地方大会出場」が89名（49.2%），「5. その他」が23名（12.7%）であった。

3. 偏相関分析

相対的制御焦点と他の変数との関連を検討するために，チーム人数と競技レベルを統制した偏相関分析を行った。その結果，相対的制御焦点は，理想自己，鼓舞的動機づけ，パフォーマンスへのSE，ライバルの有無との間に有意な正の相関がみられ（順に，$prs = .21, .34, .31, .17, ps < .05$），ライバルの数との間には有意な相関がみられなかった（$pr = -.01, p = .946$）。

また，ライバル関係による影響とパフォーマンスへのSEに関連がみられるかどうか検討するため，理想自己，鼓舞的動機づけ，パフォーマンスへのSEの関連に関しても同様の偏相関分析を行った。その結果，理想自己と鼓舞的動機づけ，理想自己とパフォーマンスへのSE，鼓舞的動機づけとパフォーマンスへのSE，すべての間において有意な正の相関がみられた（順に，$prs = .62, .41, .61, ps < .001$）。

4. 媒介分析

相対的制御焦点がライバル関係による影響（理想自己の顕在化，鼓舞的動機づけの生起）を介してパフォーマンスへのSEを予測するかを検討するために，ブートストラップ法（Preacher & Hayes, 2008）による媒介分析（標本数，2000）を行った【図8-5】。分析の際は，共変量としてチーム人数と競技レベルを投入した。その結果，媒介変数を投入する前の相対的制御焦点からパフォーマンスへのSEのパス係数（$b = 0.24, \beta = .25, p = .006$）は，媒介変数（理想自己の顕在化，鼓舞的動機づけの生起）を投入することで減衰した（$b = 0.05, \beta = .05, p = .509$）。そのため，各媒介変数の標準化間接効果を確認するために95%バイアス修正ブートストラップ区間（confidence interval: CI）を算出した。理想自己に関してはCIが0を含んでいたため有意ではなかった（$B = .01, 95\%CI [-.03, .08]$）が，鼓舞的動機づけに関してはCIが0を含んでおらず，

間接効果が有意であった（B = .18, 95%CI [.07, .31]）。

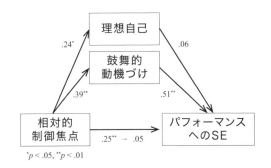

図 8-5　相対的制御焦点とパフォーマンスへのＳＥの関連における理想自己，鼓舞的動機づけの媒介効果

注）数値は標準化係数を示す。

5. 追加分析

　ライバルの数について大きな値を回答した参加者が何人かいたため，ライバルの数の分散が非常に大きくなっていた。そのため，それらの参加者を除いても元の分析と同様の結果がみられるかどうか確認するため，追加の分析を行った。

　まず，ライバルの数の第１四分位点と第３四分位点を算出し，その差である四分位範囲（Inter Quartile Range: IQR）を算出した。その後，第３四分位点 +1.5 × IQR の値を算出し，これより大きい値を外れ値とした（ライバルの数の分布は左に偏っていたため，第１四分位点 -1.5IQR より小さい値は存在しなかった）。ライバルの数が外れ値であった参加者（n = 5）のデータを除き，元の分析と同様に偏相関分析および媒介分析を行った。

　偏相関分析を行った結果，相対的制御焦点とその他の変数との偏相関係数の値は，ライバルの数との関連を除き元の結果とまったく同じであるか，わずかな（.01 程度の）違いがあるだけであり，結果の有意性は変わらなかった。相対的制御焦点とライバルの数の偏相関係数の値は元の結果よりも正の方向にやや大きくなった（pr = .10）が，有意ではなかった。理想自己，鼓舞的動機づけ，パフォーマンスへの SE 間の偏相関係数の値も同様に，元の結果とわずかな（.01

194 ▶ 第8章 対人的な制御適合①―他者の存在―

～.02 程度の）違いがみられるだけであり，結果の有意性は変わらなかった。媒介分析についても同様に，標準化間接効果の値（*B*）はわずかな（.01 程度の）違いがみられるだけであり，結果の有意性は変わらなかった。

　これらの結果より，ライバルの数が外れ値であった参加者のデータを削除しても，削除しない場合と同様の結果がみられることが示された。

【研究 15-2】

I　目　的

　研究 15-1 では "ライバル" という用語をそのまま用いたこと，主観的なパフォーマンスの指標としてパフォーマンスに対する SE のみを扱ったことなどに課題があった。その課題を踏まえ，本研究の目的は，ライバルについての説明を変更し，主観的なパフォーマンスの指標の追加をした上で，研究 15-1 の結果が再現されるかどうかを検討することであった。

<研究 15-2 の仮説>
仮説 2-1　促進焦点の個人は防止焦点の個人よりもライバル関係による理想自己の顕在化や鼓舞的動機づけの生起が生じやすい。
仮説 2-2　特性的な制御焦点はライバル関係による影響を介して主観的なパフォーマンスの高さと関連する。

II　方　法

1. 調査対象者
　体育を専門とした学部に所属する関東圏内の国立大学生 105 名（男性 76 名，女性 28 名，不明 1 名，平均年齢 = 18.41［*SD* = 0.81］歳）を対象とした。
2. 質問項目
(1) 制御焦点尺度

研究 15-1 と同様に，尾崎・唐沢（2011）の PPFS 邦訳版を用いた。

（2）競技経験および競技レベル

研究 15-1 と同様に，江田他（2009）の項目を用いた。

（3）専門競技および所属人数

研究 15-1 と同様に，専門競技と調査対象者が所属している団体のおおよその人数を記述するよう求めた。

（4）ライバル関係に関する項目

「以下の質問では，あなたの専門競技における競争相手についてお聞きします」と教示し，3 つの質問を提示した。なおこの際，研究 15-1 と同様に，競争相手は個人でもチームでもよい旨を伝えた。1 つ目の質問は，"ライバルの数"についてであった。研究 15-1 とは異なり，"ライバル"という用語の代わりに，Kilduff et al.（2010）と Converse & Reinhard（2016）を参考にして，「あなた（のチーム）と似た特徴を持ち，実力が同程度で，何度も競い合った（or 試合をした）ことがある相手」と表記して，その数について答えるよう求めた。いない場合には 0 と回答し，以下の 2 つの質問およびライバル関係による影響への回答はスキップするように求めた。2 つ目の質問は，"1 つ目の質問に最もよくあてはまると思うチーム（個人）の名前（難しい場合にはイニシャル）"を書くよう求めるものであった。3 つ目の質問は，"2 つ目の質問で答えたチーム（個人）が自分にとってどういう存在か"についてであり，自由記述で回答を求めた。[*3]

（5）ライバル関係による影響

ライバル関係による"理想自己の顕在化"および"鼓舞的動機づけ"の生起について，研究 15-1 で作成した項目を用いた（"鼓舞的動機づけ"については，分析に使用した 3 項目のみ採用）。教示文に関しては"ライバル"の部分を"競争相手"に変更して用いた。

（6）競技パフォーマンス

競技パフォーマンスの指標を 2 つ用いた。1 つ目は研究 15-1 と同様の心理的パフォーマンスに対する SE 尺度（荒井他, 2006）であった。2 つ目は，上野・

＊3　自由記述に関して有効回答を得られた 82 名のうち，競争相手について"ライバル"という言葉を用いていた者は 31 名（37.8%）であった。

196 ▶ 第8章 対人的な制御適合①─他者の存在─

小塩（2016）の競技パフォーマンスに対する自己評価尺度であった。この尺度は自己の競技パフォーマンスに対する評価を直接的に測定するものであり，3項目（項目例「私は，満足したパフォーマンスを行えている」）から構成されている。こちらも心理的パフォーマンスに対するSE尺度と同様に原尺度は11段階評定であったが，調査対象者への負担を考慮し，原著者に許可を得たうえで，7段階評定で回答を求めた。2つの尺度のいずれも，教示文は原尺度と同じものを用いた。

　なお研究の実施にあたっては，筑波大学人間系研究倫理委員会の承認を得た。

Ⅲ　結　果

1．分析対象者

　調査回答者の中で競技経験について「3. 部活に所属し競技力の向上を主な目的とし，競技者としてスポーツを行っている」と答えた者がほとんどであった（100名，95.2%）ため，上記の選択肢を選んだ100名（男性72名，女性27名，不明1名，平均年齢 = 18.40［$SD = 0.82$］歳）を分析対象とした。

2．基礎統計量

　使用した尺度の基礎統計量を表8-6に示した。相対的制御焦点は，研究15-1と同様に算出した。[*4] また，分析対象者の中で，"ライバル"がいる（1人以上と回答）と答えた者は83名（86.5%；回答が空欄であった4名を除いた割合）であった。ライバルの有無に関するコーディングについては研究15-1と同様の処理を行い，ライバルの数についても同様に素の値を用いた。競技レベルに関しては，「1. 世界選手権・オリンピック等日本代表」が4名（4.1%；無回答だった2名を除いた割合。以下，同様），「2. 日本選手権・インカレ決勝・準決勝出場」が12名（12.2%），「3. 日本選手権・インカレ出場」が22名（22.4%），「4. 地方大会出場」が46名（46.9%），「5. その他」が14名（14.3%）であった。

＊4　促進焦点と防止焦点の相関係数およびチーム人数と競技レベルを統制変数とした場合の偏相関係数は，それぞれ .30, .26（$ps < .01$）であった。

表 8-6　各変数の基礎統計量

	α	項目数	range	M	SD
促進焦点	.84	8	8 - 56	40.48	6.77
防止焦点	.87	8	8 - 56	35.56	8.51
相対的制御焦点	—	—	—	4.92	9.18
ライバルの数	—	—	—	3.69	5.60
理想自己	.89	4	4 - 28	19.38	5.51
鼓舞的動機づけ	.87	3	3 - 21	15.95	3.77
パフォーマンスへの SE	.89	10	10 - 70	54.26	8.09
パフォーマンスの自己評価	.88	3	3 - 21	11.38	4.10

3. 偏相関分析

　相対的制御焦点と他の変数との関連を検討するために，チーム人数と競技レベルを統制した偏相関分析を行った。その結果，相対的制御焦点は，鼓舞的動機づけ，パフォーマンスへの SE との間に有意な正の相関がみられ（順に，prs = .34, .35, ps < .001），理想自己，パフォーマンスへの評価，ライバルの有無，ライバルの数との間には有意な相関がみられなかった（順に，prs = .16, .16, .01, .09, p > .140）。

　また，鼓舞的動機づけとパフォーマンスへの SE に関連がみられるかどうか検討するため，同様の偏相関分析を行った結果，有意な正の相関がみられた（pr = .43, p < .001）。

4. 媒介分析

　相対的制御焦点がライバル関係による鼓舞的動機づけの生起を介してパフォーマンスへの SE を予測するかを検討するために，ブートストラップ法による媒介分析（標本数，2000）を行った【図 8-6】。その際，共変量としてチーム人数と競技レベルを投入した。その結果，媒介変数を投入する前の相対的制御焦点からパフォーマンスへの SE のパス係数（b = 0.31, β = .36, p < .001）は，媒介変数（鼓舞的動機づけの生起）を投入することで減衰した（b = 0.21, β = .25, p = .020）。そのため，媒介変数の標準化間接効果を確認するために 95% バイアス修正ブートストラップ区間（CI）を算出した結果，CI が 0 を含んでおらず，

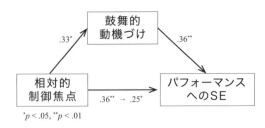

図 8-6　相対的制御焦点とパフォーマンスへのＳＥの関連における鼓舞的動機づけの媒介効果

注）数値は標準化係数を示す。

間接効果が有意であった（$B = .12, 95\%\text{CI}\,[.01, .28]$）。

【研究 15-3】

I　目　的

　研究 15-1, 15-2 では促進焦点とライバル関係の適合について検討した。一方で，防止焦点の個人にはチームメイトとの関係が適合する可能性が考えられる。そこで本研究では，特性的な制御焦点の違いによってチームメイトとの関係による影響（安心感の生起，義務自己の顕在化，社会的つながりの認知）に違いがみられるかどうか，および，特性的な制御焦点の違いがチームメイトとの関係による影響を介して集団的なパフォーマンス（チームへのコミットメント，集団的な動機づけ）に影響するかどうか検討することを目的とする。

> ＜研究 15-3 の仮説＞
> **仮説 3-1**　促進焦点の個人は防止焦点の個人よりもチームメイトとの関係による安心感の生起，義務自己の顕在化，社会的つながりの認知が生じやすい。
> **仮説 3-2**　特性的な防止焦点の強さがチームメイトによる影響を介してチームへのコミットメントおよび集団的な動機づけの強さにつながる。

Ⅱ　方　法

1.　調査対象者

　体育系の部活・サークルに所属する関東圏内の大学生 188 名（男性 130 名，女性 57 名，不明 1 名，平均年齢 = 19.42［SD = 0.98］歳）が調査に回答した。そのうち，競技経験の項目に関して特定の組織に所属していないと回答した者 4 名，チームメイトがいないと回答した者 3 名，所属する集団の人数および競技レベルについて無回答だった者 1 名，およびチームメイトのうち特に親しい者の名前（ないしイニシャル）について無回答および「1 人を選べない」と回答した者 7 名も除外した。最終的に，残った 173 名（男性 118 名，女性 54 名，不明 1 名，平均年齢 = 19.45［SD = 1.00］歳）を本研究の分析対象とした。

2.　質問項目

（1）制御焦点尺度

　研究 15-1，15-2 と同様に，尾崎・唐沢（2011）の PPFS 邦訳版を用いた。

（2）競技経験および競技レベル

　研究 15-1 と同様に，江田他（2009）の項目を用いた。

（3）専門競技および所属人数

　研究 15-1 と同様に，専門競技と調査対象者が所属している団体のおおよその人数を記述するよう求めた。

（4）チームメイトに関する項目

　「以下の質問では，あなたの専門競技におけるチームメイトについてお聞きします」と教示し，質問を 3 つ提示した。本研究では，多くの先行研究でチームメイトの用語がそのまま使われ明確な定義がされていない点，および個人競技か集団競技かにかかわらずチームメイトという語が使用されている点（Evans, Eys, & Wolf, 2013; Raabe, Zakrajsek, & Readdy, 2016; Scott, Haycraft, & Plateau, 2019）を踏まえ，チームメイトを特に定義せずにそのまま使うこととした。一方で，部活によっては所属人数が著しく多かったり，同じ部活内であってもサブグループで活動したりする（陸上競技における長距離，短距離，投てき等の区分など）ことがメインであり相互作用が全くない場合を考慮し，チー

ムメイトについて「練習を一緒に行ったりする他者のことを指し，必ずしも同じ部活の人すべてが該当するわけではない」という追加の説明をした。

　まず1つ目の質問は，"チームメイトの具体的な数"についてであり，自由記述で回答を求めた。2つ目の質問は，"チームメイトの中で最も親しく，かかわりが強いと思う個人の名前ないしイニシャル"を書くよう求めるものであった。3つ目の質問は，"2つ目の質問で答えたチームメイトが自身にとってどういう存在か"を答えるものであった。2つ目および3つ目の項目は，当該のチームメイトに関する具体的な想起を促進するために設けたものであったため，回答それ自体は分析に用いなかった。

(5) チームメイトとの関係による影響

　チームメイトによって生じる影響と考えられる3つの指標（安心感の生起，義務自己の顕在化，社会的つながりの認知）について測定するために，先行研究（e.g., Higgins, 1987, 1997; Lee et al., 2008; Molden et al., 2008; Wann, Waddill, Brasher, & Ladd, 2015）を参考にそれぞれ独自に作成した。"安心感の生起"4項目（項目例「気持ちが落ち着く」），"義務自己の顕在化"4項目（項目例「自分のあるべき姿が浮かんでくる」），"社会的つながりの認知"4項目（項目例「自分が周りから信頼されているという感覚を得られる」）の計12項目で構成されている。「先ほどのページで答えてもらったチームメイトがいることは，あなたにどのような影響を与えますか。あなたの考えに最もあてはまる数字に○をつけてください」という教示のもと，"全くあてはまらない（1点）"から"非常によくあてはまる（7点）"までの7段階評定で回答を求めた。

(6) チームへのコミットメント

　所属しているチームへのコミットメントの指標として，橋本・唐沢・磯崎（2010）のサークル・コミットメント尺度を，著者の許可を得たうえでチーム用に教示および項目を一部改変して用いた。この尺度は"情緒的コミットメント"4項目（項目例「これからも，喜んでこのチームの一員でありつづけたい」），"規範的コミットメント"4項目（項目例「チームの他のメンバーに悪いので，今やめようとは思わない」），"集団同一視コミットメント"4項目（項目例「このチームの一員であるということを強く意識している」）の計12項目について"全くあてはまらない（1点）"から"非常によくあてはまる（7点）"までの7

段階評定で回答を求めた。

(7) 集団的な動機づけ

チーム全体として目標を達成しようとする"集団的な動機づけ"について，先行研究（e.g., Beersma et al., 2013; Chen & Kanfer, 2006; Neubert et al., 2008）を参考に項目を独自に作成した。計 6 項目（項目例「試合に向けて，チームの皆で協力して頑張りたい」）について「以下の質問に対して，あなた自身の考えに最も近い数字を〇で囲ってください」という教示のもと，"全くあてはまらない（1 点）"から"非常によくあてはまる（7 点）"の 7 段階評定で回答を求めた。

なお研究の実施にあたっては，筑波大学人間系研究倫理委員会の承認を得た。

Ⅲ　結　果

1. 分析対象者

競技経験について割合を算出したところ，「2. サークルに所属してスポーツを楽しんでいる」と答えたものが 11 名（6.4%），「3. 部活に所属し競技力の向上を主な目的とし，競技者としてスポーツを行っている」と答えた者が 162 名（93.6%）であった。本研究で扱うチームメイトに関しては同じチームに所属しているということが重要であり，所属する集団が部活かサークルかどうかはそこまで重要性の高いものではないと判断したため，「2. サークルに所属してスポーツを楽しんでいる」と回答した参加者も含めて 173 名すべてを分析対象者とすることとした。

2. 相対的制御焦点とチームメイトの数およびチームメイトとの関係による影響との関連

まず，PPFS 邦訳版（尾崎・唐沢，2011）の利得接近志向得点から損失回避志向得点を減算し，相対的制御焦点の指標を作成した。

続いて，相対的制御焦点とチームメイトの数，およびチームメイトとの関係による影響（安心感の生起，義務自己の顕在化，社会的つながりの認知）との関連を検討するため，偏相関分析を行うこととした。この際，競技レベルおよ

202 ▶ 第 8 章　対人的な制御適合①―他者の存在―

び所属する集団の人数を共変量とした。チームメイトの数については，特に変換を行わず，素の得点を用いた。チームメイトとの関係による影響（安心感の生起，義務自己の顕在化，社会的つながりの認知）については α 係数が十分高かったため，それぞれ全項目の合成得点を分析に用いた。各尺度の基礎統計量は表 8-7 に示した。偏相関分析の結果は表 8-8 に示した。

　分析の結果，まず相対的制御焦点とチームメイトの数との間に有意な相関はみられなかった（$pr = -.07, p = .346$）。また，チームメイトとの関係による影響については，相対的制御焦点は義務自己の顕在化と有意な負の相関（$pr = -.19, p = .012$）を示し，安心感の生起，社会的つながりの認知とは有意な相関がみられなかった（順に，$prs = .02, .12, ps > .135$）。なお，義務自己の顕在化と安心感の生起および社会的つながりの認知との相関係数，安心感の生起と社会的つながりの認知との相関係数に関しては，それぞれ値が有意であった（順に，$prs = .26 .47, .60, ps < .001$）。

3. 相対的制御焦点とチームへのコミットメントおよび集団的な動機づけとの関連

　チームメイトとの関係による影響の分析と同様に，相対的制御焦点とチームへのコミットメントおよび集団的な動機づけとの関連について，競技レベルおよび所属する集団の人数を共変量とした偏相関分析を行った。チームへのコミットメントおよび集団的な動機づけに関しては情緒的コミットメントを除き α 係数が十分に高い値であった【表 8-7】。一方で，情緒的コミットメントは一部を改変しつつもほぼ既存の尺度（橋本他, 2010）に即した項目であったため，情緒的コミットメントも併せてすべての変数の各合成得点を分析に用いた。[*5]

　その結果，相対的制御焦点はチームへの規範的コミットメントおよび集団的な動機づけと有意な負の関連（順に，$prs = -.23, -.22, ps < .01$）を示し，チームへの情緒的コミットメントおよび集団同一視コミットメントとは有意な相関

＊5　なお，情緒的コミットメントに関して，α 係数を下げていた 1 項目を除いた 3 項目で α 係数を算出したところ，値は .76 へと改善された。しかし，この 3 項目を用いた場合も 4 項目を用いた際と結果はほとんど変わらず，相対的制御焦点との相関係数は非有意であった（$pr = -.03, p = .740$）。

表 8-7　本研究で扱う変数の基礎統計量

	α	項目数	range	M	SD
促進焦点	.79	8	8 - 56	40.26	6.40
防止焦点	.82	8	8 - 56	35.29	8.14
相対的制御焦点	-	-	-	4.97	9.66
チームメイトの数	-	-	-	34.25	30.98
チームメイトとの関係による影響					
安心感の生起	.95	4	4 - 28	21.27	5.11
義務自己の顕在化	.83	4	4 - 28	19.54	4.85
社会的つながりの認知	.85	4	4 - 28	20.38	4.58
チームへのコミットメント					
情緒的コミットメント	.60	4	4 - 28	20.42	3.90
規範的コミットメント	.75	4	4 - 28	20.82	5.04
集団同一視コミットメント	.85	4	4 - 28	21.05	4.57
集団的な動機づけ	.89	6	6 - 42	33.56	5.68

表 8-8　本研究における変数間の偏相関係数

		1	2	3	4	5	6	7	8
1	相対的制御焦点								
2	チームメイトの数	-.07							
3	安心感の生起	.02	.09						
4	義務自己の顕在化	-.19*	.00	.26**					
5	社会的つながりの認知	.12	.05	.60**	.47**				
6	情緒的コミットメント	.04	.02	.00	.19*	.13			
7	規範的コミットメント	-.23**	.13	.11	.24**	.09	.17*		
8	集団同一視コミットメント	-.10	.00	.14	.29**	.25**	.62**	.32**	
9	集団的な動機づけ	-.22**	.03	.19*	.24**	.22**	.53**	.21**	.61**

注 1)　$^*p < .05$, $^{**}p < .01$

注 2)　競技レベルおよび所属する集団の人数を統制変数としている。

がみられなかった（順に，*prs* = .04, -.10, *ps* > .181）

4. 媒介分析

　まず，チームメイトとの関係による義務自己の顕在化とチームへの規範的コミットメントおよび集団的な動機づけに関連がみられるかどうか検討するため，これまでと同様の手続きで偏相関分析を行った。その結果，義務自己の顕在化はチームへの規範的コミットメントおよび集団的な動機づけともに有意な正の関連を示した（順に，*prs* = .24, .25, *ps* = .001）。

　続いて，相対的制御焦点がチームメイトとの関係による義務自己の顕在化を介してチームへの規範的コミットメントおよび集団的な動機づけを予測するか検討するために，SPSS マクロである PROCESS（Hayes, 2018）を用いてブートストラップ法（Preacher & Hayes, 2008）による媒介分析（標本数, 2000）を行った【図 8-7】。その際，偏相関分析と同様に，所属する集団の人数と競技レベルを共変量として投入した。具体的には，独立変数と併せ，所属する集団の人数および競技レベルから義務自己の顕在化，チームへの規範的コミットメントおよび集団的な動機づけへのパスを仮定した。

　まずチームへの規範的コミットメントを従属変数とした分析について述べる。分析の結果，媒介変数を投入する前の相対的制御焦点によるパス係数（*b* = -0.11, β = -.22, *p* = .003）は，義務自己の顕在化を投入することで減衰した（*b* = -0.09, β = -.18, *p* = .016）。そこで，義務自己の顕在化の標準化間接効果について 95% バイアス修正ブートストラップ信頼区間（confidence interval: CI）を算出したところ，CI が 0 を含んでおらず，効果が有意であった（*B* = -.039, 95%CI [-.084, -.004]）。

　続いて，上記と同様の分析を集団的な動機づけを従属変数として行ったところ，媒介変数を投入する前の相対的制御焦点によるパス係数（*b* = -0.13, β = -.22, *p* = .004）は，義務自己の顕在化を投入することで減衰した（*b* = -0.10, β = -.18, *p* = .016）。さらに，同様に 95% バイアス修正ブートストラップ CI を算出したところ，0 を含んでおらず，効果が有意であった（*B* = -.039, 95%CI [-.086, -.003]）。

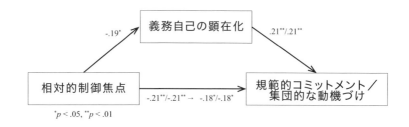

図 8-7 相対的制御焦点とチームへの規範的コミットメントおよび集団的な動機づけとの関連における義務自己の顕在化の媒介効果

注1）数値は標準化係数を示す。
注2）左側が規範的コミットメント，右側が集団的な動機づけの値を示す。

【研究 15 の考察】

　本研究の目的は，特性的な制御焦点と競争場面における他者（ライバル，チームメイト）との適合の効果を検討することであった。

(1) ライバル関係

　ライバル関係について，2つの調査研究を行った結果，促進焦点の個人はライバル関係による影響（特に鼓舞的動機づけ）を受けやすいこと，それによってパフォーマンスに対する SE が向上しやすいことが示された。これらの結果は，仮説 1-1, 2-1 を部分的に支持し，先行研究からの示唆（Converse & Reinhard, 2016; Kilduff, 2014; Kilduff et al., 2010）と一致するものであった。また，ライバル関係による影響は鼓舞的動機づけを介してパフォーマンスに関する SE と関連しており，部分的にではあるものの仮説 2-2 も支持された。なお，これらの結果は，"ライバル" という用語を用いた場合【研究 15-1】と客観的な特徴から "ライバル" を定義した場合【研究 15-2】の双方で同様の結果が得られたことから，頑健性が高いものであるといえる。

　他方，研究 15-1 と 15-2 では同じ結果が得られなかった変数もあった。具体的には，ライバルの有無と理想自己に関する結果である。研究 15-1 では，ライバルの有無と理想自己は，相対的制御焦点との間に有意な正の関連がみられ

たが，研究 15-2 ではみられなかった。

　ライバルの有無について結果が一致しなかったのは，研究 15-2 で「ライバルが有する特徴」を持つ競争相手を対象としたものであったことが理由として考えられる。研究 15-2 では，ライバルが有する本質的な特徴として類似性，同等性，複数回の競争経験を取りあげ，それらに該当する競争相手について回答を求めた。これらにあてはまる程度が高いとライバルとして認知されやすいと言われている（Converse & Reinhard, 2016; Kilduff et al., 2010）が，これらすべてが必ずしも備わっていなければならないということではない。実際に，実力の離れた相手に対してもライバル意識を持つ場合があることが指摘されている（e.g., Kilduff et al., 2010）。研究 15-2 は研究 15-1 よりも "ライバル" として認知された相手の幅が狭かったことで，ライバルの有無と制御焦点との関連がみられにくかったのかもしれない。研究 13, 14 でも言及したように促進焦点の個人は自分よりも優れた者を参照することで動機づけが高まりやすいとされている（Lockwood et al., 2002）。そのため，研究 15-1 では研究 15-2 と比べて，自分よりも実力が上の対象についても "ライバル" として認知しやすく，理想自己の顕在化との関連がより顕著に現れた可能性がある。

　また，パフォーマンスの指標について，パフォーマンスへの SE に関しては研究 15-1，15-2 ともに制御焦点の間に有意な関連がみられ，促進焦点の個人の方が防止焦点の個人よりもパフォーマンスへの SE が高いことが示されたが，研究 15-2 ではパフォーマンスの自己評価と制御焦点との間に有意な関連がみられなかった。上野・鈴木（2016）は，パフォーマンスへの SE が高まることでパフォーマンスの自己評価も向上するというプロセスを仮定しているが，このプロセスが常に成立するわけではないことを指摘している。本研究では，制御焦点がパフォーマンスへの SE を予測することは示されたが，この結果がそのまま実際のパフォーマンスの差異を示しているわけではない。今後は調整要因について綿密に検討したうえで，制御焦点とパフォーマンスの関係性についてさらに検討を重ねていく必要がある。

(2) チームメイトとの関係

　チームメイトについて，防止焦点の個人は，促進焦点の個人よりもチームメイトとの関係による影響（義務自己の顕在化）が生じやすいことが明らか

になり，競争場面において防止焦点の個人にはチームメイトが重要な他者となり得るということが示唆された。この結果は仮説 3-1 を部分的に支持するものであった。防止焦点の個人は対人関係や集団内の規範や責任に敏感であり（Neubert et al., 2008; Zhang et al., 2011），チーム内で活動する際にも自身の責任や全うすべき役割を意識しやすいと推測される。そのため本研究でも防止焦点の個人は，促進焦点の個人よりもチームメイトとの関係によって義務自己が顕在化しやすかったのだと考えられる。

また重要な知見として，防止焦点の個人では，義務自己の顕在化を介して，チームへの規範的コミットメントおよび集団的動機づけの高さを予測することが明らかになった。この結果は，防止焦点の個人は促進焦点の個人よりも，集団としての目標を重視しやすいという先行研究（e.g., Beersma et al., 2013）の知見および仮説 3-2 を支持するものであった。チームへの規範的なコミットメントは，チームに対して"やめられない"，"他の成員に迷惑をかけたくない"といった集団内の規範や責任を反映するものであった（橋本他，2010）ため，義務自己との関連が強く出たものと考えられる。また，集団的な動機づけに関しては，防止焦点の個人は自身に与えられた役割を完遂することで所属する集団に貢献しようとする傾向があることが示されている（Neubert et al., 2008）。そのため，防止焦点の個人では義務自己が活性化した結果，自分の役割を意識することで，チームへの貢献やチーム全体としての目標を意識した動機づけが生じやすくなった可能性がある。

これらの結果を踏まえると，競争場面において防止焦点の個人はライバルではなくチームメイトからの恩恵を受けやすいということが示唆されたといえよう。しかし，研究 15-3 で得られた結果は，有意ではあったものの効果量としてあまり大きいものではなかったため，結果の解釈には慎重さが求められるだろう。

一方で，研究 15-3 で取りあげた指標の中で，制御焦点と関連がみられなかった変数がいくつかあった。まず，チームメイトの数である。ライバルとの関係は個人の認知の仕方に影響を受けやすい主観的なものである（Kilduff et al., 2010）が，チームメイトは実際にチームで行動を共にする他者であるため，個人の認知による影響を受けにくく，制御焦点との関連がみられなかったと考え

られる。

　次に，安心感の生起である。防止焦点の個人は促進焦点の個人と比べて安心感を経験しやすいことが明らかになっている（e.g., Idson et al., 2000）が，防止焦点の個人が安心感を経験しやすいのは特に損失の回避に成功した時だとされる。そのため，他者と共にいる際に恒常的に経験されやすいものではないのかもしれない。また，恋人や友人といった限られた少数の他者との関係ではなく，大勢の他者とかかわりあうチームでは，チーム内の関係性を肯定的に維持しようとする点で安心感よりも義務感や責任感の方が経験されやすいのかもしれない。制御焦点と情緒的コミットメントとの関連がみられなかった理由についても，同様の可能性が考えられる。

　次に，社会的つながりの認知である。社会的つながりは他者との情緒的なつながりや絆の感覚のことであるが，これは他者との関係によって得られるものとして，"獲得"に焦点化されている指標であるかもしれない。このことは，社会的つながりと類似した内容（他者との関係）が，心理的な成長感の下位因子として想定されていること（e.g., Taku et al., 2007）からも，支持されるかもしれない。また，防止焦点の個人は対人関係においてネガティブなイベント（例：葛藤）により敏感である（Ayduk, May, Downey, & Higgins, 2003）ため，つながりや絆といったポジティブな感覚をあまり感じにくいという可能性も考えられる。

　最後に，集団同一視コミットメントである。集団同一視は自己と集団を同一視するような種類のコミットメントであるが，防止焦点は自己と他の対象を同一視するよりも，むしろ区別して対比的に捉える傾向があることが示されている（Lockwood et al., 2002）。そのため，自己と集団を同一視するのではなく，あくまで自己を集団内の一成員として自覚しつつ，集団全体の目標を重視した行動を取りやすいのかもしれない。

【第 8 章のまとめ】

　第 8 章では，対人的な関係に着目して制御適合の効果について検証し，促進

焦点と防止焦点のそれぞれに適した他者との関係があることが示された。

研究 13, 14 では役割モデルによる影響について検証した。研究 13 では自分より優れた他者と同化が生じた際には促進焦点の個人が，対比が生じた際には防止焦点の個人がそれぞれ恩恵を受けることが示された。また，研究 14 ではそのような比較の過程には着目できていないものの，日常的な学業場面においても適合による恩恵が見られ，特に身近な役割モデルがいる促進焦点の個人は，英語のパフォーマンスが高いことが示された。日常的な学習場面においても他者の存在の恩恵が得られた点は，教育実践に有益な示唆を与えることができるだろう。しかしながら，研究 13 では関連すると思われていた比較後の感情の違いはみられなかった。また研究 14 でも媒介要因として想定されていたエンゲージメントの効果はみられなかった。よって，どのような過程でパフォーマンスの向上がみられたのかといったプロセスについてはまだ明らかになっていない。今後は役割モデルの存在によるパフォーマンスの向上がなぜ起こるのかということを明らかにする必要があるだろう。

研究 15 ではライバルやチームメイトとの関係と制御焦点の関連について検討した。研究 15-1, 15-2 では，促進焦点の個人は防止焦点の個人よりもライバルの存在による恩恵を受けることが示された。また，研究 15-3 では防止焦点の個人は促進焦点の個人よりもチームメイトの存在による恩恵を受けやすいことが示された。この結果は，競争場面において促進焦点または防止焦点のいずれか一方が優れているというわけではなく，互いに適合した他者の存在によってより望ましい結果をもたらすことを示すものである。なお，本研究は先行研究に倣いスポーツ領域を対象にして検討を行ったが，ライバル関係やチームメイトとの関係はさまざまな領域において存在する。今後は，スポーツ領域に限らず，学業領域をはじめとする多様な領域でライバルやチームメイトとの関係による影響を検討し，ライバルやチームメイトがいることの重要性やそのメリットについて実証していく必要がある。

本章の結果を踏まえ，個人の目標志向性に適した他者とのかかわりを促すことや，他者の情報を与えることで人の動機づけやパフォーマンスの向上を促進できる可能性が示された。これらの結果は研究 14 のように，教育的な場面でも応用可能である。近年では，ICT の発達に伴い個別最適な学びが求められて

いる。たとえば PC での学習の際に個人の志向性に合わせて役割モデルの情報やライバルやチームメイト（一緒に勉強に取り組む仲間）を提示してあげることで，高い動機づけや優れたパフォーマンスへとつながるかもしれない。具体的には，促進焦点の個人には個別の学習ページ内に学習者と類似した点を示しつつ優れた他者の情報を提示したり，切磋琢磨できるような他者や目標とする相手を持つことを推奨したりすることによって，動機づけやパフォーマンスにつながる可能性がある。一方，防止焦点の個人には，失敗している他者の情報を提示したり，学習者との違いを示しつつ優れた他者の情報を提示したり，友人と一緒に学習（例：ピア・ラーニング）することを推奨したりすることによって，動機づけやパフォーマンスにつながる可能性がある。今後は，本研究で得られた知見を他の領域へ応用できるか，さらなる検討が望まれる。

第9章

対人的な制御適合②
―他者からの支援―

　第8章では他者の存在との適合について述べたが，制御焦点の研究では他者から受ける支援との適合についても検討されている。個人に対して支援を行う際も，目標志向性に合った支援を行うことでより優れた成果が望まれる。他者からの支援との関連としては，目標サポート（浅野・吉田，2014; Molden, Lucas, Finkel, Kumashiro, & Rusbult, 2009），フィードバック（Idson & Higgins, 2000），自己決定理論（Self-Determination Theory［SDT］; Deci & Ryan, 2002; Ryan & Deci, 2017）に基づいた欲求支援（Hui, Molden, & Finkel, 2013），相手の目標志向性（Righetti, Rusbult, & Finkenauer, 2010; Righetti et al., 2011）などがしばしば検討されている（レビューとして Molden & Winterheld, 2013）。そして，実際に支援を受ける側の目標志向性に適合した支援は，受け手の動機づけや関係性の満足度，ウェルビーイングなどを向上させることが示されている。このように，制御焦点の違いによってそれぞれ効果的な支援が異なることが想定され，対人関係においても相手の目標志向性に合った支援を行うことがとても重要である。ここで述べたものの他にも，さまざまな支援との適合が想定されるが，本章では表9-1で示されるような，フィードバックと欲求支援に着目して検討する。

表9-1　制御焦点に合った支援

	促進焦点	防止焦点
フィードバック (Idson & Higgins, 2000)	成功に関するフィードバック（ポジティブフィードバック）	失敗に関するフィードバック（ネガティブフィードバック）
欲求支援 (Hui et al., 2013)	選択肢を与えたり，自主性を尊重したりする（自律性支援）	理解や好意を示し，従事している活動に関心を持ってかかわろうとする（関係性支援）

フィードバックは学習者の内発的動機づけに与える影響が大きいことなどが指摘されており（Hattie & Timperley, 2007），日常生活にもしばしば用いられる。従来の研究では課題の成功や失敗といった結果にかかわるフィードバック（以下，結果フィードバック）に着目した検討が多くみられるが，この他にも課題遂行の過程に着目したプロセスフィードバックもある。プロセスフィードバックは「そのやり方は合っているね」,「他のやり方があるよ」といった"やり方"にかかわるフィードバックである。プロセスフィードバックの有効性を示す研究は少ないものの，Haimovitz & Corpus（2011）の研究では「あなたには持って生まれた才能がある」と受け手の特性や能力に関するフィードバックを受けた大学生よりも"あなたは効果的な方略を使用している"とプロセスフィードバックを受けた大学生の方が，失敗を経験した課題に対して興味や楽しさを高く評価していた。

Kamins & Dweck（1999）では，個人が重視した方略を肯定するようなポジティブなプロセスフィードバック（以下 PosiProFB）を与えても，個人が重視していなかった方略について注意[*1]するようなネガティブなプロセスフィードバック（以下 NegaProFB）を与えても，同じように受け手の動機づけは高い水準にあることが示されている。しかしながら，結果フィードバックと同様に（e.g., Idson & Higgins, 2000），プロセスフィードバックも制御焦点によってポジティブフィードバックやネガティブフィードバックの効果が異なる可能性が考えられる。そこで研究 16 では，プロセスフィードバックに着目し，PosiProFB と NegaProFB が受け手の動機づけに与える影響は，制御焦点によって異なるのか検討する。

また，別の支援の可能性として自己決定理論（Ryan & Deci, 2017）に基づいた支援も注目されている。自己決定理論では，自律性，関係性，有能感の 3 つの基本的心理欲求が想定され，これらが充足されることで，自律的な動機づけ

＊1　ネガティブなプロセスフィードバックを扱った研究は少なく，その明確な定義はない。Kamins & Dweck（1999）では process criticism 条件として，使用した方略を批判しているのがわかるような口調（tone）で，"他のやり方を考えてみることができる"と教示している。本研究では，この process criticism をネガティブなプロセスフィードバックとして扱い，使用した方略を暗示的に批判し，別の方略を明示的に提案するものをネガティブなプロセスフィードバックとして定義することにした。

やウェルビーイングが高まるとされる。そして，これらの欲求に対する支援（欲求支援）が学習場面でのエンゲージメントやパフォーマンスにもたらす効果について検証されてきた（レビューとして，Ryan & Deci, 2017）。たとえば，自律性支援に関しては，養育者による自律性支援が中高生の学業パフォーマンスに寄与すること（Wong, 2008），教師の自律性支援が高校生の学習へのエンゲージメントを高めること（Reeve, Jang, Carrell, Jeon, & Barch, 2004）などが示されている。関係性支援に関しては，養育者による関係性支援が小学生の学業パフォーマンスに寄与すること（Grolnick Ryan, & Deci, 1991），教師による関係性支援が小学生の学習へのエンゲージメントを予測すること（Skinner & Belmont, 1993）などが明らかになっている。さらに，特定の課題学習に着目した実験室実験での検討も行われており，関係性支援を受けた学習者（大学生）は，関係性支援を受けていない学習者よりも，課題に対する内発的動機づけやパフォーマンスが高いことが示されている（Sheldon & Filak, 2008）。このように，欲求支援が学習場面でのエンゲージメントやパフォーマンスにつながることは明らかだが，この支援の効果が個人の目標指向性によって異なるのかという点に関しては検証されていない。そこで，研究17では制御焦点に合った欲求支援がエンゲージメントやパフォーマンスに与える影響について検証する。促進焦点の個人は発展を目指し選択肢を与えたり自主性を尊重したりするような自律性支援を受けた際に，防止焦点の個人は理解や興味，関心を持ってかかわり，安心を与えてくれる関係性支援を受けた際に，それぞれ高いエンゲージメントやパフォーマンスにつながると予想される。

　加えて，欲求支援はエンゲージメントやパフォーマンスだけではなく，ウェルビーイングの向上につながることも検証されている（Patrick, Knee, Canevello, & Lonsbary, 2007）。そのプロセスとしては，欲求支援を受けることで，欲求が充足され，結果としてウェルビーイングの向上につながることが考えられる【図9-1】。たとえば自律性支援では相手に対して選択肢を与えたり，自主性を重視したりする（欲求支援）ことで，支援を受けた側は自分で行動を決定できていると感じる（欲求充足）。そして，欲求が充足されることでウェルビーイングが向上すると考えられる。先述のようにHui et al.（2013）の研究で欲求支援の効果は個人の制御焦点によって異なることが示されているが，この研究

では欲求支援（欲求を満たす支援を受けること）と欲求充足（欲求が満たされること）が混在して扱われているという問題がある。そこで，研究18では欲求支援により欲求が充足され，ウェルビーイングが高まるというモデルのもと，その過程における制御焦点の調整の効果を検証する。

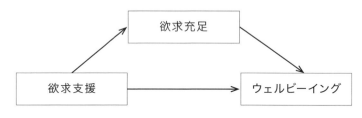

図9-1　欲求支援がウェルビーイングにつながるプロセス

【研究16】

I　目　的

　本研究では，プロセスフィードバックに着目し，PosiProFB と NegaProFB が受け手の動機づけに与える影響について，制御焦点が調整変数となりうるのかどうか検討する。動機づけの指標としては，先行研究を参考に，「自由時間中の課題従事の有無」(e.g., Corpus & Lepper, 2007; Deci, 1971)と「課題への興味」(e.g., Haimovitz & Corpus, 2011)を用いることとした。また，第7章で創造的パフォーマンスとの関連が指摘されているように，パフォーマンスの向上において努力は重要な要素である。しかし，第3章で指摘されているように努力は有限であり，重要性の低い課題に対しては努力を差し控える可能性がある。逆に言えば，フィードバックにより課題に対する重要性が高まるのであれば，努力の意図も高まるはずである。そこで，「次の課題への努力」も併せて用いることにした。
　先行研究と同様に，促進焦点は成功に関するプロセスフィードバック（PosiProFB）が，防止焦点は失敗に関するプロセスフィードバック（NegaProFB）が適合すると考えられる。そして，いずれの動機づけの指標においても，制御

216 ▶ 第9章 対人的な制御適合②―他者からの支援―

適合が生じると動機づけが高まると予想した。なお，制御焦点は状況により活性化したもの【第2章参照】を扱うこととした。

<研究 16 の仮説>

仮説 1 促進焦点の状況が活性化された場合には，NegaProFB よりも PosiProFB が与えられた時に動機づけが高まる。

仮説 2 防止焦点の状況が活性化された場合には，逆に，PosiProFB よりも NegaProFB が与えられた時に動機づけが高まる。

Ⅱ 方 法

1. 実験参加者

　関東圏内の国立大学の大学生・大学院生 66 名が実験に参加した。そのうち，日本語を母国語としない留学生 2 名を分析から除き，最終的に 64 名（男性 29 名，女性 35 名，平均年齢 = 20.11［SD = 1.38］歳）を分析対象とした。

2. 実験計画

　本実験は，制御焦点（促進焦点，防止焦点）とフィードバック（PosiProFB，NegaProFB）の 2 要因を独立変数とする実験参加者間計画であった。実験参加者（分析対象者）64 名を，16 名ずつ 4 条件（「促進焦点＋ PosiProFB」，「促進焦点＋ NegaProFB」，「防止焦点＋ PosiProFB」，「防止焦点＋ NegaProFB」）のいずれかにランダムに割り当てた。

3. 実験課題

　研究 6-1 と同様の点つなぎ課題を用いた。制限時間内に「できるだけ正確に，できるだけ速く点をつなぐ」ように教示することによって，実験参加者は速さと正確さのどちらかの方略をより重視するのかが問われることになる。

　30 秒を制限時間として設定し，制限時間内にできるだけ正確に，できるだけ速く点をつなぐように教示した。"正確に"と"速く"のどちらを先に教示

するのかは，カウンターバランスをとった。なお，実験参加者には，本課題は空間認識能力を測定する課題であるとダミーの教示を行った。

4．動機づけの測定指標

(1) 次の課題への努力

Van-Dijk & Kluger（2004）のものを使用した。1項目（「前回の課題の努力に比べ，次はどの程度努力したいと思いますか」）について，"前回より努力したくない（-5点）"から"前回より努力したい（5点）"までの11段階評定で回答を求めた。

(2) 課題への興味

Linnenbrink-Garcia et al.（2010）を参考に作成した。8項目（項目例「この課題が好きだ」）について，"全くあてはまらない（1点）"から"非常にあてはまる（7点）"までの7段階評定で回答を求めた。

(3) 自由時間中の課題従事の有無

7分間の自由時間内に，点つなぎ課題の練習問題に取り組んだか否かを指標として用いた。

5．制御焦点の操作

研究5-2と同様の手続きで状況的な制御焦点の操作を行った。

6．フィードバックの操作

1回目の課題終了後に実験参加者に"重視した方略"について回答を求め，回答した重視した方略に沿ってPosiProFBあるいはNegaProFBを与えた。1回目の課題終了後に"正確さ"を重視したと回答した実験参加者のうち，PosiProFB条件の人には「正確さを重視したのが良かったようです」，NegaProFB条件の人には，「速さの重視が欠けていたようです」と伝えた。同様に，"速さ"を重視したと回答した実験参加者のうち，PosiProFB条件の人には「速さを重視したのが良かったようです」，NegaProFB条件の人には，「正確さの重視が欠けていたようです」と伝えた。

7. 実験手続き

実験の流れを図9-2に示した。実験は1人ずつ実験室で行った。実験参加者に実験についての説明を十分に行い，同意書に記入を求めた後で，制御焦点の操作を行った。続いて，実験課題の説明をし，例題を実施した後に，"課題への興味（フィードバック前）"の質問紙に回答を求めた。そして，研究4-1と同様の点つなぎ課題を4題遂行した後に，「正確さと速さのどちらをより重視して課題に取り組んだか」について，該当する方に〇をつけるよう求めた。次に，本実験には関係のない質問紙に回答を求めたが，その質問紙を実験参加者に渡す前に，質問紙に回答している間に実験者が実験課題の採点を行うこと，質問紙回答後に今まで参加した大学生と比較した結果をフィードバックする旨を伝えた。

質問紙への回答後，実験参加者に「この後にも，まだ2回目の課題が控えているため，具体的な点数を伝えることはできない」ことを事前に断ったうえで，ランダムにPosiProFBあるいはNegaProFBを与えた。その後，実験者が2回目の課題を取りに行くという理由をつけて実験者は実験室を退室し，実験参加者に自由時間を7分間設けた。実験参加者には，7分の間は点つなぎ課題をしても，他のことをしていても構わないが，実験室からは出ないことを教示した。実験室には，使用した課題とは異なる点つなぎ課題を12題用意しておき，その他にも雑誌や書籍を数十冊置いておいた。7分後，実験者が実験室に入室し，"次の課題への努力"および"課題への興味（フィードバック後）"についての質問紙に回答を求め，2回目の課題（1回目と同様の問題4題）を実施した。

課題終了後，デブリーフィングを行い，実験参加者に同意書へ記入を求めた。

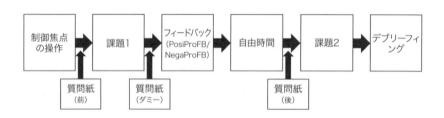

図9-2　研究16の実験の流れ

最後に，謝礼として1,000円のクオカードを渡し，実験を終了した。

なお，研究の実施にあたっては，筑波大学人間系研究倫理委員会の承認を得た。

Ⅲ 結 果

1. "課題への興味"の主成分分析

"課題への興味" 8項目について，主成分分析による一次元性の確認を行った。その結果，第1主成分の負荷量は8項目いずれも.56以上を示し，寄与率は68.05%であった。この結果は，フィードバック前の「課題への興味」についてであるが，フィードバック後の「課題への興味」についても同様の結果が得られた。8項目の一次元性が確認されたため，項目平均を"課題への興味"得点（フィードバック前，フィードバック後ともに $\alpha = .93$）とした。

2. 基礎統計量

各条件による「次の課題への努力（以下，課題への努力)」得点およびフィードバック前後の「課題への興味」得点の平均値，標準偏差を表9-2に示した。

表9-2　各条件における動機づけ変数の平均値 (SD)

| | 次の課題への努力 | | 課題への興味 | | | |
| | 促進焦点条件 | 防止焦点条件 | 促進焦点条件 | | 防止焦点条件 | |
			前	後	前	後
PosiProFB	3.60 (1.18)	2.60 (1.50)	5.00 (1.01)	5.20 (1.03)	5.63 (1.03)	5.40 (1.23)
NegaProFB	3.00 (1.75)	3.69 (1.40)	5.10 (0.91)	4.84 (0.82)	4.82 (0.69)	4.88 (0.64)

注1) 前はフィードバック前を，後はフィードバック後を示す。
注2) PosiProFBはポジティブなプロセスフィードバックを，NegaProFBはネガティブなプロセスフィードバックを示す。
注3) 次の課題への努力の得点範囲は「-5～5」，課題への興味の得点範囲は「1～7」である。

3. 制御焦点およびフィードバックが課題への努力に及ぼす影響

制御焦点（促進焦点，防止焦点）とフィードバック（PosiProFB，NegaProFB）を独立変数，課題への努力を従属変数とする2要因分散分析を行った。その結果，制御焦点（$F(1,60) = 0.18$, $p = .674$, $\eta^2_p = .00$）とフィードバック

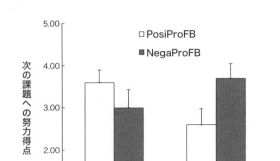

図 9-3 制御焦点とフィードバックによる次の課題への努力得点

注1) PosiProFB はポジティブなプロセスフィードバックを，NegaProFB は
ネガティブなプロセスフィードバックを示す。
注2) エラーバーは標準誤差を示す。

の主効果（$F(1,60) = 0.43, p = .512, \eta^2_p = .00$）はいずれも有意ではなく，交互作用（$F(1,60) = 5.20, p = .026, \eta^2_p = .08$）が有意となった。

そこで，仮説を検証するために，フィードバックの単純主効果検定を行ったところ，防止焦点条件で有意となり（$F(1, 60) = 4.21, p = .045, \eta^2_p = .07$），NegaProFB 条件（$M = 3.69, SD = 1.40$）の方が PosiProFB 条件（$M = 2.60, SD = 1.50$）よりも課題への努力得点が高かった。一方，促進焦点条件では有意とならなかったが，小さな効果量（Cohen, 1988）が見られ（$F(1, 60) = 2.35, p = .191, \eta^2_p = .03$），PosiProFB 条件（$M = 3.60, SD = 1.18$）の方が NegaProFB 条件（$M = 3.00, SD = 1.75$）よりも課題への努力得点が高かった。結果を図9-3に示した。

4. 制御焦点およびフィードバックが課題への興味に及ぼす影響

制御焦点（促進焦点，防止焦点）とフィードバック（PosiProFB, NegaProFB）を独立変数，フィードバック後の課題への興味を従属変数，フィードバック前の課題への興味を共変量とする2要因共分散分析を行った。その結果，制御焦点（$F(1, 59) = 0.23, p = .636, \eta^2_p = .00$）とフィードバック（$F(1, 59) = 0.77$,

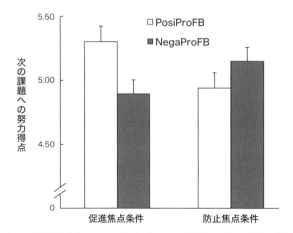

図 9-4 制御焦点とフィードバックによる課題への興味得点（推定値）

注1）PosiProFB はポジティブなプロセスフィードバックを，NegaProFB はネガティブなプロセスフィードバックを示す。
注2）エラーバーは標準偏差を示す。

$p = .384, \eta_p^2 = .01$）の主効果はいずれも有意ではなく，交互作用（$F(1, 59) = 7.25, p = .009, \eta_p^2 = .11$）が有意となった。また，共変量の効果が有意となった（$F(1, 59) = 212.19, p < .001, \eta_p^2 = .78$）。

そこで，仮説を検証するために，フィードバックの単純主効果検定を行ったところ，促進焦点条件で有意となり（$F(1, 59) = 6.91, p = .011, \eta_p^2 = .11$），PosiProFB 条件（$M = 5.30, SD = 0.12$）の方が NegaProFB 条件（$M = 4.89, SD = 0.11$）よりもフィードバック後の課題への興味得点が高まった。一方，防止焦点条件では有意とならなかったが小さな効果量（Cohen, 1988）が見られ（$F(1, 59) = 1.55, p = .178, \eta_p^2 = .03$），NegaProFB 条件（$M = 5.15, SD = 0.11$）の方が PosiProFB 条件（$M = 4.94, SD = 0.12$）よりもフィードバック後の課題への興味得点が高まった。結果を図 9-4 に示した。

5. 制御焦点およびフィードバックが自由時間中の課題従事の有無に及ぼす影響

自由時間中に点つなぎ課題に全く取り組まなかった人（0 でコーディング）は 35 名，課題に取り組んだ人（1 でコーディング）は 29 名であった。各条件における自由時間中の課題従事の有無の人数を表 9-3 に示した。

222 ▶ 第9章 対人的な制御適合②—他者からの支援—

表9-3 各条件における自由時間中の課題従事の有無の人数（比率）

| | 自由時間中の課題従事の有無 | | | |
| | 有 | | 無 | |
	PosiProFB	NegaProFB	PosiProFB	NegaProFB
促進焦点条件	11（17.19%）	5（7.81%）	5（7.81%）	11（17.19%）
防止焦点条件	7（10.94%）	6（9.38%）	9（14.06%）	10（15.63%）

注）PosiProFB はポジティブなプロセスフィードバックを，NegaProFB はネガティブなプロセス
　　フィードバックを示す。

　制御焦点（促進焦点，防止焦点）とフィードバック（PosiProFB, Nega-ProFB）およびその交互作用項を独立変数，自由時間中の課題従事の有無を従属変数とした多重ロジスティック回帰分析を行った。コーディングについては，促進焦点条件を 1, 防止焦点条件を -1, PosiProFB を 1, NegaProFB を -1 とした。その結果，制御焦点（$\beta = 0.19, p = .460$），フィードバック（$\beta = 0.32, p = .208$），および交互作用項（$\beta = 0.19, p = .462$）の回帰係数は有意とならなかった。

IV 考 察

　本研究の結果より，プロセスフィードバックが受け手の動機づけ（課題への努力，興味）に及ぼす影響は，制御焦点によって異なることが示された。促進焦点の状況が活性化された場合には，NegaProFB よりも PosiProFB が与えられた方が次の課題への努力が高く，課題への興味が有意に向上することが示された。一方で，防止焦点の状況が活性化された場合には，PosiProFB よりも NegaProFB が与えられた方が次の課題への努力が有意に高く，課題への興味が向上することが示された。よって，効果量は小さいながら，主観的な評価による場合は本研究の仮説は概ね支持され，制御適合（Higgins, 2000）による動機づけ（課題への努力，興味）の向上がみられた。

　一方で，動機づけの指標として，自由時間中の課題従事の有無を用いた場合では，仮説が支持されなかった。先行研究では，課題に対する内発的動機づけの自己報告と自由時間中の取り組み行動には一貫した相関関係がないという報告（Wicker, Brown, Wiehe, & Shim, 1990）がある。本研究においても，自由時

間中の課題従事の有無と課題への興味の変化[*2]（$r = -.16, n.s.$）および次の課題への努力の程度（$r = -.17, n.s.$）との間には有意な相関（点双列相関）は見られなかった。その課題に対して興味を抱き，努力したいという動機づけが高まったとしても，実際に行動に至るまでにはさまざまな要因（e.g., 疲労，誘惑，認知資源）がかかわってくるものと考えられる。また本研究では，自由時間中に課題に従事したか否かの2値を分析に用いたため，分散が小さく，結果に反映されなかったのかもしれない。今後は，行動の指標として課題従事の程度も考慮する必要があるだろう。

これまで，ネガティブなフィードバックよりもポジティブなフィードバックを与えた方が，受け手の動機づけが高まることが多く指摘されてきた（e.g., 名取，2007；Vallerand & Reid, 1988）。しかし，本研究の結果より，自己報告による動機づけに限られるものの，ポジティブフィードバックとネガティブフィードバックのどちらがより動機づけを高めるのかは，受け手の制御焦点によって異なることが改めて示された。ネガティブなフィードバックは必ずしも望ましくないとは限らず，防止焦点が活性化されているような状況（e.g., 課題をしなければいけないというような"義務"が焦点化されているような状況）では，PosiProFB よりも NegaProFB を与えたほうが，学習者の動機づけはより高まる可能性が示され，状況に応じたプロセスフィードバックの与え方が重要であることが示唆された。

なお，Hattie（2012）が子どもの学業達成に影響を及ぼす教師の要因を検討した結果，フィードバック（Cohen's $d = 0.75$）は，生徒への期待（1.44），生徒からの信頼（0.90），評価基準の明確性（0.90）に次いで4番目に効果量が大きいことが示された。このように，学習場面におけるフィードバックは，子どもの動機づけのみならず学業達成においても強い影響を及ぼす。Balzer et al.（1989）は，プロセスフィードバックは，結果のフィードバックよりも深い学習を促進させるのに効果的であることを指摘している。今後は動機づけだけではなく，プロセスフィードバックが学業達成に及ぼす影響についても個人要因を加味した検討が必要になってくるだろう。

＊2　フィードバック後の課題への興味得点とフィードバック前の課題への興味得点の差得点を用いた。

【研究 17】

I 目 的

　本研究の目的は，制御焦点と欲求支援が課題へのエンゲージメントおよびパフォーマンスに与える影響について検討することであった。研究の実施にあたり，本研究では，因果関係に迫る検討を行うため，Sheldon & Filak（2008）に準拠して欲求支援を実験的に操作することにした。欲求支援の有効性は，既知の関係性におけるものが想定されているが（レビューとして，Ryan & Deci, 2017），Sheldon & Filak（2008）では，既知の関係ではない実験者からの欲求支援も効果があることが示されているため，本研究でも既知ではない他者からの欲求支援を扱う。従属変数に関しては，実験課題へのエンゲージメントとパフォーマンスとして実験課題の得点を用いた。エンゲージメントに関しては，第3章研究1でも扱われている行動的側面や感情的側面に加えて，状態的側面も取りあげることにした。「課題に没頭している」，「課題があっという間に終わった」といった状態的側面のエンゲージメントは，状況レベルの学習の取り組みである課題学習において特に重要であると考えられる。促進焦点の個人は自律性支援を受けた際に，防止焦点の個人は関係性支援を受けた際に，それぞれ優れたエンゲージメントやパフォーマンスにつながると予想される。

＜研究 17 の仮説＞

仮説 1　促進焦点の高い個人は，関係性支援よりも自律性支援を受けた時のほうが課題へのエンゲージメントが高い（仮説 1a）。また，自律性支援を受けた際，促進焦点の高い個人は防止焦点の高い個人よりも課題へのエンゲージメントが高い（仮説 1b）。

仮説 2　防止焦点の高い個人は，自律性支援よりも関係性支援を受けた時のほうが課題へのエンゲージメントが高い（仮説 2a）。また，関係性支援を受けた際，防止焦点の高い個人は促進焦点の高い個人よりも課題へのエンゲージメントが高い（仮説 2b）。

仮説 3　パフォーマンスに関して，仮説 1，2 と同様の結果がみられる。

Ⅱ 方　法

1. 実験参加者

　大学生 64 名（男子 33 名，女子 31 名，平均年齢 = 20.03 ［$SD = 0.98$］歳）が実験に参加した。[*3]

2. 実験手続きと実験課題

　「パズルの学習に関する実験研究」という題目で実験参加者の募集を行った。実験は 1 人ずつ実験室で行った。実験参加者に実験についての説明を十分に行い，同意書に署名を求めてから実験に進んだ。

　実験は，例題に基づいたルールの説明，課題の試行（1 回目），ヒントの提示，課題の試行（2 回目）の順に構成されていた。

　実験課題は，"BOGGLE" というパズル課題を用いた【図9-5】。このパズルは英文

R	I	N	P
O	L	T	I
M	L	S	W
Y	K	E	E

図 9-5　実験に使用した「BOGGLE」の例題

字から構成されるマスにおいて，制限時間内に縦横斜め隣り合っている文字をつなげることで，3 文字以上の英単語をなるべく多く見つけるものである。本研究は，4 × 4 のマスを使用し，制限時間を 3 分間とした。各試行（1 回目，2 回目）において，内容の異なる課題を 1 題行わせた。

　各試行の間に，パズルをうまく解けるためのヒントを提示した。ヒントの内容は，Sheldon & Filak（2008）で使用されたものを一部修正して使用した。修正した内容は，本研究は英語を母語としない日本人の大学生を対象とするため，複雑なヒントの内容[*4]を除外したことと，防止焦点に適合すると考えられるヒン

＊3　先行研究（Hui et al., 2013）では，中程度の交互作用の効果量がみられているため，本研究において同様の効果量を仮定したサンプルサイズの設計（$f = .40$, $\alpha = .05$, power = 0.80 で設定）を行ったところ，52 名（各条件 $n = 13$）となった。

＊4　たとえば，「母音の組み合わせ "ee" "ie" などに着目して単語を見つけていく」などが挙げられる。

トの内容を除外したことであった。最終的に提示したヒントは，「子音（r, s, p など）から始めます。そして，その子音の縦横斜め隣にある母音（i, e, o など）につなげて単語を探していきます」であった。

実験終了後，デブリーフィングとして実験の目的を伝え，デブリーフィング後の同意書への記入を求め，謝礼として 500 円のクオカードを渡し，実験を終了した。なお，実験の流れは図 9-6 に示した。

なお，研究の実施にあたっては，筑波大学人間系研究倫理委員会の承認を得た。

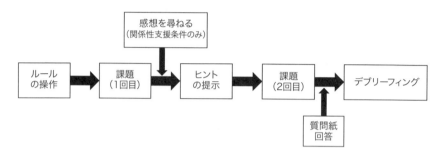

図 9-6　研究 17 の実験の流れ

3. 欲求支援の操作

実験参加者は，2 条件（「自律性支援条件（n = 32）」と「関係性支援条件（n = 32）」）のいずれかに交互に割り当てられた。自律性支援条件では，「今回の実験では，あなたの好きなやり方でパズルを解いてもらいたいと思います」という教示のもと実験参加者に可能な限り選択肢を与え，自発的に考えることを促すような教示を行った。その際，関係性支援となるような行動を控える工夫として，ルールやヒントの説明は紙面で提示し，口頭の説明は加えないようにした。また，Sheldon & Filak（2008）の研究では，自律性支援の操作が十分に

---

*5　たとえば，「右上の文字から始めて，その文字とつながっている文字の可能な組み合わせをすべて考える」などが挙げられる。防止焦点は関連性のある回答を粘り強く検索するという思考のスタイルを持つ（Crowe & Higgins, 1997）ため，例として挙げたヒントの内容は，防止焦点に適合することが考えられる。

機能していなかったという問題点が指摘されていたため，実験参加者に自由に選択をした感覚を強く持たせるための操作の内容を一部改変した。具体的には，Sheldon & Filak（2008）ではヒントが複数あり，そのヒントの提示順番を選択させたのに対して，本研究ではヒントの内容を反映する3つの異なるタイトルを提示した上で，ヒントの内容を1つだけ選択させた（ただし，実際に提示するヒントの内容はすべて同一であった）。

　関係性支援条件では，ルールやヒントの説明は，紙面に基づいて口頭で伝えたほか，実験の説明の際に「（実験者は）あなたの学習体験に関心を持ち，あなたの学習スタイルを重視している」と伝えた。また，1回目の課題試行後に感想を求め，その内容について実験者（インストラクター）が共感を示した。また，自律性支援条件との違いを明確にするために，課題やヒントの種類は実験者が指定したものを行ってもらうと口頭で強調した。

4. 質問項目

　下記の質問項目を使用した。実験参加者募集の際に，実験参加希望者に制御焦点に関する質問紙を渡し，記入したうえで実験当日に持参するように伝えた。統制変数に関する尺度項目はルールの説明前に，操作チェックならびにエンゲージメントの項目は2回目の課題試行後に回答を求めた。

（1）制御焦点

　研究5-1と同様に，尾崎・唐沢（2011）のPPFS邦訳版を用いた。

（2）英語の効力感

　「あなたは，所属する大学の他の学生と比べて，どのくらい英語の勉強をしていますか」および「あなたは，所属する大学の他の学生と比べて，自分は英語がどのくらいできると思いますか」の2項目に対して，7段階評定で回答を求めた。

（3）英語の語彙力

　公認されている英語の検定試験（たとえば，英検，TOEFL-ibt）の得点とそれに対応する必要な語彙力の目安（たとえば，英検準2級，3,000～4,000語程度）を提示した上で，「あなたの英語の語彙力は，どのくらいだと思いますか」と尋ね，自由記述式で回答を求めた。

228 ▶ 第9章 対人的な制御適合②—他者からの支援—

(4) 課題遂行前の基本的心理欲求の充足

Basic Psychological Need Satisfaction and Frustration Scale の日本語版（Nishimura & Suzuki, 2016）の一部の下位尺度を使用した。"自律性の充足" 4 項目（項目例「私は、やりたいことを自由に選べていると感じている」），"関係性の充足" 4 項目（項目例「私が気に掛けている人は，私のことも気に掛けてくれていると感じている」），"有能感欲求の充足" 4 項目（項目例「私は，たいていのことを，うまく行う自信があると感じている」）の計 12 項目で構成されている。5 段階評定で回答を求めた。

(5) 操作チェックの項目

Sheldon & Filak（2008）に基づいて作成した。"自律性支援" 3 項目（項目例「インストラクターは私に選択肢を示してくれた」），"関係性支援" 3 項目（項目例「インストラクターは私に共感を示してくれた」）の計 6 項目で構成されている。5 段階評定で回答を求めた。

(6) 課題へのエンゲージメント

外山（2018）のエンゲージメント尺度の一部の下位尺度を使用した。"行動的エンゲージメント" 5 項目（項目例「課題に一生懸命に取り組んだ」），"感情的エンゲージメント" 5 項目（項目例「課題は楽しかった」）ならびに "状態的エンゲージメント" 4 項目（項目例「課題に没頭していた」）の計 14 項目で構成されている。7 段階評定で回答を求めた。

5. パフォーマンスの測定

実験課題の各試行の得点を合計したものを用いた。各試行の得点は，Sheldon & Filak（2008）に準拠し，「（3 文字の英単語の正答数）× 1 +（4 文字の英単語の正答数）× 2 +（5 文字の英単語の正答数）× 4 +（6 文字以上の英単語の正答数）× 5 −（誤答数）× 1」[*6] という式で算出した。3 文字以上の実在する英単語を正答とし，そうでない場合は誤答として処理した。採点の基準は，weblio（https://ejje.weblio.jp/）の英和辞典・和英辞典を使用した。なお，

＊6 Sheldon & Filak（2008）では，誤答があった場合でも減点されなかった。制御焦点の特徴が従属変数に与える影響を防ぐため，本研究では，誤答の場合は減点されるというルールに修正した。

実験終了後，実験参加者に見つけた英単語の意味について確認し，理解していなかった場合はその回答を誤答とした。

III 結　果

1．操作チェック

　欲求支援の操作が適切に行われたのかどうかを確認するために，自律性支援の操作チェックの項目（$\alpha = .64$）と関係性支援の操作チェックの項目（$\alpha = .90$）をそれぞれ従属変数とし，自律性支援条件と関係性支援条件で得点に差が見られるのか t 検定を行った。その結果，自律性支援条件（$M = 4.43, SD = 0.43$）は関係性支援条件（$M = 3.45, SD = 0.78$）よりも自律性支援の操作チェックの項目の得点が有意に高かった（$t(47.81) = 6.21, p = .004, d = 1.55$）[*7]。また，関係性支援条件（$M = 4.04, SD = 0.60$）は，自律性支援条件（$M = 3.27, SD = 0.98$）よりも関係性支援の操作チェックの得点が有意に高かった（$t(62) = 3.77, p = .005, d = 0.94$）。よって，欲求支援の操作は有効に行われたと判断した。

2．相対的制御焦点の得点の算出

　利得接近志向（促進焦点）の Cronbach の α 係数（以下，同様）は .73 で，平均値は37.20（$SD = 5.98$）であった。損失回避志向（防止焦点）の α 係数は .81 で，平均値は35.26（$SD = 7.72$）であった。両者の相関係数は .12（$p = .341$）であった。

　相対的な制御焦点の傾向を測定するために，利得接近志向（促進焦点）得点から損失回避志向（防止焦点）得点を減算して，相対的制御焦点得点（$M = 1.95$, $SD = 9.18$）とした。

3．仮説 1 ならびに仮説 2 の検証

　各エンゲージメントを目的変数とする階層的重回帰分析を行った【図9-7】。Step 1 で相対的制御焦点（中心化済み）と条件（関係性支援条件 = 0，自律性

＊7　等分散性の検定（LEVENE）が統計的に有意となった（$F = 15.82, p < .001$）ため，調整済みの自由度を表記した。

支援条件＝1）を投入した。その際，統制変数として，英語の効力感，英語の語彙力ならびに課題遂行前の基本的心理欲求の充足を投入した。続いて，Step 2 で相対的制御焦点と条件の交互作用項を投入した。

行動的エンゲージメント（α = .89）　分析の結果，Step 1 は有意であった（R^2 = .33, $F(7, 56)$ = 3.86, p = .003）が，Step 2 の増分は有意ではなかった（ΔR^2 = .02, $F(1, 55)$ = 1.64, p = .208）。

感情的エンゲージメント（α = .93）　分析の結果，Step 1 は有意ではなく（R^2 = .15, $F(7, 56)$ = 1.45, p = .203），Step 2 の増分も有意ではなかった（ΔR^2 = .03, $F(1, 55)$ = 1.66, p = .198）。

状態的エンゲージメント（α = .80）　分析の結果，Step 1 は有意ではなかった（R^2 = .14, $F(7, 56)$ = 1.33, p = .251）が，Step 2 の増分は有意であった（ΔR^2 = .08, $F(1, 55)$ = 5.28, p = .028）。そこで，相対的制御焦点の±1SD の値を代入し，条件における単純傾斜を求めた【図9-7】。その結果，条件の単純傾斜は，相対的促進焦点（+1SD）において有意ではなかった（β = .13, p = .468）が，相対的防止焦点（−1SD）において有意であった（β = −.49, p = .013）。また，相対的制御焦点の単純傾斜は関係性支援条件において有意ではなかった（β = −.01, p = .947）が，自律性支援条件においては有意であった（β = .61, p = .001）。

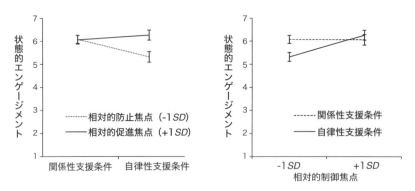

図9-7　制御焦点と欲求支援行動が状態的エンゲージメントに及ぼす影響

注）エラーバーは標準偏差を示す。

4. 仮説3の検証

　試行ごとに得点を算出し，各試行の合計得点をパフォーマンスの指標として用いた（$r = .42$）。エンゲージメントと同様の階層的重回帰分析を行った結果【表9-4】，Step 1 は有意ではなく（$R^2 = .17$, $F(7, 56) = 1.58$, $p = .158$），Step 2 の増分も有意ではなかった（$\Delta R^2 = .01$, $\Delta F(1, 55) = 0.48$, $p = .491$）。なお，パフォーマンスの得点の求め方は，方法のところで説明した通り，Sheldon & Filak（2008）の計算式に従ったが，それとは別に，重みづけをしない正答数をパフォーマンスの指標とした同様の分析を行った。その結果，Step 1（$R^2 = .13$, $F(7, 56) = 1.21$, $p = .309$），Step 2 ともに回帰式は有意とならなかった（$\Delta R^2 = .00$, $\Delta F(1, 55) = 0.28$, $p = .597$）。

表9-4　階層的重回帰分析の結果

	行動的エンゲージメント				感情的エンゲージメント			
	Step1		Step2		Step1		Step2	
	B	β	B	β	B	β	B	β
1 自律性欲求の充足	0.41	.35**	0.44	.38**	0.60	.29*	0.66	.32**
2 関係性欲求の充足	0.33	.27*	0.38	.30*	0.50	.23	0.59	.27†
3 有能感欲求の充足	-0.12	-.11	-0.18	-.16	-0.63	-.32†	-0.75	-.38*
4 英語の効力感	-0.08	-.14	-0.09	-.17	0.06	.07	0.03	.03
5 英語の語彙力	0.00	-.15	0.00	-.11	0.00	-.06	0.00	-.02
6 欲求支援行動の条件 (1)	0.03	.02	0.02	.02	-0.32	-.14	-0.33	-.14
7 相対的制御焦点 (2)	0.13	.23†	0.16	.29*	0.13	.12	0.19	.19
8 (1) × (2) の交互作用			0.18	.16			0.36	.18
ΔR^2		.33**		.02		.15		.03

	状態的エンゲージメント				パフォーマンス			
	Step1		Step2		Step1		Step2	
	B	β	B	β	B	β	B	β
1 自律性欲求の充足	0.32	.23	0.39	.28*	-1.86	-.16	-1.67	-.14
2 関係性欲求の充足	0.06	.04	0.17	.11	1.20	.10	1.49	.12
3 有能感欲求の充足	-0.17	-.13	-0.31	-.23	2.16	.19	1.81	.16
4 英語の効力感	-0.04	-.06	-0.08	-.12	0.99	.18	0.89	.16
5 英語の語彙力	0.00	-.10	0.00	-.03	0.00	.02	0.00	.04
6 欲求支援行動の条件 (1)	-0.27	-.17	-0.28	-.18	-3.32	-.25*	-3.33	-.25*
7 相対的制御焦点 (2)	0.13	.19	0.20	.30*	0.45	.08	0.64	.11
8 (1) × (2) の交互作用			0.42	.31*			1.09	.10
ΔR^2		.14		.08*		.17		.01

注1）$^†p < .10$, $^*p < .05$, $^{**}p < .01$.

注2）1-5 は統制変数として投入した。欲求支援行動の条件操作：0 = 関係性支援条件，1 = 自律性支援条件

IV 考　察

　本研究の結果，防止焦点の高い個人においては，関係性支援の効果が自律性支援より大きく，また自律性支援は防止焦点よりも促進焦点の高い個人において効果が大きかった。よって，仮説2aおよび仮説1bは支持された。欲求支援の効果は制御焦点によって異なり，自律性支援は促進焦点の個人の課題への没頭をより促し，関係性支援は防止焦点の個人の課題への没頭をより促すことが示された。対人的な制御適合の研究（Righetti et al., 2011）では，相手が自身の制御焦点と合った目標追求行動を行っていると，目標へのエンゲージメントが強まると仮定している。促進焦点の個人は自ら選択をし，課題を自由に探索することを好むため，自律性支援を受けることで，一方で防止焦点の個人は，他者との関係性を重視し，安心して課題に取り組むことを好むため，関係性支援を受けることでそれぞれ制御適合が生じ，状態的エンゲージメントが高くなったと推察される。

　一方で，仮説1aと仮説2bは支持されなかった。その理由として，促進焦点の高い個人においても関係性支援が有効であったと考えられる。Hui et al.（2013）の研究の対象は，相互独立的自己観が優勢であるアメリカ人であったのに対して，本研究では，相互協調的自己観が優勢である日本人を対象とした。日本人は，他者との関係性を重要視するため（高田，1999），防止焦点の個人のみならず促進焦点の個人においても関係性支援が有効であったのかもしれない。今後は，文化的自己観といった文化的な要因を加味した詳細な検討が必要になってくるであろう。

　なお，本研究の仮説が支持されたのは状態的エンゲージメントにおいてのみで，感情的ならびに行動的エンゲージメントにおいては仮説が支持されなかった。状態的エンゲージメント（Schaufeli, Salanova, Gonzàlez-Romà, & Bakker, 2002）は，集中した注意，心と体の一体感，深い没頭，内発的な興味によって特徴づけられる最適な経験の状態とされるが，意識的な努力を必要としないフロー状態に近い心の状態だと考えられている（Schaufeli et al., 2002）。本研究による制御適合の効果はそれほど強くなかったため，意識的な努力を必要としない状態的エンゲージメントにおいてのみ効果がみられたと考えられる。また，

本研究では，既知ではない他者（実験者）からの欲求支援であったことが影響しているのかもしれない。今後は，既知の他者からの欲求支援がエンゲージメントに及ぼす効果について検討する必要があるだろう。

また，パフォーマンスに関する仮説【仮説3】も支持されなかった。本研究では，エンゲージメントをパフォーマンスの規定要因と捉え（鹿毛, 2017），エンゲージメントと同様の仮説を立てて検証した。しかし，本研究で使用した課題は英語を母国語としない日本人大学生にとって，エンゲージメント（努力など）がパフォーマンスに直結するようなものではなかったのかもしれない。本研究において，エンゲージメントの各側面とパフォーマンスとの相関は，感情的エンゲージメントのみ有意な相関（$r = .30$）が確認されたが，他の側面とは有意な相関関係がみられなかった。今後は，エンゲージメントがパフォーマンスに直結する課題を用いて，再検討する必要がある。

本研究は，学習場面における欲求支援と制御焦点の適合を検討した初めての研究であり，自己決定理論と制御焦点理論の2つの理論における知見の拡張・統合に貢献できたといえるだろう。自己決定理論に関する研究（レビューとして，Ryan & Deci, 2017）で検証されてきた欲求支援の効果に，学習者の目標志向性（制御焦点）を加味して検討したことで，個人に合った支援について新たな知見を提供できた。また，学習場面でのエンゲージメントを高めるうえで，他者による働きかけは重要になってくる（Reeve, 2012）。学習場面における欲求支援と制御焦点の適合の結果を見いだしたことは，制御適合理論に関する新たな知見を提供できたといえるだろう。

【研究 18】

Ｉ 目 的

本研究の目的は，制御焦点と自己決定理論に基づいた欲求支援がウェルビーイングに与える影響を検討することであった。Hui et al.（2013）の研究は制御焦点と欲求支援の適合を検証したものの，自己決定理論では欲求支援が欲求充足を促し，欲求が充足されることでウェルビーイングが高まるというプロセス

を想定している。しかしながら，Hui et al.（2013）の研究では欲求支援と欲求充足が混在して扱われており，欲求支援と欲求充足の関連を制御焦点が調整しているのか，それとも欲求充足とウェルビーイングとの関連を制御焦点が調整しているのかが検討されていない。そこで，欲求支援，欲求充足，ウェルビーイングという媒介の過程にも注目して，制御焦点の調整の効果を検証する。なお，ウェルビーイングに関しては個人にかかわる主観的なものと対人関係におけるものを考慮して，主観的な人生満足度と友人関係における関係性評価を扱う。

　また，Hui et al.（2013）では恋人や夫婦関係を対象に研究が行われたが，これまでの自己決定理論に基づく欲求支援の研究では，友人や親子，教師と生徒などさまざまな対人関係で検討がなされてきた（e.g., 肖・外山，2020）。制御焦点の調整の効果も恋人関係以外でも検証することで，知見の充実につながるだろう。そこで，本研究では友人関係に焦点を当て，同様の調整効果が確認されるのかを検討する。友人を対象とした理由としては，内閣府（2018）の調査で18歳から29歳の人が充実感を感じる時として，「友人や知人と会合，雑談している時（56.5%）」が全体の中でも高い割合を示しており，若者の充実した生活には友人とのかかわりが重要であると考えられるためである。また，吉田（2003）は大学生が所属するグループの多くは3名以上で構成されていることを指摘しており，大学生は日ごろから多くの友人より支援を受けていることが考えられる。このことを踏まえ，特定の友人ではなく，一般的な友人を対象とした。研究17と同様に，促進焦点の個人は自律性支援を受けた際に，防止焦点の個人は関係性支援を受けた際に，それぞれ欲求が充足されウェルビーイングが高まると予想される。

＜研究18の仮説＞

仮説1　促進焦点が高いほど，自律性支援を受けた際に自律性の欲求が充足され，ウェルビーイングが高まる。

仮説2　防止焦点が高いほど，関係性支援を受けた際に関係性の欲求が充足され，ウェルビーイングが高まる。

Ⅱ　方　法

1．調査対象

　関西地方の私立大学および関東地方の国立大学に在籍する大学生 223 名（男性 116 名，女性 107 名，平均年齢 = 19.69 ［$SD = 1.20$］歳）が調査に協力した。

2．質問項目

（1）制御焦点

　研究 5-1 と同様に，尾崎・唐沢（2011）の PPFS 邦訳版を用いた。

（2）友人からの自律性支援と関係性支援

　友人からの自律性支援と関係性支援の程度を測定するために，Interpersonal Behaviors Questionnaire の日本語訳（肖・外山，2020）の一部の下位尺度を使用した。"自律性の欲求支援（以下，自律性支援）" 4 項目（項目例「私の好きなように選択させてくれる」）および "関係性の欲求支援（以下，関係性支援）" 4 項目（項目例「私が行うことに関心を持ってくれる」）の計 8 項目で構成されている。原版の Rocchi, Pelletier, Cheung, Baxter, & Beaudry（2017）の尺度は，一般的な他者（the people in my life）からの欲求支援と欲求阻害行動を検討しているが，本研究では友人からの支援に着目した。「あなたの友人のあなたへの行動についてお尋ねします」との教示のもと「私の友人は」に続けて各項目を読んだうえで，各項目について，"まったくあてはまらない（1 点）" から "とてもあてはまる（7 点）" までの 7 段階評定で回答を求めた。

（3）自律性の欲求充足と関係性の欲求充足

　自律性および関係性の欲求充足の程度を測定するために，Basic Psychological Need Satisfaction and Frustration Scale の日本語訳（Nishimura & Suzuki, 2016）の一部の下位尺度を使用した。"自律性欲求の充足（以下，自律性充足）" 4 項目および "関係性欲求の充足（以下，関係性充足）" 4 項目の計 8 項目で構成されている【研究 17 参照】。5 段階評定で回答を求めた。

（4）関係性評価

　友人関係にかかわるウェルビーイングとして Hui et al.（2013）を参考作成した。3 項目（項目例「私は友人との関係に満足している」）について，"まった

くあてはまらない（1点）"から"とてもあてはまる（7点）"までの7段階評定で回答を求めた。

(5) 人生満足度

個人にかかわるウェルビーイングとして人生に対する満足度を測定するために，Satisfaction with Life Scale の日本語版（角野，1994）を使用した。5項目（例：私の人生は，とてもすばらしい状態である）について，"まったくあてはまらない（1点）"から"とてもあてはまる（7点）"までの7段階評定で回答を求めた。

なお，研究の実施にあたっては，関西外国語大学研究倫理委員会の承認を得た。

III　結　果

1．事前分析

分析には SPSS version25 およびフリーの統計分析ソフトである HAD 16（清水，2016）を用いた。欠損データは分析ごとにリストワイズ除去を行った。各下位尺度の Cronbach の α は .81 から .93 であり，いずれも十分な値を示した。各変数の記述統計および相関係数は表9-5の通りであった。なお，先行研究（Hui et al., 2013）に倣い，制御焦点は相対的制御焦点ではなく，促進焦点と防止焦点それぞれの得点を使用する。高い相関がみられる変数もあるが，以後の階層的重回帰分析において VIF の値は最大で 3.71 であった。[*8] 分析にあたりまず，階層的重回帰分析を行い，どの過程で調整効果がみられるのかを確認した。その後，媒介モデルにおける間接効果を検証した。

2．欲求支援と欲求充足の関連における制御焦点の調整効果

欲求支援と欲求充足との関連を制御焦点が調整するモデルについて検討するために，階層的重回帰分析を行った。Step 1 では欲求支援と制御焦点を投入し，

＊8　高い相関を示した自律性支援と関係性支援を共に投入したため，VIF の値も高くなったことが考えられる。一方の支援を除いて分析を行ったところ VIF の値は低くなった。その際，一方の支援を除いたことにより極端に変数間の関連の値が変化することは無かった。

表9-5 記述統計および相関係数

		range	M	SD	I	II	III	IV	V	VI	VII	VIII
I	自律性支援	4 - 28	20.91	3.65	—							
II	関係性支援	4 - 28	20.44	3.82	.82**	—						
III	自律性充足	4 - 20	14.55	3.00	.32**	.32**	—					
IV	関係性充足	4 - 20	15.12	2.86	.47**	.58**	.54**	—				
V	促進焦点	8 - 56	39.16	6.92	.28**	.29**	.39**	.28**	—			
VI	防止焦点	8 - 56	35.36	8.43	.00	-.02	-.19**	-.16*	.08	—		
VII	関係性評価	3 - 21	17.07	3.31	.42**	.46**	.32**	.46**	.39**	.06	—	
VIII	人生満足度	5 - 35	21.63	6.38	.27**	.33**	.64**	.43**	.31**	-.23**	.25**	—

注) **p < .01, *p < .05

Step 2 ではその交互作用項を投入した【表9-6】。以後の分析にあたってはz得点を用いた。また，自律性欲求について分析する際には関係性支援を統制し，関係性欲求について分析する際には自律性支援を統制した。

自律性の欲求 自律性支援においては Step 1 から Step 2 への R^2 の増加分は有意とはならなかった（$\Delta R^2 = .02, p = .074$）。[*9]

関係性の欲求 関係性支援においては Step 1 から Step 2 への R^2 の増加分が有意（$\Delta R^2 = .04, p = .002$）であり，関係性支援と防止焦点の交互作用も有意となった（$b = .17, SE = .05, p < .001$）。そこで単純傾斜分析を行ったところ，防止焦点低群（$M - 1SD$）において傾きが有意であった（$b = .35, SE = .11, p = .002$）。さらに，防止焦点高群（$M + 1SD$）においても傾きが有意（$b = .69, SE = .10, p < .001$）であった【図9-8】。

3. 欲求支援，欲求充足とウェルビーイングの関連と制御焦点の調整効果

欲求支援および欲求充足とウェルビーイングの関連を制御焦点が調整するモ

---

* 9 促進焦点から防止焦点の値を引いた差得点（相対的制御焦点）を使用した場合には，自律性支援と相対的制御焦点の交互作用が有意となった。相対的防止焦点（$M - 1SD$）において傾きが有意であった（$b = .31, SE = .13, p = .014$）が，相対的促進焦点では傾きは有意ではなかった（$b = .08, SE = .11, p = .697$）。

表 9-6 制御焦点と欲求支援，欲求充足の関連

	自律性の欲求充足との関連				関係性の欲求充足との関連			
	b	SE	p	95% CI	b	SE	p	95% CI
Step 1								
自律性支援	.13	.10	.214	[-.076 , .215]	-.03	.09	.750	[-.113 , .099]
関係性支援	.11	.11	.286	[-.095 , .320]	.56	.10	< .001	[.368 , .744]
促進焦点	.34	.06	< .001	[.215 , .463]	.16	.06	.006	[.046 , .271]
防止焦点	-.22	.06	< .001	[-.333 , -.100]	-.16	.05	.004	[-.264 , -.051]
Step 2								
自律性支援	.18	.11	.067	[-.030 , .387]	.03	.10	.755	[-.158 , .218]
関係性支援	.10	.10	.356	[-.110 , .303]	.52	.09	< .001	[.330 , .701]
促進焦点	.35	.06	< .001	[.229 , .479]	.17	.06	.003	[.060 , .279]
防止焦点	-.24	.06	< .001	[-.362 , -.125]	-.18	.05	< .001	[-.286 , -.077]
欲求支援×促進焦点	-.06	.06	.331	[-.180 , .061]	-.01	.05	.800	[-.115 , .089]
欲求支援×防止焦点	.10	.05	.043	[.003 , .206]	.17	.05	< .001	[.078 , .262]
R^2 (Step 1, Step 2)			.25**, .27**				.38**, .42**	
ΔR^2			.02				.04**	

注1) **$p <$ .01, *$p <$ .05
注2) 自律性の欲求充足との関連を検討する際には欲求支援として自律性支援を投入した。関係性の欲求充足との関連を検討する際には欲求支援として関係性支援を投入した。

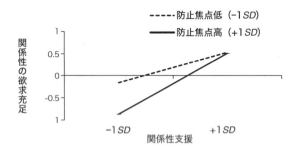

図 9-8 防止焦点，関係性支援と関係性の欲求充足の関連

デルについて検討するために，階層的重回帰分析を行った。まず，Step 1 では欲求支援，欲求充足および制御焦点を投入し，Step 2 では欲求支援と制御焦点および欲求充足と制御焦点の交互作用項を投入した。その結果，Step 2 における R^2 の増加分および交互作用項は，関係性評価，人生満足度のいずれを充足変数とした際も有意とならなかった【表9-7】。

4. 媒介の効果の検証

　最後に，欲求支援が欲求充足を介してウェルビーイングと関連する媒介プロセスを検証する。前述の分析より，関係性支援と関係性充足との関連のみにおいて防止焦点の調整の効果がみられたため，上記の関連に調整効果を仮定したモデル【図9-9】に従い調整媒介分析を行った。分析は，SPSS マクロの PROCESS（Hayes, 2018）を用いて行い，間接効果の検証にはブートストラップ法（標本数 5000）を用い，95％バイアス修正ブートストラップ区間（confidence interval: CI）を算出した。その結果，関係性評価については，防止焦点低群（95%CI [.03, .26]），防止焦点高群（95%CI [.09, .38]）ともに，間接効果が 0 を含んでおらず，媒介の効果が有意であった。また，人生満足度についても防止焦点低群（95%CI [.05, .27]），防止焦点高群（95%CI [.13, .44]）ともに，間接効果が 0 を含んでおらず，媒介の効果が有意であった。

図 9-9　分析のモデル

表 9-7 制御焦点，欲求支援，欲求充足とウェルビーイングの関連

関係性評価

	自律性				関係性			
	b	SE	p	95% CI	b	SE	p	95% CI
Step 1								
自律性支援	.09	.10	.372	[-.11 , .29]	.12	.10	.213	[-.07 , .32]
関係性支援	.28	.10	.006	[.08 , .48]	.14	.11	.184	[-.07 , .35]
欲求充足	.14	.07	.033	[.01 , .27]	.27	.07	< .001	[.13 , .41]
促進焦点	.21	.06	.001	[.08 , .34]	.22	.06	< .001	[.10 , .34]
防止焦点	.09	.06	.139	[-.03 , .20]	.10	.06	.091	[-.02 , .21]
Step 2								
自律性支援	.08	.11	.429	[-.12 , .29]	.14	.10	.161	[-.06 , .34]
関係性支援	.31	.11	.004	[.10 , .52]	.13	.11	.230	[-.08 , .34]
欲求充足	.14	.07	.035	[.01 , .27]	.29	.07	< .001	[.14 , .44]
促進焦点	.22	.07	.001	[.09 , .36]	.19	.06	.002	[.07 , .32]
防止焦点	.10	.07	.137	[-.03 , .23]	.09	.06	.144	[-.03 , .21]
欲求支援×促進焦点	-.12	.07	.085	[-.26 , .02]	-.03	.08	.692	[-.18 , .12]
欲求支援×防止焦点	-.03	.05	.524	[-.14 , .07]	-.07	.06	.253	[-.19 , .05]
欲求充足×促進焦点	.02	.06	.728	[-.10 , .15]	-.09	.07	.194	[-.22 , .05]
欲求充足×防止焦点	-.03	.06	.611	[-.14 , .08]	-.01	.07	.932	[-.14 , .13]
R^2 (Step 1, Step 2)	.30**,.32**				.34**,.36**			
ΔR^2	.014				.024			

人生満足度

	自律性				関係性			
	b	SE	p	95% CI	b	SE	p	95% CI
Step 1								
自律性支援	-.09	.09	.315	[-.27 , .09]	-.02	.11	.886	[-.22 , .19]
関係性支援	.21	.09	.023	[.03 , .39]	.12	.11	.307	[-.11 , .34]
欲求充足	.55	.06	< .001	[.44 , .67]	.28	.08	< .001	[.13 , .43]
促進焦点	.06	.06	.273	[-.05 , .18]	.21	.06	.001	[.08 , .33]
防止焦点	-.11	.05	.036	[-.22 , -.01]	-.19	.06	.002	[-.31 , -.07]
Step 2								
自律性支援	-.09	.10	.367	[-.27 , .10]	-.01	.11	.956	[-.22 , .21]
関係性支援	.21	.10	.027	[.02 , .40]	.11	.12	.357	[-.12 , .33]
欲求充足	.55	.06	< .001	[.43 , .67]	.25	.08	.002	[.10 , .41]
促進焦点	.07	.06	.241	[-.05 , .19]	.24	.07	< .001	[.10 , .37]
防止焦点	-.12	.06	.039	[-.24 , -.01]	-.20	.06	.002	[-.33 , -.07]
欲求支援×促進焦点	-.03	.06	.640	[-.15 , .09]	-.01	.08	.924	[-.17 , .15]
欲求支援×防止焦点	.03	.05	.534	[-.06 , .12]	.03	.06	.664	[-.10 , .16]
欲求充足×促進焦点	.04	.06	.479	[-.07 , .15]	.03	.07	.712	[-.12 , .17]
欲求充足×防止焦点	.02	.05	.760	[-.09 , .12]	.06	.07	.392	[-.08 , .20]
R^2 (Step 1, Step 2)	.44**,.45**				.26**,.27**			
ΔR^2	.00				.01			

注1) **p < .01

注2) 自律性について検討する際には欲求支援，欲求充足にそれぞれ自律性支援，自律性の欲求充足を投入した。
関係性について検討する際には欲求支援，欲求充足にそれぞれ関係性支援，関係性の欲求充足を投入した。

IV 考 察

　本研究の結果，関係性支援から関係性充足につながる過程において防止焦点の調整効果がみられた。その一方で，欲求充足とウェルビーイングとの関連においては調整の効果はみられなかった。よって，制御焦点の違いは，友人からの関係性支援を受けた際に，その受け取り方に違いをもたらし，関係性欲求が充足されるかどうかにかかわることが明らかとなった。仮説では，促進焦点が高いほど自律性支援を受けた時に【仮説1】，防止焦点が高いほど関係性支援を受けた時に【仮説2】，それぞれ欲求充足につながると考えられたが，仮説2のみ支持される形となった。

　その理由として，本研究では友人関係を対象としたことがかかわっていると考えられる。たとえば，Molden et al.（2009）は，恋人と夫婦において，促進焦点的な支援と防止焦点的な支援の効果が異なり，恋人では促進焦点的な支援のみが信頼や関係満足度などを予測し，夫婦では促進焦点，防止焦点的な支援ともに信頼や関係満足度などを予測することを示している。恋人関係では発展や成長を目指し促進焦点的な目標を有している一方で，夫婦は関係の維持という防止焦点的な目標も有している（Molden et al., 2009）。その関係性の差異に起因する志向性の違いが支援の効果の違いに関係しているとされている。本研究では友人関係を想定したが，金政・大坊（2003）では恋人は親しい異性の友人より親密性，情熱，コミットメントがともに高いことを示している。このことから，そもそも友人関係では促進焦点に適合するような相手への強い思いや積極的な関与は恋人ほど重視されていないことがうかがえる。また，第8章では促進焦点の個人は競争的な関係のライバル関係からの恩恵を受けることが，防止焦点の個人は共同的な関係であるチームメイトとの関係から恩恵を受けることが示されている。本研究で想定した友人関係は協同的な関係に近く，防止焦点の個人が恩恵を受けやすかったことが考えられる。今後は友人以外の他の関係性に着目した研究も必要であろう。

　さらに，研究17でも述べたように日本の文化は相互協調性が高い傾向にあり，特に青年期にその傾向が強い（高田，1999）。本研究では自律性支援から自律性充足への主効果が有意ではなく，相互協調的な関係の中では選択肢を与

えるなど独立にかかわる自律性支援の効果が十分に発揮されなかったことが考えられる。一方で，特性的に相互協調に重きを置く傾向にある防止焦点（Lee et al., 2000）が高い個人は，関係性支援を敏感に認識し，防止焦点が低い個人と比べてより欲求充足につながったことが考えられる。

　加えて，関係性支援は関係性の欲求充足を媒介して関係性評価，ウェルビーイングに正の関連を示していた。関係性支援を受けることで人とつながりたいという欲求が充足され，友人と良い関係が築けているという感覚や，人生の満足感を感じるのだろう。また，Deci & Ryan（2014）は関係性の中で欲求が充足されると関係に対する自律的な動機づけが形成されると考えている。本研究でも，欲求が充足されることで自律的に友人関係とかかわるようになり，高い関係評価につながった可能性が考えられる。

　なお，防止焦点の調整効果を踏まえると，上記の媒介の効果は，制御焦点の違いによって異なると考えられる。この結果は，相手の目標志向性を考慮した支援が重要であること（Cortes, Scholer, Kohler, & Cavallo, 2018）を示唆するものである。制御適合理論では，目標志向性に適合した方略を用いることで，パフォーマンスが向上することが示されている【第1章参照】。本研究の結果は，この考え方を友人関係にも応用可能であることを示している。具体的には，防止焦点の高い友人とかかわる際には，相手とのつながりを重要視するような関係性支援を行うことで，より高いウェルビーイングをもたらすことができるだろう。

【第9章のまとめ】

　第9章の研究では，他者からの支援と制御焦点との適合による効果について検証した。研究16ではプロセスフィードバックに着目し，促進焦点の状況が活性化された場合には，NegaProFB よりも PosiProFB が与えられた方が次の課題への努力が高く，課題への興味が有意に向上することが示された。一方で，防止焦点の状況が活性化された場合には，PosiProFB よりも NegaProFB が与えられた方が次の課題への努力が有意に高く，課題への興味が向上することが示

された。しかしながら，パフォーマンスに関しては明確な効果はみられなかった。本研究で用いた課題の要因なども考えられるため，パフォーマンスの向上につながるような課題や状況についても検討していくことが求められる。

続く研究17，研究18では自己決定理論に基づいた欲求支援と制御焦点の適合について検証した。研究17では実験場面における知人ではない他者からの支援による効果の検討を行った。その結果，防止焦点の高い個人においては，関係性支援の効果が自律性支援より課題への没頭をより促し，自律性支援は防止焦点よりも促進焦点の高い個人において課題への没頭をより促すことが示された。また研究18では友人からの支援に着目した検討を行った。その結果，関係性支援は防止焦点の低い個人よりも防止焦点が高い個人の欲求充足へとつながることが示された。いずれも制御焦点に適合した支援の効果が確認されたが，支援を受ける対人関係は本章で想定したもの以外にも，教師や親などさまざまな関係が想定される。第8章で述べられているように，他者の特徴によって恩恵を受けやすい制御焦点が異なることも想定される。結果をより精緻にするためにも，さまざまな対象における特徴を検討する必要があるだろう。

なお，本章で示したフィードバックや自己決定理論に基づく欲求支援は，比較的コストのかからないアプローチであるため，教育的な介入がしやすい。だからと言って，個人に合っていないフィードバックや支援を安易に行うと，期待したような効果がみられない，または学習者に対してネガティブな影響を及ぼすこともある。そのため，教育場面においても積極的に個人に合った適切な支援を選択することが重要である。たとえば，勉強をする際にも促進焦点の個人には結果やプロセスに着目したポジティブフィードバックを与えたり，選択肢を与えるなど自律性支援的なかかわりをすることで動機づけの向上がみられるかもしれない。一方で，防止焦点の個人には結果やプロセスに着目したネガティブフィードバックを与えたり，理解や好意を示す関係性支援的なかかわりをすることで動機づけやウェルビーイングの向上につながるかもしれない。

しかしながら本章で扱った研究は実際の生活場面を十分に反映出来ていない。学習者の動機づけやパフォーマンスを高めるために，どのような相手から，どのような文脈で，どのようなフィードバックを与えるとより効果的であるのかなど，日常場面に即した環境における検討が望まれる。

第10章

子どもを対象とした制御焦点の測定

　これまで，大人を対象とした研究で，制御焦点が個人のパフォーマンスや動機づけの在り方と密接に関係することは述べてきた。こうした知見を踏まえると，子どもの制御焦点や制御適合について検討することで，子どもの学習や学校適応を支えることに資する知見が得られる可能性がある。特に，制御適合理論に関する諸研究では，促進焦点と防止焦点のそれぞれに合致した方略や手段の重要性が示されているため，教育場面における個に応じた学習指導や援助に活用できる可能性もある。

　そこで，第10章と第11章では，子どもの制御焦点／制御適合に関する研究について述べる。まず，第10章では，日本の小・中学生における特性的な制御焦点の構造とその特徴について検討した研究を紹介する。なお，第10章と第11章では，小学生から高校生の年代に相当する子どもを対象とした研究を扱う。

　制御焦点を測定する代表的な尺度であるRFQ（Higgins et al., 2001）とPPFS（Lockwood et al., 2002）をベースに，子どもの制御焦点の個人差を捉える試みが進んでいる。まず，Hodis & Hodis（2017）は，RFQ（Higgins et al., 2001）の項目を一部修正した制御焦点尺度の開発を試みている。ニュージーランドのSecondary School に在籍する10〜13歳の子どもを対象とした調査の結果，促進焦点と防止焦点は，理論的仮定に沿った無相関であったことに加えて2因子構造のモデル適合度や各項目への負荷量も十分であったことを示している。こうした結果から，Hodis & Hodis（2017）は，RFQの項目を一部修正することで，促進焦点と防止焦点を弁別して測定することが可能であることを報告している。

　一方で，Hodis, Hattie, & Hodis（2016）は，日本の小学生，中学生の年代に

相当する Secondary School の子どもの動機づけが学業に関する不適応的な変数と密接に関連することを論拠に，子どもの動機づけ志向性をアセスメントする重要性を述べたうえで，PPFS（Lockwood et al., 2002）をベースとした子どもの制御焦点を測定することのできる尺度の開発を試みている。その結果，促進焦点と防止焦点の間に高い相関が確認されたことや2因子構造の適合度が十分でなかったことから，促進焦点と防止焦点を弁別して測定することができなかったことを報告している。

さらに，Hodis（2017）は，Summerville & Roese（2008）の知見【第2章参照】を踏まえて，日本の小・中学生年代に相当する子どもの制御焦点を捉えるための因子モデルを検討している。分析の結果，促進焦点は，self-guide に関する因子が RFQ に基づく項目，reference-point に基づく因子が PPFS に基づく項目を説明することを仮定した潜在変数に加えて，全般的な促進焦点を仮定した因子も各項目への予測力を有することを想定した"bifactor モデル（Hodis, 2017）"を用いることで，従来のモデルよりも説明力が増加することを示している。それに対して，防止焦点においては，reference-point に基づく PPFS の防止焦点を測定する妥当なモデルが得られなかったことを報告している。

こうした結果を踏まえると，子どもを対象とした PPFS に基づく尺度を作成する試みには検討の余地があるものと考えられる。また，日本の小・中学生の制御焦点を測定することのできる尺度は開発されていない。そこで，研究19では，日本の小・中学生における制御焦点の構造とその特徴について検討する。

【研究 19】

I　問題と目的

子どもを対象とした制御焦点に関する研究は増えてきているものの，日本の学齢期に相当する小学生と中学生を対象とした知見はこれまで見られない。さらに，第2章でレビューしたように，成人期以降の制御焦点に関する先行研究では，RFQ と PPFS を比較し，それぞれの特徴を見いだす試みがなされている（Chen & Bei, 2017; Summerville & Roese, 2008）が，子どもを対象に，RFQ と

PPFS の共通する点や異なる点について，比較検討を行った調査研究は見られず，子どもの制御焦点を測定するうえで，各尺度がどのような特徴を有しているのか示されていない。また，Hodis & Hodis（2017）においても子どもを対象とした制御焦点尺度間の違いについて検討する必要性が指摘されているものの，実証的な検討は十分に進められていない。

　そこで，研究 19 では，日本の小学生と中学生の制御焦点を測定することのできる尺度を RFQ と PPFS に基づいて開発したうえで，2 つの測定尺度を比較検討し，各尺度の特徴を見出すことを目的とする。RFQ と PPFS に基づいた尺度間の比較検討を行い，各尺度の特徴を抽出することで，子どもの制御焦点をアセスメントする際に，各尺度がどのような有用性と限界点を有しているのかについて議論が可能になるものと考えられる。

　子ども用制御焦点尺度は，既存の制御焦点を測定する尺度を参考に項目原案を作成し，各焦点を仮定した確認的因子分析によって検討する。信頼性は，内的一貫性（Cronbach の α 係数）の値から評価する。妥当性の程度は，制御焦点尺度の作成に関する先行研究（尾崎・唐沢，2011 ; 外山他，2016）を参考に，BIS，BAS，遂行接近目標，遂行回避目標との関連から確認する。具体的には，促進焦点は，BAS，遂行接近目標と正の偏相関，防止焦点は，BIS，遂行回避目標と正の偏相関が認められることが予想される。

　2 つの尺度の特徴は，以下の観点から検討する。まず，RFQ と PPFS に基づく尺度を作成したうえで，当該尺度の項目を用いた探索的なジョイント因子分析を実施する。Chen & Bei（2017）を踏まえると，促進焦点に関する項目群は，RFQ と PPFS の双方の項目から 1 つの因子を構成するものの，防止焦点に関する項目群は，RFQ に基づく項目群と PPFS に基づく項目群の別個の因子から構成されることが予想される。次に，RFQ と PPFS に基づく制御焦点の下位尺度と他の変数の関連について，他の制御焦点の下位尺度を統制したうえで，RFQ と PPFS の他の変数との相対的な関連の強さを比較する。Chen & Bei（2017）や Summerville & Roese（2008）を踏まえると，PPFS に基づく促進焦点と防止焦点は，現存の利得や損失に焦点化した項目から構成されているため，RFQ に基づく促進焦点と防止焦点よりも，BIS／BAS や遂行目標と密接に関連することが予想される。

II 方　法

1. 調査協力者

　小学生および関東地方の中学生を対象に調査を実施した。小学生を対象とした調査は，株式会社マクロミルに委託し，Web 調査を実施した。小学生 412 名（男子 206 名，女子 206 名；小学 5 年生 206 名，小学 6 年生 206 名）が調査に回答した。また，中学生を対象とした調査は，関東地方の中学校 1 校の中学生 287 名（男子 134 名，女子 145 名，無回答 8 名；中学 1 年生 131 名，中学 2 年生 156 名）が調査に回答した。なお，共分散構造分析による確認的因子分析を実施する際には，完全情報最尤法によって欠測値を処理した。

2. 調査内容

基本属性　性別と学年について記述する形で回答を求めた。

制御焦点を測定する尺度　子ども用制御焦点尺度の項目原案は，以下の手順によって作成した。最初に，国内の制御焦点を測定する尺度（遠藤，2011；尾崎・唐沢，2011；外山他，2016）を参考に，RFQ と PPFS を基とする項目原案を作成した。なお，RFQ には，逆転項目や疑問形の項目が用いられていたため，Hodis & Hodis（2017）を参考に，あらかじめ表現を修正した。具体的には，RFQ の促進焦点については，「あなたがいろいろやってみることの中で，それがうまく行くことはよくあるか」（遠藤, 2011）を「私は，いろいろ挑戦してみて，成功したことがよくある」のように疑問形から平叙文に，「やってみて」のような多義的な文章表現を「挑戦してみて」といった馴染みのある表現に修正するなどの改変を行った。また，「人生において，私の興味を引いたり努力しようとやる気にさせるような趣味や活動をみつけたことがほとんどない」（遠藤, 2011）を「私は，好きになったり，やる気になったりするような活動や趣味をよく見つける」のように逆転項目の修正を行った。RFQ の防止焦点については，「親が決めたきまりや親の言うことにはいつも従ってきたか」（遠藤，2011）のように，小・中学生に養育者との過去のかかわりを想起させることは困難であることが想定されたため，養育者との日常的なかかわりを尋ねる形に修正した。さらに，Hodis & Hodis（2017）を参考に，防止焦点に関する項目を修正する

と強い否定的な表現になるものの，意味内容の理解のしやすさなどを考慮し，「おうちの人を怒らせないようにしている」のように修正した。PPFS については，「大志」や「自分像」のような馴染みの少ない語彙を避け，小・中学生にも理解が可能なように修正した。また，小学生向けの項目は，回答を平易にするため，「私は」の部分を「ぼく（わたし）は」の形に修正したり，一部の表現を平仮名で表記したりしたうえで，回答を求めた。

　次に，教育心理学を専門とする大学教員 1 名，大学院生 4 名によって項目内容が RFQ と PPFS の枠組みに合致しているかについて確認を行った。その後，現職の小・中学校の教員 5 名によって小学生や中学生にも意味内容が理解できるかについて確認を求めた。RFQ に基づく 11 項目，PPFS に基づく 17 項目の計 28 項目の原案を作成した。各項目について「あなた自身がどれくらいあてはまると感じるかお聞きします」と教示をし，"まったくあてはまらない（1点）"，"あまりあてはまらない（2 点）"，"ややあてはまる（3 点）"，"とてもあてはまる（4 点）"の 4 段階評定で回答を求めた。

BIS，BAS を測定する尺度　小学生を対象とした調査では，小関・小関・中村・大谷・国里（2018）の児童用 BIS ／ BAS 尺度を用いた。中学生を対象とした調査では，高橋他（2007）の日本語版 BIS ／ BAS 尺度を用いた。BIS に関する 7 項目，BAS に関する 13 項目の計 20 項目について 4 段階評定で回答を求めた。

遂行接近目標，遂行回避目標を測定する尺度　田中・山内（2000）の達成目標志向性尺度の "遂行接近目標" と "遂行回避目標" の項目を用いた。遂行接近目標に関する 6 項目，遂行回避目標に関する 4 項目の計 10 項目について 6 段階評定で回答を求めた。

3. 調査手続き

　調査は，筑波大学人間系研究倫理委員会の承認を得て実施した。中学生を対象とした調査では，学校長から研究実施の同意を得たうえで，各クラスにて集団で調査を実施した。

III 結　果

1. 子ども用制御焦点尺度の因子分析

RFQ に基づく制御焦点を測定する尺度　各項目への回答傾向を確認したうえ
で，RFQ に基づく尺度の項目原案に対し，確認的因子分析を実施した。Hodis
et al.（2016），Hodis & Hodis（2017）に沿い，因子間相関を想定したうえで，
促進焦点を仮定した因子が促進焦点に関する 6 項目の観測変数を予測し，防
止焦点を仮定した因子が防止焦点に関する 5 項目の観測変数を予測するモデ
ルを検討した。その結果，モデル適合度は，χ^2（43）= 202.60（$p < .05$），CFI =
.92，RMSEA = .07 であったものの，.40 以上の負荷量を示さなかった 2 項目が
確認された。そこで，当該 2 項目を除き，再度，確認的因子分析を実施した結
果を表 10-1 に示した。モデル適合度は，χ^2（26）= 97.58（$p < .05$），CFI = .96,
RMSEA = .06 であった。次に，小・中学生間の因子構造の差異を検討するため，

表 10-1　RFQ に基づく項目を用いた確認的因子分析結果

項　目	F1	F2	M	SD
促進焦点（$\alpha = .75$）				
私は，いろいろ挑戦してみて，成功したことがよくある。	**.82**		2.80	0.77
頑張ろうとやる気になったことで，成功したことがよくある。	**.78**		2.93	0.79
私は，いつも成功できるように頑張っている。	**.53**		2.90	0.76
私は，大切なことをするときに，うまくできると思うことがよくある。	**.49**		2.78	0.72
私は，好きになったり，やる気になったりするような活動や趣味をよく見つける。	**.46**		2.96	0.86
防止焦点（$\alpha = .80$）				
おうちの人のいうことを守るようにしている。		**.77**	3.02	0.76
おうちの人が「してはいけない」と言うことはやらない。		**.76**	3.01	0.76
おうちの人がよく思わないことはやらない。		**.70**	2.91	0.78
おうちの人を怒らせないようにしている。		**.60**	2.85	0.80
因子間相関	.43			

注）質問項目は，中学生に用いた項目を掲載している。

250 ▶ 第10章 子どもを対象とした制御焦点の測定

因子間相関を仮定した確認的因子分析による多母集団同時分析を行った。小・中学生間で等値制約を課さない"配置不変モデル"，観測変数間の因子負荷量が小・中学生で等しいという制約を課した"弱測定不変モデル"，弱測定不変モデルに加え，因子の分散，共分散が小・中学生で等しいという制約を課した"測定不変モデル"，測定不変モデルに加え，観測変数の誤差分散が小・中学生で等しいという制約を課した"強測定不変モデル"の適合度を比較した。その結果，弱測定不変モデルの適合度が最も良好であった（配置不変モデル：AIC = 246.51，弱測定不変モデル：AIC = 237.73，測定不変モデル：AIC = 251.25，強測定不変モデル：AIC = 291.47）。

PPFS に基づく制御焦点を測定する尺度 PPFS に基づく尺度の項目原案に対し，確認的因子分析を実施した。具体的には，因子間相関を想定したうえで，促進焦点を仮定した因子が促進焦点に関する 8 項目の観測変数を予測し，防止焦点を仮定した因子が防止焦点に関する 9 項目の観測変数を予測するモデルを検討した。その結果，モデル適合度は，χ^2 (118) = 821.10（$p < .05$），CFI = .78，RMSEA = .09 となり，十分な値とはいえなかった。特に，CFI の値が .90 を下回っており，小・中学生で因子構造が異なる可能性が想定された。

Schmitt, Sass, Chappelle & Thompson（2018）は，確認的因子分析の適合度が不十分であった場合に，探索的な因子分析によって因子構造を同定する必要性を指摘している。そこで，PPFS に基づく尺度の因子構造を明らかにするため，小学生と中学生のそれぞれを母集団とした最尤法による探索的因子分析を実施した。その結果，小学生では，初期解における固有値の減退状況は，5.09, 1.86, 1.29, 1.00……となり，固有値の減退状況および因子の解釈可能性を踏まえ，2 因子解を採用した。続けて，2 因子解を指定し，因子分析（最尤法・プロマックス回転）を行った。そして，項目内容が理論的に整合することと当該因子への負荷量が .40 以上であることを基準に，因子分析を繰り返した。最終的な結果を表 10-2 に示した。第 1 因子は，「どうやったら自分の目標が達成できるか，よくそうぞうする」等の項目が高い負荷量を示したため，"促進焦点"と解釈した。第 2 因子は，「悪いことが起こることをよくそうぞうする」等の項目が高い負荷量を示したため，"防止焦点"と解釈した。

中学生では，初期解における固有値の減退状況は，5.49, 1.78, 1.23, 1.00

表 10-2　小学生における PPFS に基づく項目を用いた探索的因子分析結果

項　目	F1	F2	h^2	M	SD
促進焦点（α = .81）					
どうやったら自分の目標が達成できるか，よくそうぞうする。	**.67**	.03	.48	2.60	0.78
ぼく（わたし）は，「自分の理想」を優先して，自分の希望や願いをかなえようと努力するタイプだと思う。	**.66**	-.19	.37	2.79	0.77
ぼく（わたし）は，どうやったらよい成績がとれるか，よく考える。	**.64**	.04	.44	2.64	0.79
学校でのぼく（わたし）は，学習面で自分の理想をかなえることをめざしている。	**.62**	-.08	.35	2.79	0.80
ぼく（わたし）はたいてい，将来，自分がなしとげたいことにいしきを集中している。	**.62**	.00	.38	2.53	0.81
将来どんな大人になりたいかについて，よく考える。	**.59**	.14	.43	2.60	0.82
「こうなったらいいな」と願っている事がかなう姿を，よくそうぞうする。	**.53**	.04	.30	2.82	0.77
防止焦点（α = .68）					
自分には，まかされたことができないのではないかと心配になる。	-.12	**.70**	.42	2.49	0.80
悪いことが起こることをよくそうぞうする。	-.13	**.64**	.35	2.45	0.80
自分が将来そうなってしまったらいやだと思う自分の姿について，よく考える。	.25	**.52**	.44	2.25	0.82
悪いできごとをさけることにいしきを集中している。	.11	**.47**	.28	2.46	0.74
因子間相関	.44				

……となり，固有値の減退状況と因子の解釈可能性を踏まえ，2因子解を採用した。続けて，小学生を対象とした探索的因子分析と同様の基準に沿い，因子分析を繰り返した。最終的な結果を表 10-3 に示した。第 1 因子は，「将来どんな大人になりたいかについて，よく考える」等の項目が高い負荷量を示したため，"促進焦点"と解釈した。第 2 因子は，「何かをするときに，失敗しないようにしている」等の項目が高い負荷量を示したため，"防止焦点"と解釈した。なお，PPFS に基づく防止焦点を構成する項目が小・中学生で異なったため，以後の分析では，小・中学生それぞれを母集団として分析を行った。

2. RFQ に基づく尺度と PPFS に基づく尺度の弁別性の検討

　RFQ に基づく項目と PPFS に基づく項目を用いた最尤法によるジョイント因

252 ▶ 第 10 章　子どもを対象とした制御焦点の測定

表 10-3　中学生における PPFS に基づく項目を用いた探索的因子分析結果

項　目	F1	F2	h^2	M	SD
促進焦点（$\alpha = .84$）					
将来どんな大人になりたいかについて，よく考える。	**.90**	-.16	.65	2.84	0.96
私はたいてい，将来，自分が成し遂げたいことに意識を集中している。	**.71**	.02	.51	2.62	0.93
「こうなったらいいな」と願っている事が叶う姿を，よく想像する。	**.63**	-.03	.38	3.07	0.92
どうやったら自分の目標が達成できるか，よく想像する。	**.58**	.12	.44	2.81	0.87
私は，「自分の理想」を優先して，自分の希望や願いを叶えようと努力するタイプだと思う。	**.55**	.07	.36	2.60	0.83
学校での私は，学習面で自分の理想を叶えることを目指している。	**.51**	.18	.41	2.76	0.85
私は，どうやったらよい成績がとれるか，よく考える。	**.44**	.23	.37	2.86	0.91
防止焦点（$\alpha = .74$）					
何かをするときに，失敗しないようにしている。	-.08	**.80**	.57	2.97	0.74
どうやったら失敗しないか，よく考える。	.06	**.76**	.63	2.89	0.80
悪い出来事を避けることに意識を集中している。	.06	**.52**	.31	2.79	0.82
因子間相関	.61				

子分析を実施した。その結果，小学生では，初期解における固有値の減退状況
は，5.68，2.06，1.97，1.13，0.88……となったため，3 因子解を採用した。そ
して，3 因子解を指定し，因子分析（最尤法・プロマックス回転）を行った【表
10-4】。第 1 因子は，「ぼく（わたし）は，いろいろちょうせんしてみて，成功
したことがよくある」や「ぼく（わたし）は，『自分の理想』を優先して，自
分の希望や願いをかなえようと努力するタイプだと思う」等の RFQ と PPFS
の促進焦点に基づく項目から，第 2 因子は，「おうちの人が『してはいけない』
と言うことはやらない」等の RFQ の防止焦点に基づく項目から，第 3 因子は，
「自分が将来そうなってしまったらいやだと思う自分の姿について，よく考え
る」等の PPFS の防止焦点に基づく 4 項目と「将来どんな大人になりたいかに
ついて，よく考える」という PPFS の促進焦点に基づく 1 項目からそれぞれ構
成されていた。なお，PPFS の促進焦点に基づく 1 項目は，第 1 因子に .38，第

表10-4　小学生におけるジョイント因子分析結果

因子名	項目	F1	F2	F3	h^2
促進 (R)	ぼく（わたし）は，いろいろちょうせんしてみて，成功したことがよくある。	**.73**	.03	-.24	.46
促進 (R)	がんばろうとやる気になったことで，成功したことがよくある。	**.71**	.00	-.18	.43
促進 (P)	ぼく（わたし）は，「自分の理想」を優先して，自分の希望や願いをかなえようと努力するタイプだと思う。	**.66**	.01	-.07	.41
促進 (R)	ぼく（わたし）は，大切なことをするときに，うまくできると思うことがよくある。	**.61**	-.03	-.27	.30
促進 (R)	ぼく（わたし）は，いつも成功できるようにがんばっている。	**.57**	.12	.02	.42
促進 (P)	「こうなったらいいな」と願っている事がかなう姿を，よくそうぞうする。	**.55**	-.06	.14	.36
促進 (P)	ぼく（わたし）はたいてい，将来，自分がなしとげたいことにいしきを集中している。	**.52**	-.12	.24	.37
促進 (P)	どうやったら自分の目標が達成できるか，よくそうぞうする。	**.51**	.00	.27	.45
促進 (R)	ぼく（わたし）は，好きになったり，やる気になったりするような活動や趣味をよく見つける。	**.50**	-.05	-.06	.21
促進 (P)	学校でのぼく（わたし）は，学習面で自分の理想をかなえることをめざしている。	**.48**	.07	.10	.31
促進 (P)	ぼく（わたし）は，どうやったらよい成績がとれるか，よく考える。	**.47**	.16	.20	.46
防止 (R)	おうちの人が「してはいけない」と言うことはやらない。	-.01	**.75**	.00	.55
防止 (R)	おうちの人がよく思わないことはやらない。	.02	**.70**	-.13	.47
防止 (R)	おうちの人のいうことを守るようにしている。	.06	**.70**	-.02	.53
防止 (R)	おうちの人をおこらせないようにしている。	-.08	**.66**	.09	.44
防止 (P)	自分が将来そうなってしまったらいやだと思う自分の姿について，よく考える。	.05	-.07	**.71**	.51
防止 (P)	自分には，まかされたことができないのではないかと心配になる。	-.18	.04	**.60**	.31
防止 (P)	悪いことが起こることをよくそうぞうする。	-.14	-.06	**.56**	.26
防止 (P)	悪いできごとをさけることにいしきを集中している。	-.06	.30	**.43**	.31
促進 (P)	将来どんな大人になりたいかについて，よく考える。	.38	-.05	**.40**	.40

因子間相関	F2	.46	
	F3	.42	.28

注）（R）は RFQ，（P）は PPFS を表す。

254　▶　第 10 章　子どもを対象とした制御焦点の測定

3 因子に .40 と同程度の負荷量を示していた【表 10-4】。

　中学生では，初期解における固有値の減退状況は，7.03, 1.95, 1.34, 1.12, 0.88 ……となったため，3 因子解を採用した。次に，3 因子解を指定し，因子分析（最尤法・プロマックス回転）を行った【表 10-5】。第 1 因子は，「将来どんな大人になりたいかについて，よく考える」や「私は，いろいろ挑戦してみて，成功したことがよくある」等の RFQ と PPFS の促進焦点に基づく項目から，第 2 因子は，「おうちの人のいうことを守るようにしている」等の RFQ の防止焦点に基づく項目から，第 3 因子は，「何かをするときに，失敗しないようにしている」等の PPFS の防止焦点に基づく項目からそれぞれ構成されていた。

3.　各変数の得点化と基本統計量の算出

　子ども用制御焦点尺度の信頼性を確認するため，Cronbach の α 係数を算出した。その結果，一定の内的一貫性が確認された【表 10-1, 表 10-2, 表 10-3】。また，その他の尺度でも十分な内的一貫性が示されたため，各尺度の加算平均値を尺度得点として以後の分析に用いた。各変数の基本統計量と相関係数を表 10-6 に示した。

4.　他の変数との関連の検討

　促進焦点および防止焦点と BIS，BAS，遂行接近目標，遂行回避目標との偏相関係数を小・中学生ごとに算出した。なお，偏相関係数の算出にあたり，片方の制御焦点の値を統制した。

　分析の結果，RFQ では，促進焦点と BAS（小学生：pr = .48，中学生：pr = .57，ps < .001；以下，左から順に，小学生，中学生の値を表している），遂行接近目標（pr = .31, pr = .31, ps < .001）の間に有意な正の偏相関，防止焦点と BIS（pr = .24, pr = .17, ps < .001），遂行接近目標（pr = .25, pr = .24, ps < .001），遂行回避目標（pr = .29, pr = .28, ps < .001）の間に有意な正の偏相関が確認された。

　PPFS では，促進焦点と BAS（pr = .35, pr = .42, ps < .001），遂行接近目標（pr = .47, pr = .41, ps < .001），遂行回避目標（pr = .26, pr = .17, ps < .001）の間に有意な正の偏相関，防止焦点と BIS（pr = .38, pr = .22, ps < .001），遂行回避目標

研究 19 ◀ 255

表 10-5　中学生におけるジョイント因子分析結果

因子名	項目	F1	F2	F3	h^2
促進（P）	将来どんな大人になりたいかについて，よく考える。	**.77**	.06	-.13	.53
促進（R）	私は，いろいろ挑戦してみて，成功したことがよくある。	**.74**	-.06	-.02	.49
促進（P）	私はたいてい，将来，自分が成し遂げたいことに意識を集中している。	**.70**	-.05	.03	.48
促進（R）	頑張ろうとやる気になったことで，成功したことがよくある。	**.65**	.09	-.01	.48
促進（P）	私は，「自分の理想」を優先して，自分の希望や願いを叶えようと努力するタイプだと思う。	**.64**	-.07	.02	.38
促進（P）	どうやったら自分の目標が達成できるか，よく想像する。	**.62**	-.06	.10	.43
促進（R）	私は，大切なことをするときに，うまくできると思うことがよくある。	**.59**	-.09	-.08	.25
促進（P）	学校での私は，学習面で自分の理想を叶えることを目指している。	**.58**	.04	.10	.45
促進（P）	「こうなったらいいな」と願っている事が叶う姿を，よく想像する。	**.56**	-.03	.03	.32
促進（R）	私は，好きになったり，やる気になったりするような活動や趣味をよく見つける。	**.55**	.00	.01	.31
促進（R）	私は，いつも成功できるように頑張っている。	**.45**	.15	.25	.54
促進（P）	私は，どうやったらよい成績がとれるか，よく考える。	**.32**	.27	.19	.42
防止（R）	おうちの人のいうことを守るようにしている。	-.03	**.86**	-.07	.66
防止（R）	おうちの人が「してはいけない」と言うことはやらない。	.11	**.76**	-.14	.58
防止（R）	おうちの人がよく思わないことはやらない。	.05	**.72**	-.05	.53
防止（R）	おうちの人を怒らせないようにしている。	-.28	**.64**	.22	.41
防止（P）	何かをするときに，失敗しないようにしている。	-.04	.01	**.77**	.56
防止（P）	どうやったら失敗しないか，よく考える。	.09	.00	**.74**	.64
防止（P）	悪い出来事を避けることに意識を集中している。	.01	-.07	**.60**	.33

		因子間相関	F2	.52		
			F3	.64	.46	

注）（R）は RFQ，（P）は PPFS を表す。

256 ▶ 第10章　子どもを対象とした制御焦点の測定

表10-6　各変数の基本統計量および相関分析の結果

		小学生			中学生			相関係数							
		n	M	SD	n	M	SD	1	2	3	4	5	6	7	8
1	促進焦点 (R)	412	2.89	0.49	282	2.85	0.63	-	.33**	.64**	.12*	.15**	.51**	.39**	.19**
2	防止焦点 (R)	412	2.96	0.59	287	2.93	0.64	.39**	-	.37**	.19**	.28**	.19**	.35**	.33**
3	促進焦点 (P)	412	2.68	0.54	280	2.80	0.64	.71**	.41**	-	.36**	.25**	.38**	.50**	.36**
4	防止焦点 (P)	412	2.41	0.56	285	2.88	0.64	.50**	.30**	.53**	-	.43**	.16**	.20**	.39**
5	BIS	412	2.85	0.51	284	2.89	0.61	.00	.15**	.18**	.29**	-	.40**	.36**	.49**
6	BAS	412	2.91	0.47	278	2.86	0.51	.62**	.23**	.57**	.46**	.24**	-	.34**	.29**
7	遂行接近目標	412	3.88	0.96	281	3.83	1.10	.42**	.36**	.49**	.30**	.23**	.39**	-	.70**
8	遂行回避目標	412	3.63	0.99	281	4.17	1.20	.15**	.30**	.29**	.28**	.48**	.21**	.66**	-

注1）** $p < .01$, * $p < .05$
注2）(R) は RFQ, (P) は PPFS を表す。
　　相関係数の値は，左下が中学生，右上が小学生の結果を表す。

($pr = .30, p < .001, pr = .15, p = .015$) の間に有意な正の偏相関が確認された。なお，小学生でのみ促進焦点と BIS（$pr = .11, p = .029$），中学生でのみ防止焦点と BAS（$pr = .22, p < .001$）に，有意な正の偏相関が確認された。

5．RFQ，PPFS に基づく尺度と他の変数との関連の比較

RFQ に基づく尺度と PPFS に基づく尺度で測定された促進焦点，防止焦点と BIS，BAS，遂行接近目標，遂行回避目標との関連の強さを比較するため，当該制御焦点以外の下位尺度を統制した偏相関係数を小・中学生ごとに算出した。分析の結果，RFQ では，促進焦点と BAS（$pr = .38, pr = .32, ps < .001$）との間に有意な正の偏相関，防止焦点と遂行接近目標（$pr = .19, pr = .18, ps < .001$），遂行回避目標（$pr = .22, pr = .21, ps < .001$）の間に有意な正の偏相関が確認された。なお，小学生でのみ防止焦点と BIS（$pr = .19, p < .001$）の間に有意な正の偏相関，中学生でのみ促進焦点と BIS（$pr = -.26, p < .001$），遂行回避目標（$pr = -.16, p = .010$）との間に有意な負の偏相関が確認された。

PPFS では，促進焦点と遂行接近目標（$pr = .30, pr = .25, ps < .001$），遂行回避目標（$pr = .17, p < .001, pr = .18, p = .005$）の間に有意な正の偏相関，防止焦点

と BIS（$pr = .37, pr = .27, ps < .001$），BAS（$pr = .10, p = .048, pr = .16, p = .010$），
遂行回避目標（$pr = .28, p < .001, pr = .16, p = .010$）の間に有意な正の偏相関が
確認された。なお，中学生でのみ促進焦点と BIS（$pr = .16, p = .010$），BAS（pr
$= .20, p = .001$）の間に有意な正の偏相関がみられた。

Ⅳ　考　察

　研究 19 の結果，RFQ に基づく尺度，PPFS に基づく尺度ともに，2 因子構造
が見いだされた。これは，Hodis & Hodis（2017）と整合する結果であり，本
研究で新たに作成された子ども用制御焦点尺度も制御焦点理論に沿った 2 因子
から構成されると考えられる。なお，多母集団同時分析の結果，RFQ に基づ
く尺度では，弱測定不変モデルが採択されたことから，小学校高学年頃から促
進焦点と防止焦点は，ある程度，分化していると考えられる。

　子ども用制御焦点尺度を作成した Hodis & Hodis（2017）と異なる点として，
RFQ に基づく尺度，PPFS に基づく尺度ともに，促進焦点と防止焦点の間に，
正の相関が確認された。制御焦点理論では，促進焦点と防止焦点は独立してい
ることが仮定されており，PPFS 邦訳版においても因子間相関が確認されなかっ
たこと（尾崎・唐沢，2011）が報告されている。こうした結果を踏まえると，小・
中学生においては，促進焦点と防止焦点が成人と比べると分化しているとはい
えないため，相関が生じた可能性が考えられる。

　制御焦点間の相関に対するその他の考察として，日本における接近と回避に
関する動機づけ変数の相関の高さが起因する可能性が考えられる。村山（2003b）
は，他者よりもよくできることを目指す遂行接近目標と他者よりもできないこ
とを避けることを目指す遂行回避目標の相関の値について，日本と欧米との比
較検討を行っている。その結果，欧米よりも日本の中学生と高校生では，遂行
接近目標と遂行回避目標の相関が高いことが見出されている。よって，日本の
小・中学生における促進焦点と防止焦点の相関は，接近・回避動機づけの相関
の高さと関連している可能性も考えられる。

　また，PPFS の防止焦点を構成する項目は，小学生と中学生で異なる項目が
採択された。特に，小学生では，「自分には，まかされたことができないので

はないかと心配になる」や「悪いことが起こることをよくそうぞうする」のような自身の責務に対する心配や将来に対する不安に関する項目が比較的高い負荷量を示し，中学生では，「何かをするときに，失敗しないようにしている」のようなネガティブな結果の回避に関する項目が高い負荷量を示していた。こうした結果は，PPFSの防止焦点が現在の目標に対する損失を重視した項目から構成（Summerville & Roese, 2008）されており，学業や部活動などの目標達成場面が顕在化してくる中学生において特に，ネガティブな結果の回避に関する項目への負荷量が高くなったことに起因するものと考えられる。なお，Hodis & Hodis（2017）やHodis et al.（2016）では，制御焦点尺度の項目内容や構造が10～13歳の年代間で異なるかどうかについては検討がなされていない。しかしながら，本研究の結果を踏まえると，小学生高学年に相当する10～12歳と中学生に相当する13歳以降では，PPFSに基づく制御焦点を構成する項目に差異が生じる可能性が考えられる。ただし，上記の年齢間の比較検討は不十分なため，知見の蓄積が必要であると考えられる。

　RFQに基づく尺度とPPFSに基づく尺度の弁別性，共通性を検討した結果，本研究の予測に沿った3因子から構成されることが見出された。Summerville & Roese（2008）は，RFQおよびPPFSとBIS／BASの共通性と弁別性を検討した結果，第1因子には，利得に関する項目が，第2因子には，損失に関連する項目が，第3因子には，養育者への服従に関するRFQに基づく項目が高い負荷量を示した結果を報告している。こうした結果を踏まえると，本研究で作成されたRFQの防止焦点に関する項目は，養育者との経験に関連する内容を尋ねていたため，他の2つの因子とは，独立した構造となったものと考えられる。したがって，促進焦点を構成する項目については，RFQとPPFSで共通する側面が多いものの，防止焦点を構成する項目については，RFQとPPFSで明確な差異があるものと考えられる。さらに，防止焦点については，RFQに基づく項目群とPPFSに基づく項目群の因子間相関は他の項目群に関する因子間相関と比較して，小さな値であり【表10-4, 10-5】，こうした結果も防止焦点を測定する尺度間の差異を反映していると考えられる。

　次に，子ども用制御焦点尺度の妥当性を確認するため，偏相関分析を実施した結果，RFQに基づく尺度では，促進焦点がBAS，遂行接近目標と正の関連，

防止焦点が BIS，遂行接近目標，遂行回避目標と正の関連を有していた。また，PPFS に基づく尺度では，促進焦点が BAS，遂行接近目標，遂行回避目標と正の関連，防止焦点は，BIS，遂行回避目標と正の関連を有していた。こうした結果は，成人期以降を対象とした Higgins et al.（2001）や外山他（2016）と整合しており，子ども用制御焦点尺度の妥当性の一部が確認されたといえる。

なお，RFQ に基づく防止焦点は，PPFS に基づく防止焦点と異なり，BIS と遂行回避目標に加えて，遂行接近目標とも関連を示していた。Luo, Aye, Hogan, Kaur, & Chan（2013）は，養育者の統制的なかかわりが子どもの遂行接近目標や遂行回避目標を高めることを報告しており，本研究における RFQ の防止焦点の項目内容を踏まえると，こうした結果と矛盾しないものと考えられる。

続けて，RFQ，PPFS に基づく尺度と他の変数との関連を比較するため，偏相関分析を実施した結果，促進焦点では，RFQ に基づく尺度よりも PPFS に基づく尺度の方が遂行接近目標，遂行回避目標との関連が強いという結果であった。この結果は，PPFS に基づく促進焦点を構成する項目に，学業に関する項目が複数含まれていたため，遂行接近目標や遂行回避目標と強い関連をもったものと考えられる。

なお，Summerville & Roese（2008）の結果とは異なり，RFQ に基づく促進焦点は，BAS と密接に関連している結果が示された。Chen & Bei（2017）は，RFQ と PPFS の促進焦点は共に，目標追求に関する項目に焦点化して構成されていることを示している。こうした結果を踏まえると，小・中学生にとっては，促進焦点を構成する項目群が同じ目標追求に関する項目だと認知されたため，Summerville & Roese（2008）とは異なる結果が得られたものと考えられる。また，学業場面に関する項目が含まれていた PPFS に基づく尺度に比べて，全般的な目標追求に関する項目から構成される RFQ に基づく促進焦点の方が，BAS と密接に関連した可能性も考えられる。

一方，防止焦点では，RFQ に基づく尺度よりも PPFS に基づく尺度の方が BIS と関連が強い結果であった。この結果は，成人期以降を対象とした先行研究（e.g., Haws et al., 2010）と一致する結果であり，本研究で作成された PPFS に基づく尺度も従来の PPFS と整合した尺度として制御焦点を測定することが可能であると考えられる。

【第 10 章のまとめ】

　第 10 章では，研究 19 として，子どもの特性的な制御焦点を測定することのできる尺度を RFQ（Higgins et al., 2001）と PPFS（Lockwood et al., 2002）に基づいて開発し，両尺度の特徴を比較した。その結果，両尺度に一定程度の信頼性と妥当性が確認できたとともに，各尺度の特徴を見出すことができた。子どもの制御焦点を測定することのできるツールの開発は，子どもの制御焦点／制御適合に関する実証研究を発展させるうえで重要な研究だといえる。

　研究 19 より，PPFS に基づく尺度は，RFQ に基づく尺度と比べると，学業に関する目標との関連が強いという結果が確認された。PPFS は，利得や損失に関する現在の目標を重視した項目から構成されている点に特徴があり（Summerville & Roese, 2008），本研究を通して作成された尺度にも一般的な目標追求場面に相当すると考えられる学習場面に関する項目が含まれていた。したがって，小・中学生の学習動機づけやパフォーマンスといった現在の学業場面における制御焦点の働きを検討する場合は，PPFS に基づく尺度を用いることが有用であると考えられる。さらに，学業場面における特性的な制御焦点における制御適合を扱った先行研究【e.g., 研究 5】では，PPFS が活用されることも多い。よって，PPFS に基づく尺度で制御焦点を測定することで，成人期以降を対象とした学業場面における制御焦点の働きに関する知見との整合性や発達的差異についても議論が可能になると考えられる。

　それに対して，RFQ に基づく尺度は，防止焦点を構成する項目が養育に関する項目から構成されており，PPFS に基づく防止焦点を構成する因子とは，独立した因子であることが示された。Chen & Bei（2017）は，RFQ の防止焦点は，目標維持に関する項目から，PPFS の防止焦点は，損失の回避に関する項目から構成されているため，研究者自身が目的に応じて使用尺度を選択する必要性を指摘している。こうした指摘を踏まえると，子どもを対象とした場合にも研究目的に応じて，防止焦点を，現存する目標の維持に対する志向性として捉える際には，RFQ に基づく尺度を，ネガティブな結果の回避に対する志向性として捉える際には，PPFS に基づく尺度を，用いることを推奨できると考えら

れる。また，国外では，RFQ によって，子どもの制御焦点を測定することが可能であることが報告されている（Hodis, 2017; Hodis & Hodis, 2017）。したがって，促進焦点と防止焦点の相関関係の文化差などの知見を比較検討する際には，RFQ に基づく尺度を用いることが有用であると考えられる。

　最後に，第 10 章の限界と今後の展望を述べる。研究 19 では，子ども用制御焦点尺度で測定した促進焦点と防止焦点の間に，正の相関が確認された【表 10-6】。大人を対象とした研究では，促進焦点と防止焦点の間に，相関が認められないことが多く報告されている（e.g., 尾崎・唐沢, 2011）ものの，高校生を対象とした研究結果は見受けられない。今後は，高校生も対象とした研究を実施し，制御焦点の発達の様相について研究を進めていく必要があると考えられる。

第11章

子どもの制御焦点と
制御適合に関する研究

　子どもの制御焦点について，近年では，測定に関する研究だけでなく，学業や学校生活場面における制御焦点の役割や制御適合に着目した研究も見受けられる。まず，学業場面における制御焦点に関する研究として，Hodis（2018）は，ニュージーランドの Secondary School の子どもを対象に，制御焦点や達成動機などの動機づけに関する諸変数が数学の成功期待をどの程度，予測するのかを検討している。その結果，複数の動機づけ変数の中でも促進焦点が数学の成功期待を強く予測することを報告している。Hodis（2019）も英語学習において理想や希望の実現に焦点化した促進焦点が成功への期待を予測するという結果を示している。よって，促進焦点は，教科学習に関する期待と関係すると推測できる。なお，いずれの研究においても Hodis & Hodis（2017）の RFQ を基にした尺度によって子どもの制御焦点を測定している。

　次に，子どもの制御焦点が学業場面以外でどのような役割を果たしているのかについてレビューする。Gao, Bian, Liu, He, & Oei（2017）は，中国の 15 ～ 19 歳の子どもを対象に，友人関係における葛藤対処メカニズムを制御焦点の観点から検討している。具体的には，制御焦点が葛藤対処方略を介し，友人関係満足度を予測するモデルを検証している。その結果，促進焦点は，問題解決方略を介して，友人関係満足度を高める働きが示されたこと，防止焦点は，葛藤への関与を介して，友人関係満足度を低める働きが示されたことを報告している。また，Li, Liu, Yao, & Chen（2019）は，中国の 7 ～ 11 年生の子どもを対象に，制御焦点がコーピングスタイルを介して，主観的幸福感を予測する過程について検討している。その結果，促進焦点は，主に問題焦点型コーピングを介し，主観的幸福感を高める効果を有しているが，防止焦点は情動焦点型コーピングを介し，主観的幸福感を低める効果を有しているという異なる機能と過

程を報告している。

その他，子どもの状況的な制御焦点を扱った研究として Shin, Lee, & Seo（2017）がある。Shin et al.（2017）は，韓国の 11 〜 13 歳の子どもが持つ達成目標に対するフィードバックの影響を検討する際に，パフォーマンスの比較基準と状況的な制御焦点の役割を踏まえて検討している。具体的には，課題への取り組みに対し，（1）個人内基準・促進焦点条件，（2）個人内基準・防止焦点条件，（3）相対基準・促進焦点条件，（4）相対基準・防止焦点条件の 4 つのフィードバック条件を設けたうえで，フィードバックを受け取った後の達成目標にどのような違いが生じるのかを検討している。その結果，防止焦点に関するフィードバックを受けると，他者から劣ることの回避を志向する遂行回避目標が高まることが示されたことを報告するとともに，成人期を対象とした制御焦点とフィードバックに関する先行研究（e.g., Forster et al., 2001）と整合する結果であることを考察している。また，相対的なフィードバックを受けることで，遂行回避目標だけでなく，他者を上回ることを志向する遂行接近目標が高まるが，促進焦点に関するフィードバックを受け取ることで，その効果は緩衝されることも報告している。Shin et al.（2017）は，状況的な制御焦点が子どもの学習への動機づけ（達成目標）に与える影響を検討した先駆的な研究だといえる。

これまでの研究結果を踏まえると，学業場面における特性的な促進焦点や促進焦点に関するフィードバック（状況的な促進焦点）がポジティブな成果と関係する（Hodis, 2018, 2019; Shin et al., 2017）と推察できる。さらに，子どもの制御焦点は，学業場面だけでなく，友人関係などの日常生活や学校生活とも密接に関連していると考えられる。そして，促進焦点と防止焦点は，それぞれ異なるプロセスを経て，友人関係満足度や主観的幸福感を予測していた（Gao et al., 2017; Li et al., 2019）。よって，成人期以降と同様に，子どもの制御焦点もパフォーマンスや学校適応を支えるうえで，異なる働きを有していることが推測できる。

制御焦点に関する研究の数と比べると，制御適合に関する研究の数は，少ない。しかしながら，これまで述べてきたように，制御適合理論では，促進焦点と防止焦点のどちらかが必ずしも適応的であるという訳ではなく，それぞれの

264 ▶ 第11章 子どもの制御焦点と制御適合に関する研究

焦点にあった方略や手段，他者のかかわりが重要だとされている。よって，子どもの制御適合について検討することで，個に応じた指導を理論に沿って実施することが可能になると考えられる。そこで，第11章では，日本の小学生【研究20】と中学生【研究21】の制御適合について検討する。

【研究20】

Ⅰ 問題と目的

多様な文脈における制御適合が個人のパフォーマンスの向上に寄与することは，第4章でも述べてきたが，学齢期の子どもを対象とした研究は限られている。その中でも Keller & Bless（2006）は，特性的な制御焦点と課題への取り組み方の教示との適合が高校生の空間認知能力に関するパフォーマンスを高めることを報告している。具体的には，促進焦点の傾向が高い生徒は，熱望方略に関係する教示を，防止焦点の傾向が高い生徒は，警戒方略に関係する教示を受けることで，パフォーマンスの向上が示されている。その他，Worthy, Brez, Markman, & Maddox（2011）は，日本の小学生に相当する年代の子どもを対象に，状況的な制御焦点と報酬との適合が認知パフォーマンスに与える影響を検討したものの，制御適合理論と整合する結果は得られなかったことを報告している。

制御焦点の形成過程について Higgins & Silberman（1998）は，制御焦点が発達に伴い徐々に形成されることを述べている。よって，学齢期の子どもにおいても制御適合理論が援用できる可能性がある。しかしながら，こうした可能性に関する実証的検討はなされていない。また，Worthy et al.（2011）は，子どもの制御焦点を状況的に捉えており，特性的な制御焦点を指標とした制御適合については検討の余地がある。

そこで，本研究では，小学生の特性的な制御焦点と課題に取り組む方略との制御適合が計算課題のパフォーマンスに与える効果を検討する。成人を対象とした制御適合に関する先行研究の結果【e.g., 研究6】を踏まえて，研究20の仮説は次の通りとした。

研究 20 ◀ 265

<研究 20 の仮説>

仮説1 促進焦点の児童は，速さを重視するような"熱望方略"を使うことで，計算課題の"速さ"に関するパフォーマンスが向上する。

仮説2 防止焦点の児童は，正確さを重視するような"警戒方略"を使うことで，計算課題の"正確さ"に関するパフォーマンスが向上する。

なお，パフォーマンスの指標には，2種類の計算課題を使用したため，それぞれの結果について報告する。研究20-1では，1ケタの数と1ケタの数の加算課題，研究20-2では，2ケタの数から1ケタの数を減算する課題をパフォーマンスの指標とした。その他の手続きについては"方法"で詳述する。

【研究 20-1】

II 方法

1．実験参加者

3つの小学校の12クラスの小学生369名（男子193名，女子171名，不明5名；4年生64名，5年生86名，6年生219名）であった。

2．実験計画

本実験は，制御焦点（促進焦点，防止焦点）と課題方略（熱望方略，警戒方略）の2要因を独立変数とした実験参加者間計画であった。

3．実験課題

1ケタの数と1ケタの数の加算課題を使用した。縦と横に数字が並べられており，数字が交わるところにそれぞれ縦と横の数字を足した数を記入するというものであった【図11-1】。マス数は，縦9×横8マスであった。解答時間は，60秒間とした。パフォーマンスの指標には，(1)60秒間で回答した数を表す"速

266 ▶ 第11章　子どもの制御焦点と制御適合に関する研究

さ"得点, (2) 値が正しくないまたは書き間違えて修正をした数を表す"ミス"得点の2つを算出した。

4. 制御焦点の分類

　子どもの制御焦点の傾向を捉えるために，各学級担任に制御焦点の説明をした上で自分のクラスの児童が，促進焦点または防止焦点のどちらにあてはまると思うか評定を求めた。具体的には，促進焦点と防止焦点の大まかな特徴とPPFSの邦訳版の項目例（尾崎・唐沢, 2011）を基に説明した。

　促進焦点については，「理想を叶えることを目的として，成功を目指して頑張るタイプ（テストではできるだけ良い点を取ろうと思って頑張る，普段の生活で失敗を恐れずに成功を目指して取り組む，など）」であることを説明した。防止焦点については，「義務や責任を果たすことを目的として，失敗しないように頑張るタイプ（テストではできるだけ悪い点を取らないようにしようと思って頑張る，普段の生活では成功を手にするよりも失敗しないことを目指して取り組む，など）」であることを説明した。その後，出席番号が書かれた用紙を参照しながら，それぞれの児童がどちらのタイプに合致するのか想像してもらい，あてはまると思うタイプにチェックすることを求めた。

空いているところに入る数字はなんですか？

+	2	4	5	9	8	3	7	6
1								
2								
7								
9								
4								
8								
6								
5								
3								

図11-1　研究20-1の計算課題

5. 課題方略の提示

本課題を実施する前に，学級担任の教師から「熱望方略（速さ重視）」または「警戒方略（正確さ重視）」のいずれかの教示を行った。熱望方略条件では「たくさん解くことができるように，速く回答してください」と教示した。警戒方略条件では「間違えないように，正確に回答してください」と教示した。なお，これらの教示は児童が取り組むプリントの表紙にも文章で記載されていた。

6. 質問項目

熱望方略／警戒方略に関する操作チェックとして，「計算問題を答えるときに，次の2つのうちどちらのように答えましたか」という教示のもと，「たくさん答えることができるように速く答えた」（熱望方略に相当）または，「間違えないで，答えることができるように正確に答えた」（警戒方略に相当）のいずれかを選択させた。

7. 実験手続き

実験は，各教室のホームルームの一部を利用して実施した。まず，担任の教師が課題を配布し，課題の説明をした。その後，表紙の練習問題3問に回答を求めた。最後に，不明な点がないか確認し本課題に移った。本課題を実施する前に，学級担任の教師が「熱望方略（速さ重視）」または「警戒方略（正確さ重視）」のいずれかの教示を行った。なお，それぞれの方略の割り振りは，無作為に行った。本課題は60秒で実施した。最後に，質問紙調査を実施し実験を終了した。本研究は，筑波大学人間系研究倫理委員会の承認のもと実施した。

III 結 果

分析にあたり，極端に解答数が少なかった児童やミスが多かった児童（$M \pm 3SD$以上）を除外した。群ごとの分析対象者は，「促進／熱望方略」条件82名，「促進／警戒方略」条件100名，「防止／熱望方略」条件92名，「防止／警戒方略」条件90名であった。

268 ▶ 第11章　子どもの制御焦点と制御適合に関する研究

表11-1　研究20-1における制御焦点，速さ，ミスに関する基本統計量

学級	学年	方略	促進 (n)	防止 (n)	合計 (n)	速さ	ミス
1	4	警戒	26	7	33	32.33	0.97
2	4	熱望	21	8	29	28.03	1.07
3	5	熱望	10	15	25	36.56	1.40
4	5	警戒	10	15	25	30.00	0.80
5	5	警戒	22	14	36	29.06	0.61
6	6	熱望	16	9	25	36.00	0.68
7	6	熱望	16	13	29	40.72	1.62
8	6	熱望	11	21	32	33.16	1.75
9	6	警戒	10	20	30	33.23	0.63
10	6	警戒	16	16	32	37.19	0.59
11	6	警戒	16	18	34	31.62	0.79
12	6	熱望	8	26	34	34.76	1.44
		合計	182	182	364	$M = 33.45$	$M = 1.03$
						$SD = 9.96$	$SD = 1.76$

1. 基本統計量の算出

　クラス内の促進焦点・防止焦点のタイプに該当する児童数，速さ，正確さ得点を表11-1に示した。

2. 操作チェック

　分析の結果，「熱望方略」条件では，53.8%の児童が"速さ"を重視して取り組み，46.2%の児童が"正確さ"を重視して取り組んでいた。また，「警戒方略」条件では，14.9%の児童が"速さ"を重視して取り組み，85.1%の児童が"正確さ"を重視して取り組んでいた。カイ二乗検定の結果，これらの差は有意であった（$\chi^2 (1) = 55.76, p < .001$）。よって，速さを重視して取り組むように教示されると，速さに合致した方略を使用し，正確さを重視して取り組むように教示されると，正確さに合致した方略を使用することが示唆された。

　なお，熱望方略条件では，正確さを重視する児童もいたが，条件の主効果が有意であった。よって，速さを重視するように指示された児童の方が，正確さを重視するように指示された児童よりも多くの課題を解決していたといえる。

3. 制御適合に関する検討

"速さ"と"ミス"について制御焦点(促進・防止)と方略条件(熱望・警戒)の 2 × 2 の ANCOVA を行った。分析に際し、学年が上がるにつれて、認知能力が向上するとされていること、日本では、男子の方が女子よりも数学に対して積極的な態度を示すとされていること(森永, 2017)を踏まえて、学年と性別を統制した。また、性別が不明であった 5 名についても分析から除外した。

"速さ"得点 分析の結果、方略の主効果 ($F(1, 353)$ = 4.35, p = .038, η^2 = .01)と制御焦点の主効果 ($F(1, 353)$ = 6.59, p = .011, η^2 = .02)が有意であった。具体的には、熱望方略をとるように指示された児童 (M = 34.78, SD = 10.09)は、警戒方略をとるように指示された児童 (M = 32.21, SD = 9.72)よりも多くの課題を解決していた。また、促進焦点の児童 (M = 34.28, SD = 10.36)は、防止焦点の児童 (M = 32.65, SD = 9.53)よりも多くの課題を解決していることが示された。

制御焦点と方略の交互作用も有意であった ($F(1, 353)$ = 4.12, p = .043, η^2 = .01)。続けて、仮説に基づく下位検定を実施した【図 11-2】。その結果、促進焦点の児童 (M = 36.88, SD = 10.62)は、防止焦点の児童 (M = 32.05, SD = 9.67)よりも、熱望方略で取り組んだ際に、パフォーマンスが高かった (d = 0.48)。また、熱望方略条件では、防止焦点の児童 (M = 32.90, SD = 9.26)よりも促進

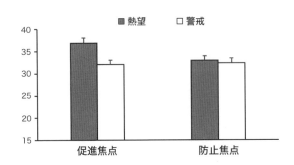

図 11-2 研究 20-1 の速さに関する結果

注) エラーバーは標準誤差を表している。

焦点の児童（$M = 36.88, SD = 10.62$）の方が高いパフォーマンスを示していた（$d = 0.40$）。

"ミス"得点　分析の結果，方略の主効果が有意であった（$F(1, 353) = 10.97, p = .001, \eta^2 = .03$）。具体的には，熱望方略条件の児童（$M = 1.35, SD = 1.99$）の方が警戒方略条件の児童（$M = 0.72, SD = 1.48$）よりもミスの数が多かった。その他，制御焦点の主効果（$F(1, 353) = 1.13, p = .290, \eta^2 = .00$）および交互作用（$F(1, 353) = 0.09, p = .759, \eta^2 < .001$）は有意ではなかった【図11-3】。

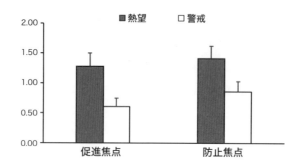

図11-3　研究20-1のミスに関する結果
注）エラーバーは標準誤差を表している。

【研究20-2】

I　問題と目的

　研究20-2では，計算課題を一部変更した。その理由として，研究20-1の課題に対するアプローチ方法の自由度が比較的高いという課題があった。たとえば，課題に対して，横列を最初に解く児童もいれば，簡単な計算から取り組む児童も存在する可能性が想定された【図11-1参照】。すなわち，課題へのアプローチ方法の違いがパフォーマンスに影響した可能性があった。そこで，研究20-2では，課題へのアプローチ方法を統一できるような課題を用いて，制御焦点と方略との適合が計算課題のパフォーマンスに与える影響を検討した。

Ⅱ 方　法

1．実験参加者

　関東地方および北陸地方の小学校に通う4, 5, 6年生361名（男子167名，女子174名，不明11名；4年生43名，5年生282名，6年生36名）であった。

2．実験課題

　研究20-1と同様の形式【図11-1参照】で，マスの上部に並んだ8つの数字から左に記載された1つの数字を引く減算課題であった。パフォーマンスの指標は，"速さ"得点と"ミス"得点を算出した。制御焦点の評定方法や操作チェックは研究20-1と同様であった。

3．実験手続き

　本課題を45秒で実施した。その他の実験手続きは，研究20-1と同様であった。

Ⅲ 結　果

　分析にあたり，$M \pm 3SD$ を基準に著しく回答数が少なかった者やミスが多かった者を除外した。各群の人数は，「促進焦点／熱望方略」条件75名，「促進焦点／警戒方略」条件106名，「防止焦点／熱望方略」条件87名，「防止焦点／警戒方略」条件84名であった。

1．基本統計量の算出

　各クラスの促進焦点・防止焦点のタイプに該当する児童数，速さ，正確さ得点を表11-2に示した。

2．操作チェック

　分析の結果，「熱望方略」条件では，65.3%の児童が"速さ"を重視して取り組み，34.7%の児童が"正確さ"を重視して取り組んでいた。「警戒方略」条件では，30.8%の児童が"速さ"を重視して取り組み，69.2%の児童が"正

272 ▶ 第11章 子どもの制御焦点と制御適合に関する研究

表11-2 研究20-2における制御焦点, 速さ, ミスに関する基本統計量

学級	学年	方略	促進 (n)	防止 (n)	合計 (n)	速さ	ミス
1	4	熱望	5	5	10	21.10	0.90
2	4	警戒	18	12	30	17.90	0.67
3	5	熱望	21	9	30	26.77	0.53
4	5	熱望	15	16	31	19.29	0.48
5	5	警戒	21	10	31	23.00	1.19
6	5	熱望	13	18	31	20.94	0.68
7	5	熱望	9	20	29	24.66	1.24
8	5	警戒	20	13	33	21.33	0.45
9	5	熱望	12	19	31	25.94	0.97
10	5	警戒	13	21	34	23.41	0.68
11	5	警戒	14	13	27	21.48	0.30
12	6	警戒	20	15	35	25.23	0.66
		合計	181	171	352	$M = 22.71$	$M = 0.78$
						$SD = 7.37$	$SD = 1.05$

確さ”を重視して取り組んでいた。さらに, カイ二乗検定の結果, これらの差は有意であった（$\chi^2(1) = 31.33, p < .001$）。したがって, 速さを重視して取り組むように教示されると, 速さに合致した方略を使用し, 正確さを重視して取り組むように教示されると, 正確さに合致した方略を使用することが示唆された。

3. 制御適合に関する検討

学年および性別（男子を0, 女子を1にコード化）を共変量とした2（促進焦点／防止焦点）×2（熱望方略条件／警戒方略条件）のANCOVAを実施した。なお, 性別に無回答であった11名の児童は分析から除外した。

“速さ”得点 速さ得点においては, 制御焦点の主効果（$F(1, 335) = 1.72, p = .191, \eta^2 = .01$）, 方略の主効果（$F(1, 335) = 3.68, p = .056, \eta^2 = .01$）ともに, 有意ではなかった。

しかしながら, 交互作用が有意であった（$F(1, 335) = 4.63, p = .032, \eta^2 = $

.01)。単純主効果の検定を行った結果,促進焦点において速さを重視した方（M = 24.85, SD = 9.25）が正確さを重視した時（M = 21.81, SD = 6.05）よりも得点が高かった（d = 0.40）。また，速さを重視した際には，促進焦点の個人（M = 24.85, SD = 9.25）が防止焦点の個人（M = 22.11, SD = 7.64）よりも得点が高かった（d = 0.33）。以上より，小学生においても制御適合の効果が認められ，促進焦点の傾向の子どもには"速さ"を重視するような熱望的な方略を用いることで，パフォーマンスの向上がみられることが示された【図11-4】。

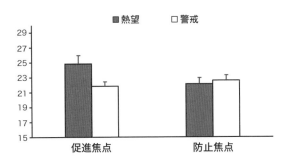

図11-4　研究20-2の速さに関する結果

注）エラーバーは標準誤差を表している。

"ミス"得点　ミス得点においては，制御焦点（$F(1, 335) = 0.78, p = .379, \eta^2 = .00$），方略条件（$F(1, 335) = 0.00, p = .989, \eta^2 = .00$）の主効果，交互作用（$F(1, 335) = 0.01, p = .969, \eta^2 = .00$）ともに有意とならなかった【図11-5】。

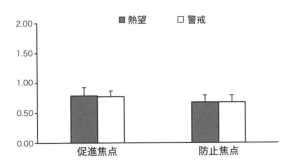

図11-5　研究20-2のミスに関する結果

注）エラーバーは標準誤差を表している。

IV 考 察

研究 20 の結果，促進焦点の子どもが速さを重視する方略で課題に取り組んだ際に，速さに関するパフォーマンスが高まることが示された。よって，仮説 1 は，支持されたといえる。Cesario et al.（2004）は，方略に"feel right"を抱くことでパフォーマンスが向上することを述べている。こうした知見を踏まえると，促進焦点の傾向の高い児童はより多くの課題を解き，良い得点を獲得することを志向しているため，熱望方略を使うことで，適切感が高まる。その結果，パフォーマンスが向上したという一連の過程が考えられる。

一方で，防止焦点と正確さ（警戒方略）の制御適合がパフォーマンスを向上させる結果は得られなかった。したがって，仮説 2 は支持されたとはいえなかった。こうした理由として以下の 2 つが考えられる。

第一に，ミスの数が影響している可能性がある。研究 20-1，20-2 で用いた課題は，全体的にミスが少なく，クラスごとのミス得点の平均は，0 点から 1 点台であった【表 11-1, 表 11-2】。したがって，このようなミスが少ない課題であったことが防止焦点に関する制御適合がみられなかったことに影響している可能性が考えられる。今後は，ミスが多くみられるような課題において，防止焦点と警戒方略の制御適合の効果を検討する必要がある。

第二に，子どもの制御焦点の測定方法が影響している可能性がある。研究 20 では，小学生の制御焦点を教師評定によって測定した。こうした測定方法は，信頼性・妥当性が十分に確認されているとはいえず，検討の余地がある。今後は，教師の評定のみならず，子どもの自己評定によって制御焦点を測定したり，状況的な制御焦点を活性化させたりするなど，他の方法においても小学生における制御適合の効果がみられるのか検討する必要がある。

そこで，研究 21 では，自己報告式の制御焦点尺度を使って制御適合について検討する。具体的には，特性的な制御焦点と教師からの欲求支援行動との適合が中学生の学習行動に与える効果を検討した。

【研究 21】

I 問題と目的

　欲求支援行動とは，人の基本的心理欲求を充足させるための行動であり，課題へのエンゲージメントやパフォーマンスを支える働きを有することが指摘されている（e.g., Ryan & Deci, 2017）。特に，子どもの学習場面では，教師からの自律性支援行動の重要性が示されている（e.g., Reeve et al., 2004）。たとえば，Reeve et al.（2004）は，教師からの自発的な考えを促すような自律性支援行動が高校生の学習へのエンゲージメントを高めることを報告している。したがって，教師からの欲求支援行動について検討することは，子どもの学習行動を支えるうえで，重要だと考えられる。

　さらに，近年では，個人差を踏まえた他者からの支援の重要性が示されている（e.g., Hui et al., 2013）。研究 17 でも課題学習場面において，促進焦点の傾向が強い個人は，自発的考えを促すような自律性支援行動を，防止焦点の傾向が強い個人は，関心や支持的姿勢を示すような関係性支援行動をインストラクターから受けることで課題へのエンゲージメントが高まったことが報告されている。よって，他者からの支援の効果を検討する際は，制御焦点の個人差を踏まえることでより精緻な知見が得られると考えられる。

　しかしながら，学齢期の子どもを対象に，教師からの欲求支援行動と学習行動との関連に対し，制御焦点がどのような役割を果たしているのかは示されていない。そこで，本研究では，中学生を対象にして，教師からの欲求支援行動と学習行動との関連について制御焦点の働きを踏まえて検討することを目的とする。なお，教師の自律性支援行動と自律的動機づけやエンゲージメントとの関連は，学校段階や学年が低いほど関連が強いこと（岡田，2018）や倫理的観点を踏まえて本研究では，中学生を対象とした。

　制御焦点と学習行動に関する指標は，以下の観点から選定した。まず，特性的な制御焦点は，（1）PPFS に基づく尺度よりも RFQ に基づく尺度の方が子どもの制御焦点を安定して捉えられること（e.g., Hodis & Hodis, 2017），（2）子どもの制御焦点に関する実証研究では，RFQ が数多く使用されていること（e.g.,

Hodis, 2018）を踏まえて，RFQ に基づく尺度【研究 19】を使用した。学習行動は，梅本・田中（2012）を参考に，学習への取り組みを表す "行動的エンゲージメント" と "持続性の欠如" の 2 側面から測定した。

制御焦点と欲求支援行動との適合に関する先行研究（e.g., Hui et al., 2013）や研究 17 の結果を踏まえて，本研究の仮説は，以下の通りとした。

<研究 21 の仮説>

仮説 1　促進焦点が高い場合，自律性支援行動と行動的エンゲージメントの間に正の関連，持続性の欠如の間に負の関連が予想される。

仮説 2　防止焦点が高い場合，関係性支援行動と行動的エンゲージメントの間に正の関連，持続性の欠如の間に負の関連が予想される。

Ⅱ　方　法

1．調査協力者

関東地方の中学生 341 名（男子 167 名，女子 155 名，無回答 19 名；中学 1 年生 169 名，中学 2 年生 172 名）に調査を実施した。欠測値は，分析ごとに除外した。

2．調査内容

基本属性　性別と学年について記述する形で回答を求めた。

制御焦点を測定する尺度　研究 19 で開発した RFQ に基づく尺度を用いた。促進焦点に関する 5 項目，防止焦点に関する 4 項目について 4 段階評定で回答を求めた。

欲求支援行動を測定する尺度　肖・外山（2020）の日本語版欲求支援・阻害行動尺度の下位尺度である "自律性支援行動" と "関係性支援行動" を用いた。欲求支援行動の対象としては学校の先生を対象に教示をし，中学生が理解できるように表現を一部修正した。具体的には，「私の学校の先生は……」という文章に続く形で自律性支援行動に関する 4 項目（例：私の好きなように選択させてくれる）と関係性支援行動に関する 4 項目（例：私が行うことに関心を持っ

てくれる）に対して4段階評定で回答を求めた。

学習行動を測定する尺度　梅本・田中（2012）の"学習の取り組み（行動的エンゲージメント）"と下山（1985）の"持続性の欠如"を用いた。4段階評定で回答を求めた。

3.　調査手続き

　調査は,筑波大学人間系研究倫理委員会の承認を得たうえで実施した。また,調査実施に際しては,学校長からの研究実施の同意を得たうえで,各クラスにて集団で調査を実施した。

III　結　果

　各変数に一定程度の内的一貫性（$\alpha = .71 \sim .91$）が確認されたため,加算平均値を分析に用いた。各変数における基本統計量と相関係数を表11-3に示した。

表11-3　各変数の基本統計量と相関分析の結果

		M	SD	1	2	3	4	5
1	促進焦点	2.92	0.53					
2	防止焦点	2.91	0.66	.23**				
3	自律性支援	2.97	0.71	.22**	.20**			
4	関係性支援	2.79	0.73	.24**	.16**	.86**		
5	行動的エンゲージメント	3.01	0.60	.34**	.36**	.41**	.39**	
6	持続性の欠如	2.89	0.70	-.13*	-.12*	-.15**	-.16**	-.32**

** $p < .01$, * $p < .05$

　行動的エンゲージメントと持続性の欠如をそれぞれ従属変数とした階層的重回帰分析を実施した【表11-4】。Step 1で,制御焦点,欲求支援行動,Step 2で,促進焦点と自律性支援行動の交互作用項,防止焦点と関係性支援行動の交互作用項を投入した。そして,交互作用項に一定の説明力が確認された場合,下位検定として単純傾斜分析（$M \pm 1SD$）を実施した。なお,自律性支援行動と

278 ▶ 第11章 子どもの制御焦点と制御適合に関する研究

表11-4 階層的重回帰分析の結果

| | 行動的エンゲージメント | | | | 持続性の欠如 | | | |
| | Step 1 | | Step 2 | | Step 1 | | Step 2 | |
	B	β	B	β	B	β	B	β
1 促進焦点	.23	.20**	.25	.22**	-.09	-.07	-.10	-.08
2 防止焦点	.23	.25**	.24	.26**	-.09	-.09	-.11	-.10†
3 自律性支援	.16	.19*	.18	.21*	.00	.01	.01	.01
4 関係性支援	.12	.15	.11	.13	-.14	-.14	-.14	-.14
(1) × (3) の交互作用			.19	.14**			-.21	-.13*
(2) × (4) の交互作用			.01	.01			.06	.04
ΔR^2			.30**	.02*			.04*	.02†

** $p < .01$, * $p < .05$, † $p < .10$

関係性支援行動に高い相関係数【表11-3】が確認されたが，VIF の最大値が 4.05 であったことや片方の欲求支援行動をモデルから除いて分析した際，値に大きな変化がなかったため，2 つの欲求支援行動を同時に投入したモデルの結果に基づいて考察した。

行動的エンゲージメントでは，Step 1 の決定係数が有意であった（$R^2 = .30$, $F(4, 307) = 32.74, p < .001$）。Step 2 の決定係数の増分も有意であり（$\Delta R^2 = .02$, $F(2, 305) = 4.39, p = .013$），促進焦点と自律性支援行動の交互作用が有意であった。下位検定の結果，制御焦点の単純傾斜は，促進焦点が高い場合，自律性支援行動の傾きは有意であった（$B = .28, \beta = .33, p = .002$）。その一方で，促進焦点が低い場合，自律性支援行動の傾きは有意でなかった（$B = .07, \beta = .09$, $p = .416$）。自律性支援行動の単純傾斜は，自律性支援行動が高い場合，促進焦点の傾きは有意であった（$B = .38, \beta = .34, p < .001$）。その一方で，自律性支援行動が低い場合，促進焦点の傾きは有意ではなかった（$B = .11, \beta = .10$, $p = .130$）。

持続性の欠如では，Step 1 の決定係数が有意であった（$R^2 = .04, F(4, 307) = 3.37, p = .010$）。Step 2 の決定係数の増分は有意ではなかったものの（$\Delta R^2 = .02, F(2, 305) = 2.42, p = .091$），促進焦点と自律性支援行動の交互作用が有意であった。加えて，情報量基準の 1 つである AIC の値が Step 1 のモデル（AIC

$= 666.37$）よりも Step 2 のモデル（AIC $= 665.46$）の方が良好であることから，下位検定を実施した。その結果，制御焦点の単純傾斜は，促進焦点が高い場合（$B = -.11, \beta = -.11, p = .381$）も低い場合（$B = .12, \beta = .12, p = .322$）も有意ではなかった。自律性支援行動の単純傾斜は，自律性支援行動が高い場合，促進焦点の傾きは有意であった（$B = -.25, \beta = -.19, p = .019$）が，自律性支援行動が低い場合，促進焦点の傾きは有意ではなかった（$B = .05, \beta = .04, p = .627$）。

IV 考 察

研究 21 の結果は，促進焦点と自律性支援行動の適合を示した Hui et al.（2013）や研究 17 と矛盾しない結果であった。よって，仮説 1 は概ね支持されたといえる。日常的な学習場面でも促進焦点の傾向が強い生徒には，教師から選択肢を与えたり，自発的な考えを促したりする自律性支援行動が学習を支える重要な行動だと考えられる。

その一方で，防止焦点と教師からの関係性支援行動の適合が学習行動を支える働きは確認されなかった。したがって，仮説 2 は支持されなかったといえる。この理由として以下の二点が考えられる。

第一に，欲求支援行動の担い手が教師であったことに起因する可能性がある。肖・外山（2020）は，養育者からの関係性支援行動よりも親友からの関係性支援行動が当人の関係性欲求の充足を強く予測するという結果は，大学生にとって親友が情緒的サポートの重要な提供源として認知されたことに起因する可能性を指摘している。よって，中学生も教師より友人のような同輩関係からの関係性支援行動が学習行動を支える重要な役割を担っていたため適合が確認されなかったという可能性が考えられる。

第二に，調査時期の影響が考えられる。関係性支援行動から学習行動への主効果が有意ではなく，関係性支援行動が十分に機能しているとはいえなかった【表11-4】。肖・外山（2020）は，欲求支援行動の効果が調査時期という文脈により異なる可能性を指摘している。本研究は，年度末に調査を実施した。したがって，友人等の他の関係性が深化したため，教師からの支援の効果が相対的に低下し，適合が示されなかったことも推察できる。今後は，他の関係性から

の支援や調査時期を加味した検討も必要だと考えられる。

その他，今後は，欲求支援行動が学習行動を予測するプロセスに関する検討も必要だと考えられる。研究18【第9章参照】では，友人からの欲求支援行動が当人の欲求充足を介し，ウェルビーイングを予測する過程において，制御焦点は，欲求支援行動と欲求充足の間を調整することが示されている。よって，中学生の学習場面においても欲求充足を含めた一連の過程を検討することで精緻化した知見が得られることが期待できる。

【第11章のまとめ】

大人を対象とした制御焦点／制御適合に関する研究の数と比べると，小学生から高校生までの学齢期の子どもを対象とした制御焦点／制御適合に関する研究の数は限られていた。しかしながら，制御焦点理論や制御適合理論の応用可能性を見据えると，学齢期の子どもを対象とした検討が必要だと考えられた。そこで，研究20では，小学生の特性的な制御焦点（教師評定）と計算課題に取り組む方略との制御適合がパフォーマンスに及ぼす影響を検討した。2つの研究を通して，促進焦点の個人が熱望方略を使うように教示されると，計算課題の"速さ"に関するパフォーマンスが高まることが一貫して示された。さらに，研究21では，中学生の特性的な制御焦点（自己報告式の尺度）と教師からの欲求支援行動との適合が学習行動に与える効果を検討した。その結果，促進焦点が高い中学生において，教師からの自律性支援行動が行動的エンゲージメントを高めたり，持続性の欠如を低めたりすることが示された。したがって，理想や願望に焦点化した促進焦点の傾向が高い児童・生徒が学習に取り組む際には，教師が熱望方略を使用することを促したり，自己決定を促すような働きかけをしたりすることが，当人の学習行動やパフォーマンスを高めることにつながると推察できる。

最後に，第11章の限界と今後の展望を述べる。研究20，研究21ともに，促進焦点に関する仮説は支持されたものの，防止焦点に関する仮説は，支持されなかった。制御適合に関する先行研究では，促進焦点の個人だけでなく，防

止焦点の個人にとっても制御適合を経験することがパフォーマンスや動機づけの向上につながることが示されている【第5章, 第9章参照】。今後は, 子どもを対象に, 防止焦点の個人に沿った有用な方略や支援の在り方について明らかにする必要がある。

第3部 総括

Summary

第12章

今後の課題と展望

　Higgins（2000）が制御適合理論を提唱して以来，20年が経過した。近年では，既に紹介したように，広義の制御適合の研究も進められている。本書では，著者らが行った研究を主に紹介してきたが，ここでは，そうした中であらわとなった制御焦点や制御適合に関する研究の問題点を挙げ，今後の課題と展望を描いていく。

1. 制御適合による効果のメカニズムの解明

　このテーマにおける早急の課題は，制御適合によって生じるさまざまな効果（本書で紹介したような，エンゲージメント，パフォーマンス，価値の向上など）に関するメカニズムの検討であろう。つまり，制御適合が生じると，なぜエンゲージメント，パフォーマンス，価値が高まるのかという検討である。広義の制御適合に関する研究が進められている現状に鑑みると，この課題を早急に検討・解決することが，さらなる研究の発展の足掛かりになることが考えられる。ここでは，制御適合による効果のメカニズムにおいて重要な役割を果たしていると考えられる"feeling right"と感情に焦点を当てて，今後の課題ならびに展望を述べていくことにする。

（1）"feeling right"の役割

　改めて，"feeling right"とは，"自分は正しい方略・手段を用いて目標を追求している"という主観的感覚である。より具体的には"合っている"，"正しい"という感覚のことである。既に述べた通り，制御適合理論では，活動を行う方略・手段が目標志向性と合致する時に制御適合が生じ，現在，自分が行っている活動が"feeling right"をもたらすことによって，活動への積極的な従事や動機づけにつながるとしている。しかし，制御適合に関する研究では，制御

焦点と目標追求への方略・手段が適合しているか否かによって，エンゲージメントやパフォーマンス，価値に違いがみられるのかどうかを検討しているが，この"feeling right"の構成概念を加味した一連のプロセスについて検討している研究はほとんど見られない。本書で紹介した研究すべてにおいても，"feeling right"を直接測定していなかった。

　この"feeling right"は，目標達成後に経験されるものではなく，目標追求の過程において経験されると仮定されている（Higgins, 2008）ため，その測定が難しい。また，この目標志向性と手段の適合／不適合に対する"feeling right"は無自覚に生じることもあって，現時点においては，直接的に測定されない仮想的な概念となっている。制御適合とその影響についての解明を進めるためには，尾崎（2011）も指摘しているように，"feeling right"がどのような感覚として主観的に経験されるのか，どのように測定できるのかといった問題について議論・検討するとともに，"feeling right"を具体的に測定することによって，制御適合のメカニズムを詳細に検討することが喫緊の課題となるだろう。

(2) 感情の役割

　制御適合によって動機づけ（エンゲージメント）が高まることのメカニズムの1つとして，感情の媒介効果が想定される。

　制御焦点に関する研究では，目標達成／非達成時に応じて喚起される感情は，その強度（感情価）および質（感情の次元）の両方において，促進焦点と防止焦点では異なるとされている（Molden et al., 2008; Shah & Higgins, 2001）【第1章の第3節を参照】。

　最大化目標を達成するためには，獲得に成功した時にさらなる追求行動を継続・増進することが有効な手段であるため，促進焦点では，成功経験に対して強い喜びの感情が喚起されることによって，利得接近的な動機づけがさらに強められると考えられている。一方，最小化目標を達成するためには，損失回避に失敗した時にこそ必死になって回避行動を実行しなければさらなる損失をまぬがれないため，防止焦点では，失敗経験に対して強い不安の感情を生起させて損失回避的な動機づけを強めると考えられる。このように，目標達成／非達成を経験した時に，促進焦点の場合は喜び－落胆の感情が媒介して利得接近動機づけにつながり，防止焦点の場合は安心－不安の感情が媒介して損失回避動

286 ▶ 第12章 今後の課題と展望

機づけにつながると考えられる（尾崎，2011）。しかし，このことを実証した
研究はほとんどない。

竹橋・唐沢（2008）は，促進焦点（状況）は目標達成の失敗を経験した時に
強い落胆を経験するほど目標達成に対する動機づけを低めやすいことを報告し
ている。しかし，落胆以外の感情，すなわち喜び，安心，不安といった感情の
媒介的な効果についてはまだ実証的な支持が得られていない。本書では，研究
13において，制御適合における感情の役割を検討しているが，先に述べたよ
うな感情の媒介効果は確認されなかった。感情は動機づけや行動を媒介する要
因ではなく，望ましい感情の存在または望ましくない感情の不在といった目指
すべき目標として機能する可能性も考えられる。制御適合における感情の役割
について，今後，詳細に検討していかなければならない。

2．制御適合の効果の調整要因についての検討

制御適合理論では，目標を追求する手段が目標志向性と合致する時，たとえ
ば，促進焦点に対し熱望方略，防止焦点に対し警戒方略を用いる時，人は制御
適合を経験し，それによってさまざまな効果（動機づけ，パフォーマンス，価
値の向上など）が見られることが膨大な数の研究によって示されている。本書
で紹介した研究においても，さまざまな効果が確認された。しかし，制御適合
の種類（たとえば，促進―熱望，防止―警戒）を区別した上で，制御適合の効
果を検討したものはほとんど見られないのが現状である。

本書では，第4章において，制御適合の種類（"促進焦点＋熱望方略"，"防
止焦点＋警戒方略"あるいは"促進焦点＋マクロ理解方略"，"防止焦点＋ミク
ロ理解方略"）によって高まるパフォーマンスのタイプが異なることが示され
た。また，第6章では，制御適合が価値を創出するという過程において，促進
焦点の適合と防止焦点の適合では，その効果に違いが見られることが示された。
こうした結果は，ひとえに制御適合と言ってもその効果は一様ではなく，制御
適合の種類（促進焦点の適合なのか，防止焦点の適合なのか）によって，その
効果が異なることを示唆するものである。

よって，これまでの多くの研究において，制御適合の種類を区別した上で制
御適合の効果を検討してないところが，大きな問題であろう。今後，制御適合

がさまざまな効果に及ぼす検討を行う際には，第4章や第6章の研究のように，それぞれの制御焦点が元来有しているそれぞれの特徴【第1章参照】を加味して検討していく必要がある。

　ところで，本書では，制御適合によるポジティブな効果を報告することが多かったが，制御適合によってネガティブな影響を及ぼす場合もあることが報告されている。Grimm, Markman, Maddox, & Baldwin（2008）は，制御適合が認知課題のパフォーマンスに及ぼす影響について，認知課題の柔軟性（cognitive flexibility）の程度（複雑，単純の2条件）を加味した検討を行っている。その結果，促進焦点，防止焦点のどちらにおいても，単純な課題では，制御適合条件は不適合条件よりも優れたパフォーマンスを示した。これは，これまでの制御適合の研究で示されている結果と一致する。一方で，複雑な課題では，制御適合条件は不適合条件よりも劣ったパフォーマンスを示すことが明らかとなった。この結果は，認知的柔軟性が高すぎる複雑な課題では，制御適合の効果はネガティブになることを示唆している。

　また，Niese, Libby, & Pfent（2021）は，制御適合の効果をその目標に対するコミットメントが調整することを実証した。この研究では，制御適合は，コミットメントが高い目標に対しては動機づけを向上させるが，コミットメントが低い目標に対しては逆に動機づけを低下させることを示し，制御適合が動機づけにネガティブな結果をもたらす場合があること，さらに，目標に不可欠な要素であるコミットメントが，制御適合が動機づけにポジティブな結果をもたらすのかネガティブな結果をもたらすのかを決定する要因であることを唱えた。

　このように，制御適合の効果において，さまざまな要因が調整していることが考えられる。制御適合のネガティブな効果について報告している研究は数が少ないため，今後は，調整要因を考慮に入れた制御適合の効果を検討し，制御適合理論の精緻化を図る必要があるだろう。

3．特性としての制御焦点の領域固有性について

　第2章ならびに第10章で紹介したが，特性としての制御焦点を測定する尺度としては，Lockwood et al.（2002）が開発した General Regulatory Focus Measure（GRFM）と Higgins et al.（2001）が開発した Regulatory Focus Questionnaire（RFQ）が有名である。ともに，日本語版（遠藤，2011；尾崎・唐沢，2011）も作成されている。本書で紹介した研究の多くにおいては，尾崎・唐沢（2011）のPPFS翻訳版が使用されたが，PPFSとRFQでは測定しているものが異なっているため【第2章参照】，それぞれの研究の目的に応じて，使用する尺度を使い分ける必要があるだろう。

また，第2章で説明したように，Browman et al.（2017）は，領域によって人は異なった制御焦点を備え持っていること，そしてある領域（例：学業）における目標達成行動を説明できるのは，領域一般性の制御焦点ではなく，領域固有（この例だと学業領域）の制御焦点であることを示している。これらの結果を踏まえると，制御焦点の効果を検討する際には，研究の目的に応じた領域を設定した上で，その領域における制御焦点を測定することが必要になってくるだろう。日本においては，第2章で紹介したように，学業版制御焦点尺度（外山他，2016）や競技スポーツ版制御焦点尺度（清水・外山，2022）が作成されているが，その活用には至っていない。

先に紹介したBrowman et al.（2017）は，複合制御焦点尺度（Composite Regulatory Focus Scale; Haws et al., 2010）を修正したものを用いて，教示文を変えるだけで，複数の領域の制御焦点を測定することを可能にしている。今後は，それぞれの領域の制御焦点を測定するために，各領域の制御焦点尺度を作成するのではなく（これは近年問題となっている，尺度の氾濫につながる），Browman et al.（2017）のように，1つの尺度で複数の領域の制御焦点を測定できる工夫が必要になるだろう（たとえば，「希望や願望をどのように到達しようかと想像する」という項目に対して，"学業場面"ではどうなのか，"スポーツ場面"ではどうなのか，"対人場面"ではどうなのかを尋ねるようにする）。そうすることによって，尺度の利便性にもつながり，領域間の制御焦点の効果を比較検討することが可能になるだろう。

4. 状況による制御焦点の操作方法について

続いては，状況による制御焦点の活性化についての問題である。第2章でも紹介したように，制御焦点の活性化の方法にはさまざまなものがある。一方で，操作間の比較検討などはほとんどされておらず，たとえば，どの操作方法が1

番良いのかについては明らかとなっていない。こうした方法による操作は，厳密な意味での操作チェックが困難であるため，促進焦点あるいは防止焦点を上記のような方法を用いて活性化させ，それによって発現する心理的特徴が異なることによって，操作が首尾よくなされたと判断しているという問題も存在する。今後，いろいろな操作方法による制御焦点の研究の知見を待つとともに，操作の妥当性についても考えていかなければならないだろう。

5. 制御焦点の発達について

　アメリカの心理学者である Higgins を中心に進められてきた制御焦点および制御適合に関する研究は，その対象のほとんどがアメリカの大学生である（Hodis & Hodis, 2017）。制御焦点理論ならびに制御適合理論が社会心理学の分野で発展した学問であることもあって，発達的観点による検討はまだ進んでいない。たとえば，特性としての制御焦点は，発達的にいつ頃から発現するのかといった問題や，大人と同様に，制御適合の効果が見られるのかといった問題がある。

　本書では第 11 章で，子どもの制御焦点／制御適合に関する先行研究をレビューするとともに，研究 19，研究 20，研究 21 では，子どもの制御焦点の測定も含めて，その効果の検討を行ったものを紹介した。しかし，大人を対象にした研究に比べて，子どもを対象にしたものは，その数が圧倒的に少ない。研究 19 では，小学生・中学生の制御焦点を測定できる尺度の開発を試みた。今後は，本尺度を使用して，子どもを対象にした研究を精力的に行っていくことが期待される。

　さらに，特性としての制御焦点はどのように発達するのかという問題も残されている。Higgins & Silberman（1998）は，社会化の過程で獲得された特性としての制御焦点は，長期的には変化のない根強いパーソナリティ特性として捉えられることを指摘しているが，そのことを実証したデータは見当たらない。今後は，特性としての制御焦点の発達についての検討も必要になってくるだろう。

【おわりに】

　「平均以上に入ること」を目指すことと「平均以下に入らないこと」を目指すことは，意味的には等価である。このように，目指す活動の結果は同じであっても，"促進焦点"なのか"防止焦点"なのかといった焦点の当て方を変えることによって，目標遂行過程において異なる特徴を有するという制御焦点理論の知見は非常に興味深く，さまざまな場面にて応用可能であると考えられる。

　特に，状況による制御焦点は，操作することができるため，教育的な介入等に結びつきやすい。たとえば，正確さが要求される課題を行う際には，あらかじめ防止焦点を活性化させておくと，より良いパフォーマンスにつながり，創造的な発想が求められる場面ではあらかじめ促進焦点が活性化されていると，より良いパフォーマンスを発揮することができるだろう。動機づけは，それを促進させること自体が難しい問題であるとも指摘されている（村山，2003a）ように，自分が不得手であると認知している課題に対しては取り組むこと自体が難しい場合がある。そして，取り組むことを回避するあまり，その課題に対する苦手意識がますます強くなり，自身の能力を育成できなくなることもあるだろう。また，どんなに練習や努力を積み重ねても，本番では力を発揮することが困難な場合もある。そのような時に，目標追求の場面（課題）に合致する制御焦点を操作することによって，自身の能力を最大限に発揮することにつながるかもしれない。状況による促進焦点と防止焦点は，文脈や目標に応じて使い分けることができることが大きな利点であり，教育的な意義が大きいものと考えられる。

　また，特性としての制御焦点に関する研究においては，それぞれの制御焦点に応じた動機づけの高め方が可能になることを示唆している。制御適合理論では，目標に関する他の理論のように，内発的動機づけあるいは自律的動機づけが適応的で，外発的動機づけあるいは他律的動機づけが不適応的であるといったような二分法的な捉え方をしない。制御適合理論は，促進焦点，防止焦点ともにそれぞれ適した方略・手段があり，それぞれに合致した方略・手段を用いると，どちらも動機づけ，ひいてはパフォーマンスが向上するという考え方に

立っているところが特徴的である。どちらの個人差も認めつつも，個人に合った動機づけの高め方を提言することが可能になる制御適合理論は，われわれを魅了する理論であり，今後のますますの研究の発展が望まれる。

引 用 文 献

Aaker, J. L., & Lee, A. Y. (2001). I seek pleasures and we avoid pains: The role of self–regulatory goals in information processing and persuasion. *Journal of Consumer Research, 28*, 33–49.

Aiken, L. S., & West, S. G. (1991). *Multiple regression: Testing and interpreting interactions*. Sage.

Aubé, C., Brunelle, E., & Rousseau, V. (2014). Flow experience and team performance: The role of team goal commitment and information exchange. *Motivation and Emotion, 38*, 120–130.

赤間 健一(2015). 動機づけ始発方略尺度の作成 心理学研究, *86*, 445–455.

赤松 大輔(2017). 高校生の英語の学習観と学習方略, 学業成績との関連―学習観内, 学習方略内の規定関係に着目して― 教育心理学研究, *65*, 265–280.

Amabile, T. M. (1979). Effects of external evaluation on artistic creativity. *Journal of Personality and Social Psychology, 37*, 221–233.

Amabile, T. M., Hennessey, B. A., & Grossman, B. S. (1986). Social influences on creativity: The effects of contracted–for reward. *Journal of Personality and Social Psychology, 50*, 14–23.

荒井 弘和・大場 ゆかり・岡 浩一郎(2006). 大学生競技者における心理的パフォーマンスに対するセルフ・エフィカシー 体育測定評価研究, *6*, 31–38.

荒木 友希子(2012). 学習性無力感パラダイムを用いた防衛的悲観主義に関する実験的検討 健康心理学研究, *25*, 104–113.

荒木 友希子・大橋 智樹(2001). 認知の柔軟性がストレス体制に及ぼす影響―研究1：学習無力感実験により失敗経験の効果― 日本性格心理学会第10回大会発表論文集, 112–113.

有冨 公教・外山 美樹(2019). 運動技能の遂行において生じる思考の内容と機能の検討 体育学研究, *64*, 315–334.

有冨 公教・外山 美樹・沢宮 容子(2013). セルフトークが運動パフォーマンスに及ぼす影響 スポーツ心理学研究, *40*, 153–163.

浅野 良輔・吉田 俊和（2014）. 日本語版知覚された目標サポート尺度の作成―異性・同性友人関係における構成概念妥当性の検討― 教育心理学研究, *62*, 240–252.

Aspinwall, L. G., & Richter, L. (1999). Optimism and self–mastery predict more rapid disengagement from unsolvable tasks in the presence of alternatives. *Motivation and Emotion, 23*, 221–245.

Atkinson, J. W. (1957). Motivational determinants of risk–taking behavior. *Psychological Review, 64*, 359–372.

Avnet, T., & Higgins, E. T. (2003). Locomotion, assessment, and regulatory fit: Value transfer from "how" to "what." *Journal of Experimental Social Psychology, 39*, 525–530.

Avnet, T., & Higgins, E. T. (2006). How regulatory fit affects value in consumer choices and opinions. *Journal of Marketing Research, 43*, 1–10.

Ayduk, Ö., & Kross, E. (2010). From a distance: Implications of spontaneous self–distancing for adaptive self–reflection. *Journal of Personality and Social Psychology, 98*, 809–829.

Ayduk, O., May, D., Downey, G., & Higgins, E. T. (2003). Tactical differences in coping with rejection sensitivity: The role of prevention pride. *Personality and Social Psychology Bulletin, 29*, 435–448.

Baas, M., De Dreu, C. K., & Nijstad, B. A. (2008). A meta–analysis of 25 years of mood–creativity research: Hedonic tone, activation, or regulatory focus? *Psychological Bulletin, 134*, 779–806.

Baas, M., De Dreu, C. K. W., & Nijstad, B. A. (2011). When prevention promotes creativity: The role of mood, regulatory focus, and regulatory closure. *Journal of Personality and Social Psychology, 100*, 794–809.

Bahari, S. M., Shojaei, M., & Mokhtari, P. (2012). The effect of overt and covert self–talk on the performance of force–production task. *European Journal of Experimental Biology, 2*, 1200–1203.

Balzer, W. K., Doherty, M. E., & O'Connor, R., Jr. (1989). Effects of cognitive feed–back on performance. *Psychological Bulletin, 106*, 410–433.

Batson, C. D., Ahmad, N., Powell, A. A., & Stocks, E. L. (2008). Prosocial motivation. In J. Shah & W. Gardner (Eds), *Handbook of motivational science* (pp. 135–149). Guilford.

Baumeister, R. F., & Leary, M. R. (1995). The need to belong: Desire for interpersonal attachments as a fundamental human motivation. *Psychological Bulletin, 117*, 497–529.

Baumeister, R. F., & Vohs, K. D. (2007). Self–regulation, ego depletion, and motivation. *Social and Personality Psychology Compass, 1*, 115–128.

Beersma, B., Homan, A. C., Van Kleef, G. A., & De Dreu, C. K. W. (2013). Outcome interdependence shapes the effects of prevention focus on team processes and performance. *Organizational Behavior and Human Decision Processes, 121*, 194–203.

Beuk, F., & Basadur, T. (2016). Regulatory focus, task engagement and divergent thinking: Regulatory focus and divergent thinking. *Creativity and Innovation Management, 25*, 199–210.

Brown, J. D., Novick, N. J., Load, K. A., & Richards, J. M. (1992). When Gulliver travels: Social context, psychological closeness, and self-appraisals. *Journal of Personality and Social Psychology, 62*, 717–727.

Braver, T. S. (2018). 動機づけと認知コントロール—報酬・感情・生涯発達の視点から—（清水 寛之・金城 光・松田 崇志, 訳）. 北大路書房（Braver, T. S. (2015). *Motivation and cognitive control.* Routledge.）

Bray, S. R., Ginis, K. A. M., Hicks, A. L., & Woodgate, J. (2008). Effects of self–regulatory strength depletion on muscular performance and EMG activation. *Psychophysiology, 45*, 337–343.

Brebels, L., De Cremer, D., & Sedikides, C. (2008). Retaliation as a response to procedural unfairness: A self–regulatory approach. *Journal of Personality and Social Psychology, 95*, 1511–1525.

Brickner, M. A., Harkins, S. G., & Ostrom, T. M. (1986). Effects of personal involvement: Thought–provoking implications for social loafing. *Journal of Personality and Social Psychology, 51*, 763–769.

Browman, A. S., Destin, M., & Molden, D. C. (2017). Identity–specific motivation: How distinct identities direct self–regulation across distinct situations. *Journal of Personality and Social Psychology, 113*, 835–857.

Bruehlman–Senecal, E., Ayduk, Ö., & John, O. P. (2016). Taking the long view: Implications of individual differences in temporal distancing for affect, stress reactivity, and well–being. *Journal of Personality and Social Psychology, 111*, 610–635.

Camacho, C. J., Higgins, E. T., & Luger, L. (2003). Moral value transfer from regulatory fit: What feels right is right and what feels wrong is wrong. *Journal of Personality and Social Psychology, 84*, 498–510.

Carver, C. S., & Scheier, M. F. (1990). Principles of self–regulation: Action and emotion. In E. T. Higgins & R.M. Sorrentino (Eds.), *Handbook of motivation and cognition: Foundations of social behavior* (Vol. 2, pp. 3–52). Guilford Press.

Cash, T. F., Cash, D. W., & Butters, J. W. (1983). For better or worse: The impact of upward social comparison on self-evaluations. *Personality and Social Psychology Bulletin, 9*, 351–358.

Cesario, J., Grant, H., & Higgins, E. T. (2004). Regulatory fit and persuasion: Transfer from "feeling right." *Journal of Personality and Social Psychology, 86*, 388–404.

Chaiken, S., & Maheswaran, D. (1994). Heuristic processing can bias systematic processing: Effects of source credibility, argument ambiguity, and task importance on attitude judgment. *Journal of Personality and Social Psychology, 66*, 460–473.

Chen, Y. S. A., & Bei, L. T. (2017). Reviewing regulatory focus based on four regulatory forms. *Review of General Psychology, 21*, 354–371.

Chen, G., & Kanfer, R. (2006). Toward a systems theory of motivated behavior in work teams. *Research in Organizational Behavior, 27*, 223–267.

Christenson, S. L., Reschly, A. L., & Wylie, C. (Eds.). (2012). *Handbook of research on student engagement.* Springer.

中央教育審議会（2012）．新たな未来を築くための大学教育の質的変換に向けて―生涯学び続け，主体的に考える力を育成する大学へ（答申）― 中央教育審議会 Retrieved from http://www.mext.go.jp/b_menu/shingi/chukyo/chukyo0/toushin/1325047.htm（2022年6月10日）

Coates, S. L., Butler, L., T., & Berry, D. C. (2006). Implicit memory and consumer choice: The mediating role of brand familiarity. *Applied Cognitive Psychology, 20*, 1101–1116.

Cohen, J. (1988). *Statistical power analysis for the behavioral sciences* (2nd ed.). Lawrence Erlbaum Associates.

Converse, B. A., & Reinhard, D. A. (2016). On rivalry and goal pursuit: Shared competitive history, legacy concerns, and strategy selection. *Journal of Personality and Social Psychology, 110*, 191–213.

Corpus, J. H., & Lepper, M. R. (2007). The effects of person versus performance praise on children's motivation: Gender and age as moderating factors. *Educational Psychology, 27*, 487–508.

Cortes, K., Scholer, A. A., Kohler, A., & Cavallo, J. V. (2018). Perceiving Relationship Success Through a Motivational Lens: A Regulatory Focus Perspective. *Personality and Social Psychology Bulletin, 44*, 795–808.

Crowe, E., & Higgins, E. T. (1997). Regulatory focus and strategic inclinations: Promotion and prevention in decision–making. *Organizational Behavior and Human Decision Processes, 69*, 117–132.

Deci, E. L. (1971). Effects of externally mediated rewards on intrinsic motivation. *Journal of Personality and Social Psychology, 18*, 105–115.

Deci, E. L., & Ryan, R. M. (2000). The "what" and "why" of goal pursuits: Human needs and the self–determination of behavior. *Psychological Inquiry, 11*, 227–268.

Deci, E. L., & Ryan, R. M. (2002). *Handbook of self–determination research.* University of Rochester Press.

Deci, E. L., & Ryan, R. M. (2014). Autonomy and need satisfaction in close relationships: Relationships motivation theory. In N. Weinstein (Ed.), *Human motivation and interpersonal relationships: Theory, research, and applications* (pp. 53–73). Springer.

De Dreu, C. K. W., Baas, M., & Nijstad, B. A. (2008). Hedonic tone and activation level in the mood–creativity link: Toward a dual pathway to creativity model. *Journal on Personality and Social Psychology, 94*, 739–756.

Dhar, R., & Simonson, I. (1999). Making complementary choices in consumption episodes: Highlighting versus balancing. *Journal of Marketing Research, 36*, 29–44.

Dietrich, A. (2004). The cognitive neuroscience of creativity. *Psychonomic Bulletin and Review. 11*, 1011–1026.

Dillard, J. P., Weber, K. M., & Vail, R. G. (2007). The relationship between the perceived and actual effectiveness of persuasive messages: A meta–analysis with implications for formative campaign research. *Journal of Communication, 57*, 613–631.

Durik, A. M., Vida, M., & Eccles, J. S. (2006). Task values and ability beliefs as predictors of high school literacy choices: A developmental analysis. *Journal of Educational Psychology, 98*, 382–393.

Earley, P. C., Northcraft, G. B., Lee, C., & Lituchy, T. R. (1990). Impact of process and outcome feedback on the relation of goal setting to task performance. *Academy of Management Journal, 33*, 87–105.

Elliot, A. J., & Harackiewicz, J. M. (1996). Approach and avoidance achievement goals and intrinsic motivation: A mediational analysis. *Journal of Personality and Social Psychology, 70*, 968–980.

江田 香織・伊藤 正哉・杉江 征（2009）. 大学生アスリートの自己形成における本来感と随伴的自己価値が精神的健康に及ぼす影響 スポーツ心理学研究, 36, 37–47.

遠藤 由美(2011). 制御焦点尺度日本語版の検討 日本社会心理学会第52回大会発表論文集, 206.

Evans, B., Eys, M., & Wolf, S. (2013). Exploring the nature of interpersonal influence in elite individual sport teams. *Journal of Applied Sport Psychology, 25*, 448–462.

Eysenck, M. W., & Eysenck, M. C. (1979). Processing depth, elaboration of encoding, memory stores, and expended processing capacity. *Journal of Experimental Psychology: Human Learning and Memory, 5*, 472–484.

Ferguson, M. J., Hassin, R., & Bargh, J. (2007). Implicit motivation: Past, present, and future. In J. Shah & W. Gardner (Eds.), *Handbook of motivational science* (pp. 150–166). Guilford.

Festinger, L. (1954). A theory of social comparison processes. *Human Relations, 7*, 117–140.

Festinger, L. (1957). *A theory of cognitive dissonance.* Row, Peterson.

Finke, R. A. (1990). *Creative imagery: Discoveries and inventions in visualization.* L. Erlbaum Associates.

Finke, R. A., Ward, T. B., & Smith, S. M. (1992). *Creative Cognition: Theory, Research, and Applications.* MIT Press.

Fishbach, A., & Dhar R. (2005). Goals as excuses or guides: The liberating effect of perceived goal progress on choice. *Journal of Consumer Research, 32*, 370–377.

Fishbach, A., Dhar, R., & Zhang, Y. (2006). Subgoals as substitutes or complements: The role of goal accessibility. *Journal of Personality and Social Psychology, 91*, 232–242.

Florack, A., Ineichen, S., & Bieri, R. (2009). The impact of regulatory focus on the effects of two–sided advertising. *Social Cognition, 27*, 37–56.

Förster, J., Grant, H., Idson, L. C., & Higgins, E. T. (2001). Success/failure feedback, expectancies, and approach/avoidance motivation: How regulatory focus moderates classic relations. *Journal of Experimental Social Psychology, 37*, 253–260.

Förster, J., & Higgins, E. T. (2005). How global versus local perception fits regulatory focus. *Psychological Science, 16*, 631–636.

Förster, J., Higgins, E. T., & Bianco, A. T. (2003). Speed/accuracy decisions in task performance: Built–in trade–off or separate strategic concerns? *Organizational Behavior and Human Decision Processes, 90*, 148–164.

Förster, J., Higgins, E. T., & Idson, C. L. (1998). Approach and avoidance strength as a function of regulatory focus: Revisiting the "goal looms larger" effect. *Journal of Personality and Social Psychology, 75*, 1115–1131.

Fragale, A. R., & Heath, C. (2004). Evolving informational credentials: The (mis) attribution of believ able facts to credible sources. *Personality and Social Psychology Bulletin, 30*, 225–236.

Fredricks, J. A., & Mccolskey, W. (2012). The measurement of student engagement: A comparative analysis of various methods and student self–report instruments. In S. L. Christenson, A. L. Reschly, & C. Wylie (Eds.), *Handbook of research on student engagement* (pp. 763–782). Springer.

Freitas, A. L., Liberman, N., & Higgins, E. T. (2002). Regulatory fit and resisting temptation during goal pursuit. *Journal of Experimental Social Psychology, 38*, 291–298.

Freud, S. (1961). The ego and the id. In J. Strachey (Ed. & Trans.), *The standard edition of the complete psychological works of Sigmund Freud* (Vol. 19, pp. 3–66). Hogarth Press. (Original work published 1923)

Friedman, R. S., & Förster, J. (2001). The effects of promotion and prevention cues on creativity. *Journal of Personality and Social Psychology, 81*, 1001–1013.

Friedman, R. S., & Förster, J. (2005). Effects of motivational cues on perceptual asymmetry: implications for creativity and analytical problem solving. *Journal of Personality and Social Psychology, 88*, 263–275.

Fujita, K., Trope, Y., Liberman, N., & Levin–Sagi, M. (2006). Construal levels and self–control. *Journal of Personality and Social Psychology, 90*, 351–367.

Gainsburg, I., & Kross, E. (2020). Distanced self–talk changes how people conceptualize the self. *Journal of Experimental Social Psychology, 88*, 103969.

Gao, Q., Bian, R., Liu, R. D., He, Y., & Oei, T. P. (2017). Conflict resolution in Chinese adolescents' friendship: Links with regulatory focus and friendship satisfaction. *The Journal of psychology, 151*, 268–281.

Garcia–Marques, T., & Mackie, D. M. (2001). The feeling of familiarity as a regulator of persuasive processing. *Social Cognition, 19*, 9–34.

Geers, A. L., Wellman, J. A., & Lassiter, G. D. (2009). Dispositional optimism and engagement: The moderating influence of goal prioritization. *Journal of Personality and Social Psychology, 96*, 913–932.

Gendolla, G. H. E. (1999). Self–relevance of performance, task difficulty, and task engagement assessed as cardiovascular response. *Motivation and Emotion, 23*, 45–66.

Gollwitzer, P. M. (1999). Implementation intentions: Strong effects of simple plans. *American Psychologist, 54*, 493–503.

Gorman, C. A., Meriac, J. P., Overstreet, B. L., Apodaca, S., McIntyre, A. L., Park, P., & Godbey, J. N. (2012). A meta–analysis of the regulatory focus nomological network: Work–related antecedents and consequences. *Journal of Vocational Behavior, 80*, 160–172.

後藤　崇志(2020).「セルフコントロールが得意」とはどういうことなのか—「葛藤解決が得意」と「目標達成が得意」に分けた概念整理—　心理学評論, *63*, 129–144.

Graham, S., & Golan, S. (1991). Motivational influences on cognition: Task involvement, ego involvement, and depth of information processing. *Journal of Educational Psychology, 83*, 187–194.

Gray, J. A. (1990). Brain systems that mediate both emotion and cognition. *Cognition and Emotion, 4*, 269–288.

Grenell, A., White, R. E., Prager, E. O., Schaefer, C., Kross, E., Duckworth, A. L., & Carlson, S. M. (2019). Experimental paradigm for measuring the effects of self–distancing in young children. *Journal of Visualized Experiments, 145*, e59056.

Grimm, L. R., Markman, A. B., Maddox, W. T., & Baldwin, G. C. (2008). Differential effects of regulatory fit on category learning. *Journal of Experimental Social Psychology, 44*, 920-927.

Grolnick, W. S., Ryan, R. M., & Deci, E. L. (1991). Inner resources for school achievement: Motivational mediators of children's perceptions of their parents. *Journal of Educational Psychology, 83*, 508–517.

Guilford, J. P. (1950). Creativity. *American Psychologist, 5*, 444–454.

Guilford, J. P. (1967). *The nature of human intelligence.* McGraw–Hill.

Hagger, M. S., Wood, C., Stiff, C., Chatzisarantis, N. L. (2010). Ego depletion and the strength model of self–control: A meta–analysis. *Psychological Bulletin, 136*, 495–525.

Haimovitz, K., & Corpus, J. H. (2011). Effects of person versus process praise on student motivation: Stability and change in emerging adulthood. *Educational Psychology, 31*, 595–609.

箱田　裕司・渡辺　めぐみ(2005). 新ストループ検査Ⅱ　株式会社トーヨーフィジカル

Hamstra, M. R., Bolderdijk, J. W., & Veldstra, J. L. (2011). Everyday risk taking as a function of regulatory focus. *Journal of Research in Personality, 45*, 134–137.

Hardy, J., Oliver, E., & Tod, D. (2009). A framework for the study and application of self–talk within sport. In Mellalieu, S. D., & Hanton, S. (Eds.), *Advances in Applied Sport Psychology: A review* (pp. 37-74). Routledge.

橋本 公雄・徳永 幹雄(2000). スポーツ競技におけるパフォーマンスを予測するための分析的枠組みの検討 健康科学, *22*, 121–128.

橋本 剛明・唐沢 かおり・磯崎 三喜年(2010). 大学生サークル集団におけるコミットメント・モデル：準組織的集団の観点からの検討 実験社会心理学研究, *50*, 76–88.

波田野 結花・吉田 弘道・岡田 謙介(2015). 「教育心理学研究」におけるp値と効果量による解釈の違い 教育心理学研究, *63*, 151–161.

Hattie, J. (2012). *Visible learning for teachers: Maximizing impact on learning*. Routledge.

Hattie, J., & Timperley, H. (2007). The power of feedback. *Review of Educational Research, 77*, 81–112.

Haught–Tromp, C. (2017). The Green Eggs and Ham hypothesis: How constraints facilitate creativity. *Psychology of Aesthetics, Creativity, and the Arts, 11*, 10–17.

Haugtvedt, C. P., & Wegener, D. T. (1994). Message order effects in persuasion: An attitude strength perspective. *Journal of Consumer Research, 21*, 205–218.

Haws, K. L., Dholakia, U. M., & Bearden, W. O. (2010). An assessment of chronic regulatory focus measures. *Journal of Marketing Research, 47*, 967–982.

Hayes, A. F. (2018). *Introduction to mediation, moderation, and conditional process analysis: A regression–based approach*. Guilford Press

Hazlett, A., Molden, D. C., & Sackett, A. M. (2011). Hoping for the best or preparing for the worst? Regulatory focus and preferences for optimism and pessimism in predicting personal outcomes. *Social Cognition, 29*, 74–96.

Higgins, E. T. (1987). Self–discrepancy: A theory relating self and affect. *Psychological Review, 94*, 319–340.

Higgins, E. T. (1997). Beyond pleasure and pain. *American Psychologist, 52*, 1280–1300.

Higgins, E. T. (2000). Making a good decision: Value from fit. *American Psychologist, 55*, 1217–1230.

Higgins, E. T. (2005). Value from regulatory fit. *Current Directions in Psychological Science, 14*, 209–213.

Higgins, E. T. (2007). Value. In A. W. Kruglanski & E. T. Higgins (Eds.), *Social psychology: Handbook of basic principles* (pp. 454–472). Guilford Press.

Higgins, E. T. (2008). Regulatory fit. In J. Y. Shah & W. L. Gardner (Eds.), *Handbook of motivation science* (pp. 356–372). Guilford Press.

Higgins, E. T. (2012). *Beyond pleasure and pain: How motivation works*. Oxford University Press.

Higgins, E. T., Bond, R. N., Klein, R., & Strauman, T. (1986). Self-discrepancies and emotional vulnerability: How magnitude, accessibility, and type of discrepancy influence affect. *Journal of Personality and Social Psychology, 51*, 5–15.

Higgins, E. T., Cesario, J., Hagiwara, N., Spiegel, S., & Pittman, T. S. (2010). Increasing or decreasing interest in activities: The role of regulatory fit. *Journal of Personality and Social Psychology, 98*, 559–572.

Higgins, E. T., Friedman, R. S., Harlow, R. E., Idson, L. C., Ayduk, O. N., & Taylor, A. (2001). Achievement orientations from subjective histories of success: Promotion pride versus prevention pride. *European Journal of Social Psychology, 31*, 3–23.

Higgins, E. T., Idson, L. C., Freitas, A. L., Spiegel, S., & Molden, D. C. (2003). Transfer of value from fit. *Journal of Personality and Social Psychology, 84*, 1140–1153.

Higgins, E. T., Roney, C. J. R., Crowe, E., & Hymes, C. (1994). Ideal versus ought predilections for approach and avoidance distinct self–regulatory systems. *Journal of Personality and Social Psychology, 66*, 276–286.

Higgins, E. T., & Silberman, I. (1998). Development of regulatory focus: Promotion and prevention as ways of living. In J. Heckhausen & C. S. Dweck (Eds.), *Motivation and self–regulation across the life span* (pp. 78–113). Cambridge University Press.

Higgins, E. T., & Tykocinski, O. (1992). Self-discrepancies and biographical memory: Personality and cognition at the level of psychological situation. *Personality and Social Psychology Bulletin, 18*, 527–535.

Hobfoll, S. E. (2002). Social and psychological resources and adaptation. *Review of General Psychology, 6*, 307–324.

Hocevar, D. (1979). Ideational fluency as a confounding factor in the measurement of originality. *Journal of Educational Psychology, 71*, 191–195.

Hodis, F. A. (2017). Investigating structure of regulatory focus: A bifactor analysis. *Personality and Individual Differences, 109*, 192–200.

Hodis, F. A. (2018). Underpinnings of expectancies of success in mathematics: An analysis of general, school–related, and domain–specific motivation antecedents. *Journal of Educational Psychology, 110*, 407–430.

Hodis, F. A. (2019). Studying for autonomous reasons and having a promotion orientation: Key predictors of individual differences in expectancies of success in English. *Social Psychology of Education, 23*, 359–383.

Hodis, F. A., Hattie, J. A. C., Hodis, G. M. (2016). Measuring promotion and prevention orientations of secondary school students: It is more than meets the eye. *Measurement and Evaluation in Counseling and Development, 49*, 194–206.

Hodis, F. A., & Hodis, G. M. (2017). Assessing motivation of secondary school students: An analysis of promotion and prevention orientations as measured by the regulatory focus questionnaire. *Journal of Psychoeducational Assessment, 35*, 670–682.

Hofmann, W., Schmeichel, B. J., & Baddeley, A. D. (2012). Executive functions and self–regulation. *Trends in Cognitive Sciences, 16*, 174–180.

Hong, J., & Lee, A. Y. (2008). Be fit and be strong: Mastering self–regulation through regulatory fit. *Journal of Consumer Research, 34*, 682–695.

Hui, C. M., Molden, D. C., & Finkel, E. J. (2013). Loving freedom: Concerns with promotion or prevention and the role of autonomy in relationship well–being. *Journal of Personality and Social Psychology, 105*, 61–85.

Idson, L. C., & Higgins, E. T. (2000). How current feedback and chronic effectiveness influence motivation: Everything to gain versus everything to lose. *European Journal of Social Psychology, 30*, 538–592.

Idson, L. C., Liberman, N., & Higgins, E. T. (2000). Distinguishing gains from nonlosses and losses from nongains: A regulatory focus perspective on hedonic intensity. *European Journal of Experimental Social Psychology, 36*, 252–274.

Idson, L. C., Liberman, N., & Higgins, E. T. (2004). Imagining how you'd feel: The role of motivational experiences from regulatory fit. *Personality and Social Psychology Bulletin, 30*, 926–937.

伊賀 憲子(1996). 創造的思考の評価基準 文化女子大学紀要服装学・生活造形学研究, *27*, 35–46.

Inzlicht, M., & Gutsell, J. N. (2007). Running on empty: Neural signals for self–control failure. *Psychological Science, 18*, 933–937.

岩崎 純子 (1971). 児童における拡散的思考と知能の関係 教育心理学研究, *19*, 121–125.

Jaeggi, S. M., Buschkuehl, M., Jonides, J., & Perrig, W. J. (2008). Improving fluid intelligence with training on working memory. *Proceedings of the National Academy of Sciences, 105*, 6829–6833.

Jain, S. P., Lindsey, C., Agrawal, N., & Maheswaran, D. (2007). For better or for worse? Valenced comparative frames and regulatory focus. *Journal of Consumer Research, 34*, 57–65.

Janoff–Bulman, R., Sheikh, S., & Hepp, S. (2009). Proscriptive versus prescriptive morality: two faces of moral regulation. *Journal of Personality and Social Psychology, 96*, 521–537.

Job, V., Dweck, C. S., & Walton, G. M. (2010). Ego depletion: Is it all in your head? Implicit theories about willpower affect self–regulation. *Psychological Science, 21*, 1686–1693.

鹿毛 雅治(編)(2017). パフォーマンスがわかる12の理論―「クリエイティブに生きるための心理学」入門― 金剛出版

亀田 達也(1983). 類似他者・非類似他者が個人に及ぼす情報的影響 実験社会心理学研究, *23*, 1–8.

Kamins, M. L., & Dweck, C. S. (1999). Person versus process praise and criticism: Implications for contingent self–worth and coping. *Developmental Psychology, 35*, 835–847.

金子 功一・大芦 治(2010). 学習方略に関する研究についての近年の動向 千葉大学教育学部研究紀要, *58*, 79–87.

金政 祐司・大坊 郁夫(2003). 青年期の愛着スタイルが親密な異性関係に及ぼす影響 社会心理学研究, *19*, 59–76.

Keller, J., & Bless, H. (2006). Regulatory fit and cognitive performance: The interactive effect of chronic and situationally induced self–regulatory mechanisms on test performance. *European Journal of Social Psychology, 36*, 393–405.

Keller, P. A. (2006). Regulatory focus and efficacy of health messages. *Journal of Consumer Research, 33*, 109–114.

Kilduff, J. J. (2014). Driven to win: Rivalry, motivation, and performance. *Social Psychological & Personality Sciences, 5*, 944–952.

Kilduff, G. J., Elfenbein, H. A., & Staw, B. M. (2010). The psychology of rivalry: A relationally dependent analysis of competition. *Academy of Management Journal, 53*, 943–969.

小西 貞則・北川 源四郎(2004). 情報量基準 シリーズ・予測と発見の科学2 朝倉書店

小関 俊祐・小関 真実・中村 元美・大谷 哲弘・国里 愛彦(2018). 日本語版児童用Behavioral Inhibition System and Behavioral Activation System Scale(児童用BIS/BAS尺度)の作成と信頼性・妥当性の検討 認知行動療法研究, *44*, 29–39.

Kross, E., & Ayduk, O. (2008). Facilitating adaptive emotional analysis: Distinguishing distanced–analysis of depressive experiences from immersed–analysis and distraction. *Personality and Social Psychology Bulletin, 34*, 924–938.

Kross, E., & Ayduk, O. (2017). Self–distancing: Theory, research, and current directions. *Advances in Experimental Social Psychology, 55*, 81–136.

Kross, E., Bruehlman–Senecal, E., Park, J., Burson, A., Dougherty, A., Shablack, H., Bremner, R., Moser, J., & Ayduk, O. (2014). Self–talk as a regulatory mechanism: How you do it matters. *Journal of Personality and Social Psychology, 106*, 304–324.

Kruglanski, A. W., Shah, J. Y., Fishbach, A., Friedman, R., Chun, W. Y., & Sleeth–Keppler, D. (2002). A theory of goal systems. In M. P. Zanna (Ed.), *Advances in experimental social psychology* (pp. 331–378). Academic Press.

杳澤 岳・尾崎 由佳(2019). セルフコントロールのトレーニング法の開発とその効果検証　実験社会心理学研究, *59*, 37–45.

Lalot, F., Quiamzade, A., & Zerhouni, O. (2019). Regulatory focus and self–determination motives interact to predict students' nutrition–habit intentions. *Journal of Experimental Psychology: Applied, 25*, 477–490.

Lee, A. Y., Aaker, J. L., & Gardner, W. L. (2000). The pleasures and pains of distinct self-construals: The role of interdependence in regulatory focus. *Journal of Personality and Social Psychology, 78*, 1122–1134.

Lee, R. M., Dean, B. L., & Jung, K. R. (2008). Social connectedness, extraversion, and subjective well-being: Testing a mediation model. *Personality and Individual Differences, 45*, 414–419.

Lee, A. Y., Keller, P. A., & Sternthal, B. (2010). Value from regulatory construal fit: The persuasive impact of fit between consumer goals and message concreteness. *Journal of Consumer Research, 36*, 735–747.

Levin, I. P., Schneider, S. L., & Gaeth, G. J. (1998). All frames are not created equal: A typology and critical analysis of framing effects. *Organizational Behavior and Human Decision Processes, 76*, 149–188.

Li, R., Liu, H., Yao, M., & Chen, Y. (2019). Regulatory focus and subjective well–being: The mediating role of coping styles and the moderating role of gender. *The Journal of Psychology, 153*, 714–731.

Liberman, N., Idson, L. C., Camacho, C. J., & Higgins, E. T. (1999). Promotion and prevention choices between stability and change. *Journal of Personality and Social Psychology, 77*, 1135–1145.

Liberman, N., Idson, L. C., & Higgins, E. T. (2005). Predicting the intensity of losses vs. non–gains and non–losses vs. gains in fudging fairness and value: A test of the loss aversion explanation. *Journal of Experimental Social Psychology, 41*, 527–534.

Linnenbrink–Garcia, L., Durik, A. M., Conley, A. M., Barron, K. E., Tauer, J. M., Karabenick, S. A., & Harackiewicz, J. M. (2010). Measuring situational interest in academic domains. *Educational and Psychological Measurement, 70*, 647–671.

Lockwood, P., Jordan, C. H., & Kunda, Z. (2002). Motivation by positive or negative role models: Regulatory focus determines who will best inspire us. *Journal of Personality and Social Psychology,*

83, 854–864.

Lockwood, P., & Kunda, Z. (1997). Superstars and me: Predicting the impact of role models on the self. *Journal of Personality and Social Psychology, 73*, 91–103.

Lockwood, P., & Kunda, Z. (1999). Increasing the salience of one's best selves can undermine inspiration by outstanding role models. *Journal of Personality and Social Psychology, 76*, 214–228.

Lockwood, P., Sadler, P., Fyman, K., & Tuck, S. (2004). To do or not to do: Using positive and negative role models to harness motivation. *Social Cognition, 22*, 422–450.

Luo, W., Aye, K. M., Hogan, D., Kaur, B., & Chan, M. C. Y. (2013). Parenting behaviors and learning of Singapore students: The mediational role of achievement goals. *Motivation and Emotion, 37*, 274–285.

MacLeod, C., & Mathews, A. (1988). Anxiety and the allocation of attention to threat. *Quarterly Journal of Experimental Psychology: Hum an Experimental Psychology, 38*, 659–670.

Maddox, W. T., Baldwin, G. C., & Markman, A. B. (2006). A test of the regulatory fit hypothesis in perceptual classification learning. *Memory & Cognition, 34*, 1377–1397.

Markman, A. B., Baldwin, G. C., & Maddox, W. T. (2005). The interaction of payoff structure and regulatory focus in classification. *Psychological Science, 16*, 852–855.

Markus, H. R., & Kitayama, S. (1991). Culture and the self: Implications for cognition, emotion, and motivation. *Psychological Review, 98*, 224–253.

松岡 弥玲・太幡 直也・三ツ村 美沙子・高橋 純子・高木 浩人（2022）．日本語版 Regulatory Focus Questionnaire（RFQ–J）の作成　パーソナリティ研究, *30*, 144–147.

Messick, S. (1995). Validity of psychological assessment: Validation of inferences from persons' responses and performances as scientific inquiry into score meaning. *American Psychologist, 50*, 741–749.

Miele, D. B., Molden, D. C., & Gardner, W. L. (2009). Motivated comprehension regulation: Vigilant versus eager metacognitive control. *Memory & Cognition, 37*, 779–795.

Miele, D. B., & Scholer, A. A. (2017). The role of metamotivational monitoring in motivation regulation. *Educational Psychologist, 53*, 1–21.

Molden, D. C., & Higgins, E. T. (2004). Categorization under uncertainty: Resolving vagueness and ambiguity with eager versus vigilant strategies. *Social Cognition, 22*, 248–277.

Molden, D. C., Lee, A. Y., & Higgins, E. T. (2008). Motivations for promotion and prevention. In J. Shah, & W. Gardner (Eds.), *Handbook of motivation science* (pp. 169–189). Guilford Press.

Molden, D. C., Lucas, G. M., Finkel, E. J., Kumashiro, M., & Rusbult, C. (2009). Perceived support for promotion–focused and prevention–focused goals. *Psychological Science, 20*, 787–793.

Molden, D. C., & Winterheld, H. A. (2013). Motivations for promotion or prevention in close relationships. In J. A. Simpson & L. Campbell (Eds.), *The Oxford handbook of close relationships* (pp. 321–347). Oxford University Press.

森永 康子（2017）．「女性は数学が苦手」―ステレオタイプの影響について考える―　心理学評論, *60*, 49–61.

Motyka, S., Grewal, D., Puccinelli, N. M., Roggeveen, A. L., Avnet, T., Daryanto, A., ⋯Wetzels, M. (2014). Regulatory fit: A meta-analytic synthesis. *Journal of Consumer Psychology, 24*, 394–410.

Muraven, M., Shmueli, D., & Burkley, E. (2006). Conserving self–control strength. *Journal of Personality and Social Psychology, 91*, 524–537.

Muraven, M., Tice, D. M., & Baumeister, R. F. (1998). Self–control as limited resource: Regulatory depletion patterns. *Journal of Personality and Social Psychology, 74*, 774–789.

村山 航（2003a）. 学習方略の使用と短期的・長期的な有効性の認知との関係　教育心理学研究, *51*, 130–140.

村山 航（2003b）. 遂行目標未分化仮説の検討　ソーシャルモチベーション研究, *2*, 3–11.

村山 航（2003c）. テスト形式が学習方略に与える影響　教育心理学研究, *51*, 1–12.

Mussweiler, T. (2001). Focus of comparison as a determinant of assimilation versus contrast in social comparison. *Personality and Social Psychology Bulletin, 27*, 38–47.

長谷 和久（2018）. 制御焦点が創造性に与える影響―義務・理想自己プライミングに着目して　神戸学院大学心理学研究, *1*, 5–10.

長谷 和久・中谷 一也（2018）. 予防焦点は創造性課題の取り組み時に粘り強い解答をもたらすか？　心理学研究, *88*, 556–565.

内閣府（2018）. 国民生活に関する世論調査　内閣府ホームページ Retrieved from https://survey. gov–online.go.jp/h30/h30–life/2–1.html （2021年10月10日）

名取 洋典（2007）. 指導者のことばがけが少年サッカー競技者の「やる気」におよぼす影響　教育心理学研究, *55*, 244–254.

Neubert, M. J., Kacmar, K. M., Carlson, D. S., & Chonko, L. B., & Roberts, J. A. (2008). Regulatory focus as a mediator of the influence of initiating structure and servant leadership on employee behavior. *Journal of Applied Psychology, 93*, 1220–1233.

Niese, Z. A., Libby, L. K., & Pfent, A. M. (2021). When the going gets tough, the committed get going: Preexisting goal commitment determines the consequences of experiencing regulatory nonfit. *Journal of Personality and Social Psychology, 121*, 447–473.

Nijstad, B. A., De Dreu, C. K. W., Rietzschel, E. F., & Baas, M. (2010). The dual pathway to creativity model: Creative ideation as a function of flexibility and persistence. *European Review of Social Psychology, 21*, 34–77.

西原 彰宏（2015）. 消費者関与の概念的整理に向けて―社会心理学における関与概念の整理―　関西学院商学研究, *69*, 1–14.

Nishimura, T., & Suzuki, T. (2016). Basic psychological need satisfaction and frustration in Japan: Controlling for the Big Five personality traits. *Japanese Psychological Research, 58*, 320–331.

大谷 和大・中谷 素之（2011）. 学業における自己価値の随伴性が内発的動機づけ低下に及ぼす影響プロセス　パーソナリティ研究, *19*, 206–216.

及川 千都子・桜井 茂男（2006）. 役割モデルと制御焦点が内発的動機づけに与える影響　筑波大学心理学研究, *32*, 73–82.

岡 直樹（1990）. プライム刺激に対する課題とリストの構成がプライミング効果に及ぼす影響　心理学研究, *61*, 235–240.

岡田 涼（2018）. 教師の自律性支援の効果に関するメタ分析　香川大学教育学部研究報告 第1部, *150*, 31–50.

小塩 真司・阿部 晋吾・カトローニ ピノ（2012）.　日本語版 Ten Item Personality Inventory（TI-

PI-J）作成の試み　パーソナリティ研究, *21*, 40–52.

尾崎 由佳（2011）．制御焦点と感情―促進焦点と予防焦点にかかわる感情の適応的機能― 感情心理学研究, *18*, 125–134.

尾崎 由佳・唐沢 かおり（2011）．自己に対する評価と接近回避志向の関係性―制御焦点理論に基づく検討― 心理学研究, *82*, 450–458.

尾崎 由佳・唐沢 かおり（2012）．自己評価と接近回避志向―制御焦点の活性化による相関関係の変化― 対人社会心理学研究, *12*, 59–65.

Park, J., Ayduk, Ö., & Kross, E. (2016). Stepping back to move forward: Expressive writing promotes self–distancing. *Emotion, 16*, 349–364.

Patrick, H., Knee, C. R., Canevello, A., & Lonsbary, C. (2007). The role of need fulfillment in relationship functioning and well-being: A self-determination theory perspective. *Journal of Personality and Social Psychology, 92*, 434–457.

Petty, R. E., & Cacioppo, J. T. (1986). The elaboration likelihood model of persuasion. In L. Berkowitz (Ed.), *Advances in experimental social psychology* (Vol. 19, pp.123–205). Academic Press.

Pike, B. E., Kilduff, G. J., & Galinsky, A. D. (2018). The long shadow of rivalry: Rivalry motivates performance today and tomorrow. *Psychological Science, 29*, 804–813.

Pintrich, P. R., & De Groot, E. V. (1990). Motivational and self–regulated learning components of classroom academic performance. *Journal of Educational Psychology, 82*, 33–40.

Preacher, K. J., & Hayes, A. F. (2008). Asymptotic and resampling strategies for assessing and comparing indirect effects in multiple mediator models. *Behavior Research Methods, 40*, 879–891.

Purdie, N., & Hattie, J. (1999). The relationship between study skills and learning outcomes: A meta–analysis. *Australian Journal of Education, 43*, 72–86.

Raabe, J., Zakrajsek, R. A., & Readdy, T. (2016). Teammate influence on collegiate swimmers' basic psychological need satisfaction. *Journal of Intercollegiate Sport, 9*, 27–49.

Reeve, J. (2012). A self–determination theory perspective on student engagement. In S. L. Christenson, A. L. Reschly, & C. Wylie (Eds.), *Handbook of research on student engagement* (pp.149–172). Springer.

Reeve, J., Jang, H., Carrell, D., Jeon, S., & Barch, J. (2004). Enhancing students' engagement by increasing teachers' autonomy support. *Motivation and Emotion, 28*, 147–169.

Righetti, F., Finkenauer, C., & Rusbult, C. (2011). The benefits of interpersonal regulatory fit for individual goal pursuit. *Journal of Personality and Social Psychology, 101*, 720–736.

Righetti, F., Rusbult, C., & Finkenauer, C. (2010). Regulatory focus and the michelangelo phenomenon: How close partners promote one another's ideal selves. *Journal of Experimental Social Psychology, 46*, 972–985.

Rocchi, M., Pelletier, L., Cheung, S., Baxter, D., & Beaudry, S. (2017). Assessing need–supportive and need–thwarting interpersonal behaviors: The Interpersonal Behaviors Questionnaire (IBQ). *Personality and Individual Differences, 104*, 423–433.

Rosenzweig, E. Q., & Miele, D. B. (2016). Do you have an opportunity or an obligation to score well? The influence of regulatory focus on academic test performance. *Learning and Individual Differences, 45*, 114–127.

Roskes, M., De Dreu, C. K. W., & Nijstad, B. A. (2012). Necessity is the mother of invention: Avoidance motivation stimulates creativity through cognitive effort. *Journal of Personality and Social Psychology, 103*, 242–256.

Roskes, M., Elliot, A. J., Nijstad, B. A., & De Dreu, C. K. (2013). Time pressure undermines performance more under avoidance than approach motivation. *Personality and Social Psychology Bulletin, 39*, 803–813.

Runco, M. A. (2010). Divergent thinking, creativity, and ideation. In J. C. Kaufman & R. J. Sternberg (Eds). *The Cambridge handbook of creativity* (pp.413-446). Cambridge University Press.

Runco, M. A., & Acar, S. (2012). Divergent thinking as an indicator of creative potential. *Creativity Research Journal, 24*, 66–75.

Runco, M. A., Okuda, S. M., & Thurston, B. J. (1987). The psychometric properties of four systems for scoring divergent thinking tests. *Journal of Psychoeducational Assessment, 5*, 149–156.

Ryan, R. M., & Deci, E. L. (2002). An overview of Self–determination Theory: An organismic–dialectical perspective. In E. L. Deci & R. M. Ryan (Eds.), *Handbook of self–determination research* (pp. 3–33). The University of Rochester Press.

Ryan, R. M., & Deci, E. L. (2017). *Self–determination theory: Basic psychological needs in motivation, development, and wellness*. Guilford Publications.

Sacramento, C. A., Fay, D., & West, M. A. (2013). Workplace duties or opportunities? Challenge stressors, regulatory focus, and creativity. *Organizational Behavior and Human Decision Processes, 121*, 141–157.

Sagiv, L., Arieli, S., Goldenberg, J., & Goldschmidt, A. (2010). Structure and freedom in creativity: The interplay between externally imposed structure and personal cognitive style. *Journal of Organizational Behavior, 31*, 1086–1110.

Sánchez, F., Carvajal, F., & Saggiomo, C. (2016). Self–talk and academic performance in undergraduate students. *Anales de Psicología, 32*, 139–147.

Santelli, A. G., Struthers, C. W., & Eaton, J. (2009). Fit to forgive: Exploring the interaction between regulatory focus, repentance, and forgiveness. *Journal of Personality and Social Psychology, 96*, 381–394.

佐藤 雄（2003）．集団での学習性無力感実験における統制不可能性の検討　日本健康心理学会第 16 回大会発表論文集, 156–157.

佐藤 有紀・五十嵐 祐（2014）．制御焦点と集団内における社会的交換―寄付シナリオ実験による検討―　名古屋大学大学院教育発達科学研究科紀要　心理発達科学, *61*, 37–45.

佐藤 有紀・五十嵐 祐（2017）．制御焦点と向社会性―囚人のジレンマ課題を用いた検討―　社会心理学研究, *33*, 93–100.

Schaufeli, W. B., Salanova, M., Gonzàlez–Romà, V., & Bakker, A. B. (2002). The measurement of engagement and burnout: A two sample confirmatory factor analytic approach. *Journal of Happiness Studies, 3*, 71–92.

Schmitt, T. A., Sass, D. A., Chappelle, W., & Thompson, W. (2018). Selecting the "best" factor structure and moving measurement validation forward: An illustration. *Journal of Personality Assessment, 100*, 345–362.

Schokker, M. C., Keers, J. C., Bouma, J., Links, T. P., Sanderman, R., Wolffenbuttel, B. H., & Hage-doorn, M. (2010). The impact of social comparison information on motivation in patients with diabetes as a function of regulatory focus and self-efficacy. *Health Psychology, 29*, 438–445.

Scholer, A. A., Cornwell, J. F., & Higgins, E. T. (2019). Regulatory focus theory and research: Catching up and looking forward after 20 years. In R. M. Ryan (Ed.) *The Oxford handbook of human motivation* (pp. 47–66). Oxford University Press.

Scholer, A. A., & Higgins, E. T. (2012). Too much of a good thing? Trade–offs in promotion and prevention focus. In R. M. Ryan (Ed), *The oxford handbook of human motivation* (pp.65–84). Oxford University Press.

Scholer, A. A., Ozaki, Y., & Higgins, E. T. (2014). Inflating and deflating the self: Sustaing motivational concerns through self–evaluation. *Journal of Experimental Social Psychology, 106*, 60–73.

Schönpflug, W. (1983). Coping efficiency and situational demands. In G. R. J. Hockey (Ed.), *Stress and fatigue in human performance* (pp. 299–330). Wiley.

Scott, C. L., Haycraft, E., & Plateau, C. R. (2019). Teammate influences on the eating attitudes and behaviours of athletes: A systematic review. *Psychology of Sport and Exercise, 43*, 183–194.

Seibt, B., & Förster, J. (2004). Stereotype threat and performance: how self–stereotypes influence processing by inducing regulatory foci. *Journal of Personality and Social Psychology, 87*, 38–56.

Seligman, M. E. P. (1975). *Helplessness: On depression, development and death*. W.H. Freeman.

Semin, G. R., Higgins, E. T., de Montes, L. G., Estourget, Y., & Valencia, J. F. (2005). Linguistic signatures of regulatory focus: How abstraction fits promotion more than prevention. *Journal of Personality and Social Psychology, 89*, 36–45.

Shah, J. Y., Friedman, R., & Kruglanski, A. W. (2002). Forgetting all else: On the antecedents and consequences of goal shielding. *Journal of Personality and Social Psychology, 83*, 1261–1280.

Shah, J., Higgins, T., & Friedman, R. S. (1998). Performance incentives and means: How regulatory focus influences goal attainment. *Journal of Personality and Social Psychology, 74*, 285–293.

Shah, J. Y., & Kruglanski, A. W. (2003). When opportunity knocks: Bottom–up priming of goals by means and its effects on self–regulation. *Journal of Personality and Social Psychology, 84*, 1109–1122.

Sheldon, K. M., & Filak, V. (2008). Manipulating autonomy, competence, and relatedness support in a game–learning context: New evidence that all three needs matter. *British Journal of Social Psychology, 47*, 267–283.

Sherif, C. W., Kelly, M., Rodgers, H. L., Jr., Sarup, G., & Tittler, B. I. (1973). Personal involvement, social judgment, and action. *Journal of Personality and Social Psychology, 27*, 311–328.

清水 登大・外山 美樹(2022). 競技スポーツ版制御焦点尺度の作成および信頼性・妥当性の検討　日本心理学会第86回大会発表抄録集, 3EV-093-PR.

清水 裕士(2016). フリーの統計分析ソフトHAD—機能の紹介と統計学習・教育, 研究実践における利用方法の提案—　メディア・情報・コミュニケーション研究, *1*, 59–73.

Smith, R. H. (2000). Assimilative and contrastive emotional reactions to upward and downward social comparisons. In J. Suls & L. Wheeler (Eds.), *Handbook of social comparison: Theory and research* (pp. 173–200). Kluwer Academic Publishers.

下山 剛(1985). 学習意欲の見方・導き方　教育出版.

Shin, J., Lee, Y. k., & Seo, E. (2017). The effects of feedback on students' achievement goals: Interaction between reference of comparison and regulatory focus. *Learning and Instruction, 49*, 21–31.

Shin, Y., Kim, M. S., Choi, J. N., Kim, M., & Oh, W. K. (2014). Does leader–follower regulatory fit matter? The role of regulatory fit in follower's organizational citizenship behavior. *Journal of Management, 43*, 1211–1233.

Silvia, P. J., Winterstein, B. P., Willse, J. T., Barona, C. M., Cram, J. T., Hess, K. I., & Richard C. A. (2008). Assessing creativity with divergent thinking tasks: Exploring the reliability and validity of new subjective scoring methods. *Psychology of Aesthetics, Creativity, and the Arts, 2*, 68–85.

Skinner, E., & Belmont, M. J. (1993). Motivation in the classroom: Reciprocal effect of teacher behavior and student engagement across the school year. *Journal of Educational Psychology, 85*, 571–581.

Skinner, E. A., Kindermann, T. A., & Furrer, C. J. (2009). A motivational perspective on engagement and disaffection: Conceptualization and assessment of children's behavioral and emotional participation in academic activities in the classroom. *Educational and Psychological Measurement, 69*, 493–525.

Soderberg, C. K., Callahan, S. P., Kochersberger, A. O., Amit, E., & Ledgerwood, A. (2015). The effects of psychological distance on abstraction: Two meta–analyses. *Psychological Bulletin, 141*, 525–548.

Spiegel, S., Grant–Pillow, H., & Higgins, E. T. (2004). How regulatory fit enhances motivational strength during goal pursuit. *European Journal of Social Psychology, 34*, 39–54.

Ståhl, T., Van Laar, C., & Ellemers, N. (2012). The role of prevention focus under stereotype threat: Initial cognitive mobilization is followed by depletion. *Journal of Personality and Social Psychology, 102*, 1239–1251.

Sternberg, R. J. & Kaufman, J. C. (2010). Constraints on creativity: Obvious and not so obvious. In J. C. Kaufman, & R. J. Sternberg (Eds.). *The Cambridge handbook of creativity*. Cambridge University Press.

Stokes, P. D. (2005). Creativity from constraints: *The psychology of breakthrough*. Springer Publishing Company.

Stokes, P. D., & Fisher, D. (2005). Selection, constraints, and creativity case studies: Max Beckmann and Philip Guston. *Creativity Research Journal, 17*, 283–291.

角野 善司(1994). 人生に対する満足尺度(the Satisfaction With Life Scale[SWLS])日本版作成の試み　日本教育心理学会第36回総会発表論文集, 192.

Summerville, A., & Roese, N. J. (2008). Self–report measures of individual differences in regulatory focus: A cautionary note. *Journal of Research in Personality, 42*, 247–254.

高田 利武(1999). 日本文化における相互独立性・相互協調性の発達過程―比較文化的・横断的資料による実証的検討―　教育心理学研究, *47*, 480–489.

高田 利武(2011). 新版　他者と比べる自分―社会的比較の心理学―　サイエンス社

高橋 雄介・山形 伸二・木島 伸彦・繁桝 算男・大野 裕・安藤 寿康(2007). Grayの気質モデル―BIS/BAS尺度日本語版の作成と双生児法による行動遺伝学的検討―　パーソナリ

ティ研究, *15*, 276–289.

竹橋 洋毅・唐沢 かおり（2008）．目標フレーミングが感情情報の自動的な処理に与える影響 社会心理学研究, *24*, 50–57.

竹村 和久（1994）．フレーミング効果の理論的説明―リスク下での意思決定の状況依存的焦点 モデル― 心理学評論, *37*, 270–291.

Taku, K., Calhoun, L. G., Tedeschi, R. G., Gil-Rivas, V., Kilmer, R. P., & Cann, A. (2007). Examining posttraumatic growth among Japanese university students. *Anxiety, Stress, & Coping, 20*, 353–367.

田中 あゆみ・山内 弘継（2000）．教室における達成動機, 目標志向, 内発的興味, 学業成績の因 果モデルの検討 心理学研究, *71*, 317–324.

湯 立・外山 美樹（2019）．動機づけ理論に基づく動機づけ調整方略尺度の作成 パーソナリ ティ研究, *28*, 182–185.

Tangney, J. P., Baumeister, R. F., & Boone, A. L. (2004). High self–control predicts good adjustment, less pathology, better grades, and interpersonal success. *Journal of Personality, 72*, 271–324.

寺崎 正治・古賀 愛人・岸本 陽一（1991）．多面的感情状態尺度・短縮版の作成 日本心理学 会第 5 回大会発表論文集, 435.

Tesser, A., Campbell, J., & Smith, M. (1984). Friendship choice and performance: Self-evaluation maintenance in children. *Journal of Personality and Social Psychology, 46*, 561–574.

Thoman, D. B., Sansone, C., & Geerling, D. (2017). The dynamic nature of interest: Embedding interest within self–regulation. In P. A. O'Keefe & J. M. Harackiewicz (Eds.), *The science of interest* (pp. 27–47). Springer.

Tormala, Z. L., & Clarkson, J. J. (2007). Assimilation and contrast in persuasion: The effects of source credibility in multiple message situations. *Personality and Social Psychology Bulletin, 33*, 559–571.

外山 美樹（2006）．中学生の学業成績の向上に関する研究―比較他者の遂行と学業コンピテン スの影響― 教育心理学研究, *54*, 55–62.

外山 美樹（2014）．特性的楽観・悲観性が出来事の重要性を調整変数としてコーピング方略に 及ぼす影響 心理学研究, *85*, 257–265.

外山 美樹（2018）．課題遂行におけるエンゲージメントがパフォーマンスに及ぼす影響―エン ゲージメント尺度を作成して― 筑波大学心理学研究, *56*, 13–20.

外山 美樹（2021）．制御適合とパフォーマンスに関する研究の動向と今後の展望 教育テスト 研究センター年報, *6*, 21–39.

外山 美樹・長峯 聖人・湯 立・三和 秀平・相川 充（2016）．学業領域における制御焦点尺度の 作成ならびに信頼性・妥当性の検討 筑波大学心理学研究, *52*, 19–24.

Trope, Y., & Liberman, N. (2003). Temporal construal. *Psychological Review, 110*, 403–421.

Trope, Y., & Liberman, N. (2010). Construal–level theory of psychological distance. *Psychological Review, 117*, 440–463.

上野 雄己・小塩 真司（2016）．スポーツ選手の競技パフォーマンスに関する基礎的研究―競 技パフォーマンスに対する自己評価測定尺度作成の試み― 桜美林大学心理学研究, *6*, 95–103.

上野 雄己・鈴木 平 (2016). 大学生運動部員のレジリエンスに関する研究―競技成績と心理的パフォーマンスに対するセルフ・エフィカシー，競技パフォーマンスに対する自己評価との関連に着目して― 桜美林大学心理学研究, 7, 67–83.

梅本 貴豊 (2013). メタ認知的方略，動機づけ調整方略が認知的方略，学習の持続性に与える影響 日本教育工学会論文誌, 37, 79–87.

梅本 貴豊・伊藤 崇達・田中 健史朗 (2016). 調整方略，感情的および行動的エンゲージメント，学業成果の関連 心理学研究, 87, 334–342.

梅本 貴豊・田中 健史朗 (2012). 大学生における動機づけ調整方略 パーソナリティ研究, 21, 138–151.

碓井 真史 (1992). 内発的動機づけに及ぼす自己有能感と自己決定感の効果 社会心理学研究, 7, 85–91.

Vallerand, R. J., & Reid, G. (1988). On the relative effects of positive and negative verbal feedback on males' and females' intrinsic motivation. *Canadian Journal of Behavioural Science, 20*, 239–250.

Van–Dijk, D., & Kluger, A. N. (2004). Feedback sign effect on motivation: Is it moderated by regulatory focus? *Applied Psychology: An International Review, 53*, 113–135.

Vohs, K. D., Baumeister, R. F., & Schmeichel, B. J. (2012). Motivation, personal beliefs, and limited resources all contribute to self–control. *Journal of Experimental Social Psychology, 48*, 943–947.

Wang, J., & Lee, A. Y. (2006). The role of regulatory focus in preference construction. *Journal of Marketing Research, 43*, 28–38.

Wang, M. T., & Eccles, J. S. (2013). School context, achievement motivation, and academic engagement: A longitudinal study of school engagement using a multidimensional perspective. *Learning and Instruction, 28*, 12–23.

Wann, D. L., Waddill, P. J., Brasher, M., & Ladd, S. (2015). Examining sport team identification, social connections, and social well-being among high school students. *Journal of Amateur Sport, 1*, 27–50.

Ward, T. B., Patterson, M. J., & Sifonis, C. M. (2004). The role of specificity and abstraction in creative idea generation. *Creativity Research Journal, 16*, 1–9.

Waterwall, B. (2019). The dual fit perspective: Examining the simultaneous effects of intrapersonal and interpersonal regulatory fit on motivation. *American Journal of Management, 19*, 46–60.

Wetzels, R., Matzke, D., Lee, M. D., Rouder, J. N., Iverson, G. J., & Wagenmakers, E. J. (2011). Statistical evidence in experimental psychology: An empirical comparison using 855 t tests. *Perspectives on Psychological Science, 6*, 291–298.

Wicker, F. W., Brown, G., Wiehe, J. A., & Shim, W. Y. (1990). Moods, goals and measures of intrinsic motivation. *Journal of Social Psychology, 130*, 813–819.

Wiener, N. (1948). *Cybernetics: Control and communication in the animal and the machine*. MIT Press.

Wigfield, A., & Eccles, J. S. (1992). The development of achievement task values: A theoretical analysis. *Developmental Review, 12*, 265–310.

Wigfield, A., & Eccles, J. S. (2000). Expectancy–value theory of achievement motivation. *Contemporary Educational Psychology, 25*, 68–81.

Wigfield, A., Tonks, S. M., & Klauda, S. L. (2016). Expectancy–value theory. In K. R. Wentzel & D. B.

Miele (Eds.), *Handbook of motivation at school* (2nd ed., pp. 55–74). Routledge.

Wolters, C. A. (1998). Self–regulated learning and college students' regulation of motivation. *Journal of Educational Psychology, 90*, 224–235.

Wolters, C. A. (1999). The relation between high school students' motivational regulation and their use of learning strategies, effort, and classroom performance. *Learning and Individual Differences, 11*, 281–299.

Wolters, C. A., & Benzon, M. B. (2013). Assessing and predicting college students' use of strategies for the self–regulation of motivation. *Journal of Experimental Education, 81*, 199–221.

Worthy, D. A., Brez, C. C., Markman, A. B., & Maddox, W. T. (2011). Motivational influences on cognitive performance in children: Focus over fit. *Journal of Cognition and Development, 12*, 103–119.

Wrosch, C., Scheier, M. F., Carver, C. S., & Schulz, R. (2003). The importance of goal disengagement in adaptive self–regulation: When giving up is beneficial. *Self and Identity, 2*, 1–20.

肖 雨知・外山 美樹(2020). 日本語版欲求支援・阻害行動尺度（IBQ–J）の開発　心理学研究, *90*, 581–591.

山岡 明奈・湯川 進太郎(2016). マインドワンダリングが創造的な問題解決を増進する　心理学研究, *87*, 506–512.

横山 和仁(2015). POMS2日本語版　Profile of Mood States 2nd Edition（ポムス・ツー）　金子書房

吉田　浩子(2003).　大学生の友人関係―5つの大学におけるグループの特徴に関する調査から―　川崎医療福祉学会誌, *13*, 173–186.

Young, P. T. (1961). *Motivation and emotion: A survey of the determinants of human and animal activity*. Wiley.

Zhang, S., Higgins, E. T., & Chen, G. (2011). Managing others like you were managed: How prevention focus motivates copying interpersonal norms. *Journal of Personality and Social Psychology, 100*, 647–663.

初 出 一 覧

　本書は以下の通りに公刊されているもので構成されている。ただし，公刊されたものから大幅に加筆，修正を行っている。

【研究1】
　　外山 美樹・湯 立・長峯 聖人・黒住 嶺・三和 秀平・相川 充（2018）．制御焦点が学業パフォーマンスに及ぼす影響—学習性無力感パラダイムを用いた実験的検討—　教育心理学研究，*66*（4），287-299．

【研究2】
　　外山 美樹・長峯 聖人・湯 立・肖 雨知・三和 秀平・相川 充（2019）．制御適合がパフォーマンスに及ぼす影響—目標達成の観点から—　教育テスト研究センター年報，*4*，1-10．

【研究3】
　　外山 美樹・湯 立・長峯 聖人・三和 秀平・相川 充（2019）．防止焦点は認知資源の温存効果に優れているのか？　心理学研究，*90*（3），242-251．

【研究4】
　　外山 美樹・長峯 聖人・湯 立・肖 雨知・三和 秀平・相川 充（2020）．防止焦点は本当に創造性を低下させるのか　心理学研究，*91*（3），155-164．

【研究5-1】【研究5-2】
　　湯 立・外山 美樹・長峯 聖人・三和 秀平・相川 充（2020）．産出物の制約が創造的パフォーマンスに及ぼす影響—制御焦点を調整変数として—　ソーシャルモチベーション研究，*10*，12-25．

【研究6-1】【研究6-2】
　　外山 美樹・長峯 聖人・湯 立・三和 秀平・黒住 嶺・相川 充（2017）．制御適合はパフォーマンスを高めるのか？—制御適合の種類別の検討—　心理学研究，*88*（3），274-280．

【研究7】
　　外山 美樹・長峯 聖人・湯 立・三和 秀平・黒住 嶺・相川 充（2017）．制御焦点が学業パフォーマンスに及ぼす影響—制御適合の観点から—　教育心理学研究，*65*（4），477-488．

【研究8】
　　湯 立・外山 美樹・長峯 聖人・海沼 亮・三和 秀平・相川 充（2022）．学習者のエンゲージメントにおける制御適合の効果　心理学研究，*92*（6），564-570．

【研究9】

清水 登大・長峯 聖人・外山 美樹（2021）．非1人称セルフトークが自己制御に及ぼす影響―制御焦点を調整変数として―　教育心理学研究, *69*（3），229-240．

【研究10】

長峯 聖人・外山 美樹・湯 立・三和 秀平・黒住 嶺・相川 充（2017）．制御適合が価値に及ぼす影響の検討　筑波大学心理学研究, *54*，1-6．

【研究11-1】【研究11-2】

長峯 聖人・外山 美樹・湯 立・三和 秀平・黒住 嶺・相川 充（2018）．制御適合がメッセージの評価に及ぼす影響の検討―熟知性に着目して―　心理学研究, *88*（6），587-593．

【研究12】

長峯 聖人・外山 美樹・湯 立・肖 雨知・海沼 亮・三和 秀平・相川 充（2020）．連続する2つのメッセージにおける同化と対比―制御焦点の観点から―　心理学研究, *91*（3），202-208．

【研究13】

三和 秀平・外山 美樹・長峯 聖人・湯 立・相川 充（2017）．制御焦点の違いが上方比較後の動機づけおよびパフォーマンスに与える影響　教育心理学研究, *65*（4），489-500．

【研究14】

三和 秀平・長峯 聖人・湯 立・海沼 亮・浅山 慧・外山 美樹（2022）．身近な役割モデルの存在と英語学習の関連―制御焦点に着目して―　パーソナリティ研究, *30*（2），49-51．

【研究15-1】【研究15-2】

長峯 聖人・外山 美樹・三和 秀平・湯 立・黒住 嶺・相川 充（2019）．制御焦点とライバル関係との関連―ライバルによる理想自己の顕在化と動機づけの生起を考慮して―　教育心理学研究, *67*（3），162-174．

【研究15-3】

長峯 聖人・外山 美樹（2021）．制御焦点とチームメイトとの関係―防止焦点に着目して―　教育心理学研究, *69*（1），175-186．

【研究16】

外山 美樹・湯 立・長峯 聖人・三和 秀平・相川 充（2017）．プロセスフィードバックが内発的動機づけに与える影響―制御焦点を調整変数として―　教育心理学研究, *65*（3），321-332．

【研究17】

外山 美樹・長峯 聖人・海沼 亮・三和 秀平・湯 立・相川 充（2021）．制御適合した欲求支援行動がエンゲージメントに及ぼす効果　心理学研究, *92*（4），257-266．

【研究18】

三和 秀平・外山 美樹・肖 雨知・長峯 聖人・湯 立・海沼 亮・相川 充（2021）．制御焦点は基本的心理欲求とウェルビーイングの関連を調整するか　心理学研究, *91*（6），409-415．

【研究19】

海沼 亮・外山 美樹・長峯 聖人・湯 立・三和 秀平・相川 充（2021）．小・中学生における制御焦点の構造とその特徴の検討―子ども用制御焦点尺度を作成して―　パーソナリティ研究, *30*（2），111-124．

【研究 20-1】【研究 20-2】

Miwa, S., Nagamine, M, Tang, L., Xiao, Y., & Toyama, M (2022). Can regulatory fit improve elementary school students' performance? Effects of different types of regulatory fit. *Psychological Reports*, PMID: 35094595.

【研究 21】

海沼 亮・長峯 聖人・湯 立・三和 秀平・浅山 慧・外山 美樹 (2022). 中学生における教師からの欲求支援行動と学習行動との関連―制御焦点に着目して― パーソナリティ研究, *31* (1), 15-17.

【編著者紹介】
外山 美樹（とやま・みき）
筑波大学大学院博士課程心理学研究科中退。博士（心理学）。現在，筑波大学人間系教授。専門は教育心理学。著書に，「勉強する気はなぜ起こらないのか」（ちくまプリマー新書），「実力発揮メソッド—パフォーマンスの心理学」（講談社選書メチエ），「行動を起こし，持続する力—モチベーションの心理学」（新曜社）などがある。

わが国における制御焦点理論ならびに
制御適合理論に関する実証的研究

2025 年 3 月 7 日初版発行

編著者　　外山 美樹

著　者　　海沼 亮・三和 秀平・湯 立
　　　　　長峯 聖人・浅山 慧

発行所　　筑波大学出版会
　　　　　〒 305-8577
　　　　　茨城県つくば市天王台 1-1-1
　　　　　電話 (029) 853-2050
　　　　　https://www.press.tsukuba.ac.jp/

発売所　　丸善出版株式会社
　　　　　〒 101-0051
　　　　　東京都千代田区神田神保町 2-17
　　　　　電話 (03) 3512-3256
　　　　　https://www.maruzen-publishing.co.jp/

　　　　　編集・制作協力　丸善プラネット株式会社

©MIKI TOYAMA, 2025　　　　　　　　Printed in Japan

印刷・製本／富士美術印刷株式会社
ISBN 978-4-904074-86-2 C3011